专业汉语（上册）

马中华 ◇ 总编

马中华 何玉洁 梁江龙 ◇ 主编

高等职业院校通识教育"十二五"规划教材

U0675015

人民邮电出版社

北　京

图书在版编目（CIP）数据

专业汉语. 上册 / 马中华，何玉洁，梁江龙主编
. -- 北京：人民邮电出版社，2014.4（2016.8重印）
高等职业院校通识教育"十二五"规划教材
ISBN 978-7-115-34638-4

Ⅰ. ①专… Ⅱ. ①马… ②何… ③梁… Ⅲ. ①汉语－
少数民族教育－高等职业教育－教材 Ⅳ. ①H19

中国版本图书馆CIP数据核字(2014)第022795号

内 容 提 要

本套书作为专业汉语系列教材，分为上、下两册。上册包括数学、物理、计算机、科普四部分，下册包括机械工程、电气工程、采矿工程、安全工程、化学工程五部分。

本书每一课均采用了大多数汉语教材通行的结构形式，即课文、生词（包括词性、拼音、维文翻译）、练习。每篇课文后还增加了一篇与主课文有关联的课外阅读课文，目的是增加知识含量，拓宽学生的视野。

本书适合作为高等院校少数民族学生专业语言类课程的教材，也适合少数民族学校的教师、学生阅读参考。

◆ 总　编　马中华
　 主　编　马中华　何玉洁　梁江龙
　 责任编辑　王亚娜
　 执行编辑　蒋　勇
　 责任印制　张佳莹　焦志炜
◆ 人民邮电出版社出版发行　　北京市丰台区成寿寺路 11 号
　 邮编　100164　电子邮件　315@ptpress.com.cn
　 网址　http://www.ptpress.com.cn
　 北京中石油彩色印刷有限责任公司印刷
◆ 开本：787×1092　1/16
　 印张：13.5　　　　　　　　2014 年 4 月第 1 版
　 字数：333 千字　　　　　　2016 年 8 月北京第 3 次印刷

定价：32.00 元

读者服务热线：(010)81055256　印装质量热线：(010)81055316
反盗版热线：(010)81055315

前　言

为适应国家和自治区实施能源开发战略及加快新型工业化建设的需要，新疆工程学院根据办学指导思想和办学定位，优先发展和建设了一批有较强优势的工科专业。而少数民族预科课程又是我区本、专科学校、职业院校民族学生学习专业前的一门必修课。

长期以来少数民族学生进入学校后的预科教育，主要是汉语学习。实践证明，预科教育不但大大提高了学生的汉语水平，为他们进入专业学习打下了良好的语言基础，也从各方面提高了他们的综合素质，收到了很好的效果。但一个不容忽视的问题是，对少数民族学生进行的一年的汉语教学，主要是公共汉语的基础知识，与专业基础知识、专业性词汇关联甚少。少数民族学生进入专业系学习专业时，抽象的专业概念和生僻的专业词汇成为他们学习专业的第一道障碍。因此，填补民族学生专业语言学习方面的缺失就变得十分现实而迫切。

专业汉语教材就是在这样的背景下应运而生的。它主要帮助少数民族学生在学习专业课时扫除专业语言理解上的障碍，增强少数民族学生学习专业课的兴趣。提高民族学生的专业学习能力，进而为少数民族教育教学质量的提高做出贡献。

本教材由新疆工程学院语言系教师与各专业系部教师通力合作编写完成。编写者大多从事多年语言和专业教学工作，对学生的需求及汉语教材的形式、内容较为熟悉，有过编写同类教材的经验和能力，词汇的维文翻译由专业系部的民族教师完成。

本教材作为专业汉语系列教材，分为上、下两册。上册包括数学、物理、计算机、科普等四部分。下册包括机械工程、电气工程、采矿工程、安全工程、化学工程五部分。

本教材每一课采用了大多数汉语教材通行的结构形式，即，课文、生词（包括词性、拼音、维文翻译）、练习。每篇课文后还增加了一篇与主课文有关联的课外阅读课文，目的是增加知识含量，拓宽学生的视野。课文的选材都是以我院各专业系部的主干课教材为蓝本，经过编写者提炼、浓缩、重组而成，力求尽可能多地涉及民族学生所学专业课的知识点。

本教材因为以解决民族学生专业课学习过程中的专业概念、专业术语为主要目的，因此在具体课堂教学中只能从语言的角度去讲授词汇、语句和课文，不能当作专业课来学习。

专业汉语教材的编写得到了吾满江·艾力院长、黄朝华原副院长等领导的鼎力关心和支持。陈全君、张玉珍、石宁、赵德群、尹兆明、何颖、张俊敏、陆卫东、李坚等专业系部领导和教研室给予了极大的帮助，在此表示衷心的感谢！

由于编写者能力所限，加之时间仓促，书中对专业知识的理解和编排难免有误。真诚地希望各位老师和使用者提出宝贵意见，以便修订完善。

编者

2015 年 12 月

专业汉语（上册）编委会

总　编：马中华

主　编：（按姓氏笔画排序）

马中华　何玉洁　梁江龙

副主编：（按姓氏笔画排序）

马延梅　阿布力克木·卡德尔　张　季　努斯来提·吐尔地

目　　录

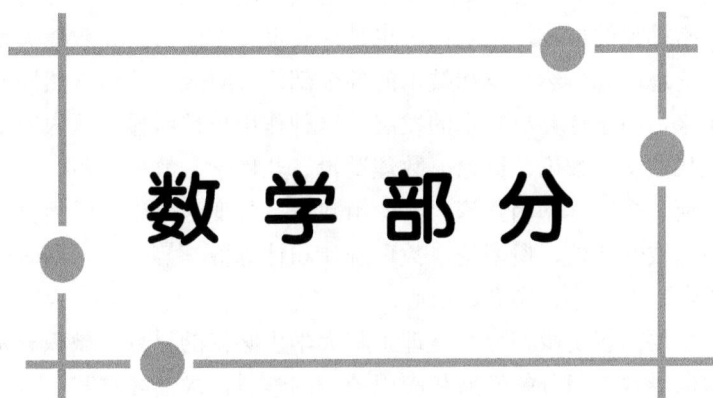

数学部分

第一课　什么是数学

数学是研究现实世界的空间形式和数量关系的科学。古时候，人类在生产和生活实践中，由于比较大小的需要，获得了数的概念。这样，早在人类文化的初期，就已经积累了一些数学知识。到了 16 世纪，由于生产力的发展推动了自然科学和技术的发展，人们获得了变量的概念。这是数学发展上的一个转折点。于是，数学不仅研究不变的量和个别图形，而且开始研究变化中的量与量之间的互相制约关系和图形间的相互变换，从而使运动和辩证法进入了数学。随着生产力的进一步发展，愈来愈多地要求对自然现象作定量的研究。还由于数学学科自身的发展，使得数学的研究范围不断地在扩大，内容日益丰富。数学的理论往往具有非常抽象的形式，但它同时也是现实世界空间形式和数量关系的深刻反映。因此，可以更广泛地用到自然科学和技术的各个部门，对人类认识自然和改造自然起着重要的作用。近年来，由于计算机技术的发展，这种作用日益明显。从内容上说，现代的数学在习惯上分成代数学、数论、群论、数理逻辑、几何学、解析几何、空间几何、空间解析几何、画法几何、拓扑学、函数论、实变函数论、复变函数论、泛函分析、微分方程以及工程数学领域的线性代数、概率论、数理统计和计算数学等分支，同时也产生了一些边缘学科，如运筹学、控制论、模糊数学等。

高等数学（主要内容是微积分）是理工科大学生必修的科目。微积分是数学的一门分科，是研究函数的导数、积分的性质和应用的一门学科。求曲线在某一点的切线，求运动的物体在某一时刻的瞬时速度等都是导数的典型问题。16~17 世纪，由于航海、天文、力学等发展的需要，研究运动成为自然科学的中心问题，产生了极限、导数、积分的初步概念。17 世纪中叶，牛顿和莱布尼茨在前人经验的基础上，分别在研究力学和几何学的过程中，建立了导数、积分的概念和运算法则，阐明了求导数和求积分是互逆的两种运算，奠定了这门学科的基础。

词语

1. 几何（名）jǐ hé　　　　　گېئومەترییە
2. 形体（名）xíng tǐ　　　　فورمىلا، شەكىل
3. 算数（名）suàn shù　　　ئارخىسمېتىكا
4. 初等（形）chū děng　　　ئىپتىدئى، باشلانغۇچ
5. 代数（名）dài shù　　　　ئالگىبرا
6. 三角（名）sān jiǎo　　　تىرگىنوبتىترىیە، ئۈچبۇلۇڭ
7. 完备（形）wán bèi　　　تولۇق، مۇكەممەل، ساق
8. 变量（名）biàn liàng　　ئۆزگەرگۈچ مىقدار
9. 转折点（组）zhuǎn zhé diǎn بۇرۇلۇش نۇقتىسى

10. 个别（名）gè bié　　　　　　　　　ئايرىم، بەزى، ئالاھىدە، باشقىچە

11. 制约（动）zhì yuē　　　　　　　　شەرت قىلماق، چەكلىمەك

12. 辩证法（名）biàn zhèng fǎ　　　　دىئالېكتىكا

13. 定量（形）dìng liàng　　　　　　مىقدار، بەلگىلەنگەن سان

14. 数理逻辑（名）shù lǐ luó jì　　　ماتېماتىكىلىق لوگىكا

15. 数论（名）shù lùn　　　　　　　سان نەزىرىيەسى

16. 代数学（名）dài shù xué　　　　ئالگېبرا

17. 几何学（名）jǐ hé xué　　　　　گېئومېترىيە

18. 拓扑学（名）tuò pǔ xué　　　　توپولوگىيە

19. 函数论（名）hán shù lùn　　　　فۇنكسىيە نەزىرىيەسى

20. 泛函分析（名）fàn hán fēn xī　　فونكسىئونال تەھلىل

21. 微分方程（名）wēi fēn fāng chéng　دىفسفرېنسىئال تەڭلىمە

22. 概率论（名）gài lù lùn　　　　　ئېھتىماللىق نەزىرىيسى

23. 数理统计（名）shù lǐ tǒng jì　　ماتېماتىكىلىق ستاتسكا

24. 计算数学（名）jì suàn shù xué　ھېساۋلاش ماتېماتىكىسى

25. 分支（名）fēn zhī　　　　　　　شۆبە، تارماق

26. 边缘学科（名）biān yuán xué kē　ئالاقىدار پەنلە

27. 运筹学（名）yùn chóu xué

（ئوپېراتسىيە ئىلمى）ئىشلىتىش ۋە پىلانلاش ئىلمى

28. 控制论（名）kòng zhì lùn　　　كونترول نەزىرىسى

29. 群论（名）qún lùn　　　　　　گۇرۇپپىلاش نەزىرىيەسى

30. 解析几何（名）jiě xī jǐ hé　　ئانالىتىك گېئومېترىيە

31. 画法几何（名）huà fǎ jǐ hé　　سىزىمچانلىق گېئومېترىيەسى

32. 实变函数论（名）shí biàn hán shù lùn

ھەقىقىي ئۆزگەرگۈچى فونكسىيەلەر نەزىرىيسى

33. 复变函数论（名）fù biàn hán shù lùn

كومپلېكس ئۆزگەرگۈچى فونكسىيىلەر نەزىرىيسى

34. 工程数学（名）gōng chéng shù xué　قۇرۇلۇش تېخنىكا ماتېماتىكىسى

35. 线性代数（名）xiàn xìng dài shù　سىزىقلىق ئالگېبرا

36. 模糊数学（名）mó hú shù xué　　مۆجمەل ماتماتىكا

37. 微积分（名）wēi jī fēn　　　　دىففېرېننىال ۋە ئىنتېگىرال

38. 分科（名）fēn kē　　　　　　تارماق پەن، ئەمەلىيا

39. 导数（名）dǎo shù　　　　　ھاسىلە

40. 曲线（名）qū xiàn　　　　　ئەگرى سىزىق

41. 切线（名）qiē xiàn　　　　　كەسمە سىزىق

42. 瞬时速度（名）shùn shí sù dù　چاقماق تىزلىكىدە، ھەش-پەش دىگۈچە

43. 典型（形, 名）diǎn xíng　　　نەمۇنە، تىپ، تىپىك

44. 天文学（名）tiān wén xué　　ئاسترونومىيە

45. 力学（名）lì xué	مېخانىكا
46. 极限（名）jí xiàn	لىمىت ، چەك ، ئاخىرقى چەك
47. 中叶（名）zhōng yè	ئوتتۇرسى
48. 牛顿（名）níu dùn	نيوتون
49. 莱布尼茨（名）lái bù ní cī	لېببنىسسن
50. 前人（名）qián rén	بۇرۇنقىلار ،ئۆتكەن كىشىلەر
51. 分别（副，动）fēn bié	ئايرىم ھالدا ،ئايرىم ـئايرىم ئايرىماق
52. 法则（名）fǎ zé	قانۇن ، قائىده
53. 互逆（动）hù nì	ئۆز ئارا تەتۇر
54. 奠定（动）diàn dìng	ئورناتماق ،ياراتماق
55. 积分（名）jī fēn	ئىنتېگرال

练习与作业

一、根据课文填空

1. 古时候，人类在生产和生活实践中，由于＿＿＿＿＿＿＿＿＿＿＿＿＿＿＿获得了＿＿＿＿＿＿＿。

2. 16世纪，由于生产力的发展推动了自然科学和技术的发展，人们获得了＿＿＿＿。这是＿＿＿＿＿＿。

3. 数学的理论往往具有＿＿＿＿＿＿，但它同时也是＿＿＿＿＿＿的深刻反映。

4. 求曲线在＿＿＿＿，求运动物体在＿＿＿＿＿等都是＿＿＿＿的典型问题。

5. 数学不仅研究＿＿＿＿和＿＿＿＿，而且开始研究＿＿＿＿＿和＿＿＿＿，从而使＿＿＿＿＿进入了数学。

二、根据课文回答问题

1. 数学是怎样的一门科学？

2. 数学的发展有哪几个阶段？

3. 什么原因使得数学的研究范围不断扩大？

4. 数学有哪些分支学科和边缘学科？

5. 微积分是怎样的一门学科？

6. 微积分学是如何建立的？

三、阅读课文

学习数学有什么用

数学是科学的大门和钥匙。伽利略曾说过：自然这本书，是用数学语言写成的。

生物的形态和生长，往往隐藏着各种数学规律。不管多原始的理智生命都会有数的。数学是一切有智慧的生物的共同语言。生物对本身的生存总是在选择理想的"技术结构"方案。数学规律仿佛是它们生命的密码。

有这样一个传说：一次，数学家欧基里德教一名学生学习某个定理。结束后，这个年轻人问欧基里德，他学了能得到什么好处。欧基里德叫过来一个奴隶，对他说："给那名学生3个奥波尔，他说他学了东西要得到好处。"在数学还非常哲学化的古希腊，探究的是世界的本原、万物之道，而要得到什么"好处"，自然会受到鄙视。这就像另一个故事：在巴黎的一个酒吧里，一个姑娘问她的情人迟到的原因。那年轻人说，他在赶做一道数学题，姑娘摇着脑袋，不解地问："我真不明白，你花那么多时间搞数学，数学到底有什么用啊？"那年轻人长久地看着她，然后说："宝贝儿，那么爱情到底有什么用啊？"

由经验构成的分散的知识，显然没有成体系的知识可信，我们历来都对知识的体系更有信任感。例如，牛顿的力学体系，可以精确地计算物体的运动，即使推测1亿年的日食也几乎丝毫不差。达尔文以物种进化和自然选择为核心的进化论，把整个生物世界统括为一个有序的、有机的系统，使我们可以了解不同物种之间的关系。

但是，即使是经典的知识体系，也不足以始终承载我们的全部信任，因为新的经验、新的研究会调整、更新旧的知识体系，新理论会替代旧理论。爱因斯坦相对论的出现，使得牛顿的力学体系成为一种广泛理论中的特例。基因学说的发展和化石证据的积累，使得达尔文进化论中渐变的思想受到挑战。这样的事例充满了整个科学发展的历史，让我们不时用怀疑的眼光打量一下那些仿佛无懈可击的知识体系，对它们心存警惕。

不过，在人们追求确定性、可靠性的时候，还有一块安宁的绿洲，那就是数学。数学是我们最可信赖的科学，什么东西一经数学的证明，便板上钉钉，确凿无疑。另外，新的数学理论开拓新的领域，可以包容但不会否定已有的理论。数学是唯一一门新理论不推翻旧理论的科学，这也是数学值得信赖的明证。

那么，数学追求的是什么？我们称古希腊的贤哲泰勒斯是古代数学第一人，是因为他不像埃及人或巴比伦人那样，对任意一个规则物体求数值解，他的雄心是揭示一个系列的真理。比如圆，他的答案不是关于一个特殊圆，而是任意圆，他对全世界所有的圆感兴趣，他创造的理想的圆可以断言：任何经过圆心的直线都将圆分割为两等分，他找到的真理揭示了圆的性质。

数学要求普遍的确定性。

数学要划清结果和证明的界限。

世界再变幻不定，我们也总要有所凭信、有所依托。把这种凭信的根据推到极致，我们能体会到数学的力量。数学的作用也在于此。

我们的先人很早就开始用数学来解决具体的工程问题，在这方面，各类古文明都有上佳的表现，但是古希腊人对数学的理解更值得我们敬佩。首先是毕达哥拉斯学派，他们把数看作是构成世界的要素，世上万物的关系都可以用数来解析，这绝不是我们现代"数字地球"之类的概念可以比拟的。那是一种世界观，万物最终可以归结为数，由数学说明的东西可以成为神圣的信仰，而持这样想法的人，大都对自然常存敬畏，不会专横自欺。

其次，古希腊人把数学用于辩论，他们要求数学提供关于政治、法律、哲学论点的论据，要求绝对可靠的证据，要求"不可驳斥性"。他们也不满足于（例如埃及、巴比伦前辈那样的）经验性的证据，而是进一步要求证明，要求普遍的确定性。多么可爱、严正的要求！有这样要求的人，必定明达事理、光明磊落。

为了保证思想可靠，古希腊的思想家制定了思想的规则。在人类历史上，思想第一次成为思想的对象，这些规则称为逻辑。例如，不可同时承认正命题和反命题，换句话说，一个论点和它的反论点不能同时为真，即矛盾律。例如，正论点与反论点不可同时为假，即排中律。所有这些努力，都特别体现着人类对确定、可靠的知识的追求。一部数学史，就是人类不断扩大确知领域的历史。

第二课　集合

　　集合是数学中重要的基本概念之一。在初中，我们已经初步接触到由数、点等构成的集合。今天，我们主要了解一下集合的有关概念。

　　在数学中，我们把具有某种特定性质的对象组成的总体叫作集合。把组成某一集合的各个对象叫作集合的元素。例如，某校语言系全体学生组成一个集合，其中每个学生都是这个集合的元素，自然数全体组成一个集合，每个自然数都是这个集合的元素。

　　一个集合，常用大写字母 A、B、C……表示，它们的元素常常用小写字母 a、b、c……表示。

　　如果 a 是集合 A 的元素，就说 a 属于集合 A，记作 $a \in A$，读作 a 属于集合 A；如果 a 不是集合 A 的元素，就说 a 不属于集合 A，记作 $a \notin A$（或 $a \overline{\in} A$），读作 a 不属于集合 A.

　　集合又常简称为集，自然数全体组成的集合通常简称为自然数集，记作 N；整数全体组成的集合简称为整数集，记作 Z；有理数全体组成的集合简称有理数集，记作 Q；实数全体组成的集合叫作实数集，记作 R。含有有限个元素的集合叫作有限集，含有无限个元素的集合叫作无限集。

　　常用的集合表示方法有列举法和性质描述法两种。

　　一般来说，如果集合 A 的任何一个元素都是集合 B 的元素，那么集合 A 叫作集合 B 的子集，例：A={2，3}，B={2, 3, 5, 7}，记作 $A \subseteq B$（或 $B \supseteq A$），读作 A 包含于 B，（或 B 包含 A）。我们把不包含任何元素的集合叫作空集，记作 $\varnothing$。

　　如果两个集合的元素完全相同，那么就说这两个集合相等，集合 A 等于集合 B，记作 A=B。

　　对于两个给定的集合 A、B，由属于 A 又属于 B 所有元素组成的集合叫作 A、B 的交集，记作 $A \cap B$，读作 A 交 B，例如：$\{1, 2, 3, 6\} \cap \{1, 2, 5, 6\} = \{1, 2, 6\}$。

　　对于两个给定的集合 A、B，把它们所有的元素合在一起构成的集合，叫作 A 与 B 的并集，记作 $A \cup B$，读作 A 并 B。例如：$\{2, 3, 4\} \cup \{1, 2, 3, 5\} = \{1, 2, 3, 4, 5\}$。

　　本课我们粗略介绍了一些有关集合的知识，同学们要掌握一些基本的术语及其相互关系，为以后进一步学习与集合有关的数学知识打下良好的基础。

词语

1. 集合（名）jí hé　　　توپلام
2. 初步（形）chū bù　　ئالدىنقى، دەسلەپكى، دەسلەپ
3. 特定（形）tè dìng　　ئالاھىدە بەلگىلەنگەن

4. 总体（副）zǒng tǐ   بىر پۈتۈن، ئۇمۇمى يىغىندى ،ئۇمۇمى

5. 元素（名）yuán sù   ئېلمىنت ، ئامىل

6. 自然数（名）zì rán shù   تەبئىي سان

7. 大写（名）dà xiě   چوڭ يېزىلىش

8. 小写（名）xiǎo xiě   كىچىك يېزىلىش

9. 整数（名）zhěng shù   پۈتۈن سان

10. 有理数（名）yǒu lǐ shù   راتسىئونال سانلار

11. 实数（名）shí shù   ھەقىقى سان

12. 有限集（名）yǒu xiàn jí   چەكلىك توپلام، چەك

13. 无限集（名）wú xiàn jí   چەكسىز توپلام

14. 描述（动）miáo shù   تەسۋىرلىمەك

15. 子集（名）zǐ jí   ئىچكى توپلام

16. 空集（名）kōng jí   بوش توپلام

17. 给定（动）gěi dìng   بەلگىلەنگەن

18. 交集（名）jiāo jí   كەسمە توپلام

19. 并集（名）bìng jí   بىرىكمە توپلام

20. 粗略（形）cū luè   ئاددى ھالدا،قىسقىچە

21. 术语（名）shù yǔ   ئاتالغۇ

练习与作业

一、按课文内容填空

1. 在数学中，我们把具有＿＿＿＿＿＿＿＿＿＿＿＿＿＿＿＿＿＿叫作集合，把组成的各个对象叫作集合的元素。

2. 如果 a 是集合 A 的元素，就说＿＿＿＿＿＿＿＿＿＿＿＿＿；如果 a 不是集合 A 的元素，就说＿＿＿＿＿＿＿＿＿＿＿＿。

3．集合又常简称为＿＿＿＿＿＿。自然数全体组成的集合通常简称为＿＿＿＿＿＿＿＿＿＿。

4．常用的集合表示方法有＿＿＿＿＿＿＿＿和＿＿＿＿＿＿＿＿两种。

5．如果＿＿＿＿＿＿＿＿＿＿，那么就说这个集合相等。

二、根据课文判断正误

1. 具有某种特定性质的对象组成的全部叫作集合。

2. 如果 a 是集合 A 的元素，就说 a 属于 A，记作 $a \subseteq A$。

3. 实数全体组成的集合叫作实数集，记作 N。

4. $A \cap B$ 读作 A 并 B，$A \cup B$ 读作 A 交 B。

5. 如果 A= $\{2,3\}$，B= $\{2,3,5,7\}$，记作 $A \subseteq B$（或 $B \supseteq A$），读作 A 包含 B（或 B 包含于 A）

三、回答下列问题

1. 什么是集合？什么是集合的元素？分别举例说明。

2．N、Z、Q、R 分别表示什么集合？

3．举例说明什么叫子集、交集和并集。

4．什么叫集合相等？举例说明。

四、阅读课文

生命成长发育的数学定律

进化论的诞生之日向前推移近一百年，在 20 世纪中期，另一个生物学上的里程碑被树立了，那就是生物体中的 DNA 基因的发现。20 世纪的前五十年可以说是物理学的黄金时期，物理学的发展推动了整个科学技术的前进，也潜移默化地促成了生物学的这一重大发现。

1953 年 4 月 25 日，美国哈佛大学年轻的科学家詹姆斯·沃森（JamesWatson，1928）和英国剑桥大学科学家弗朗西斯·克里克（FrancisCrick，1916—2004）在英国《自然》杂志发表题为《核酸的分子结构》的短文，正式提出 DNA（脱氧核糖核酸）双螺旋结构模型。

这一发现仅仅过了不到十年就获得了 1962 年诺贝尔生理医学奖，也被认为是 20 世纪最重要的科学发现之一。在 2003 年，世界范围都有不同形式的活动纪念 DNA 发现五十周年（有兴趣的读者可到《自然》杂志网站下载这一历史性文章），双螺旋发现五十周年纪念日前夕，多国合作的人类基因组序列图宣告提前绘成。人体 DNA 中三十亿个碱基的排列顺序，已经成为各国科学家免费取用的数据。DNA 基因的发现无疑是人类历史上重要的一刻。

人类基因组由 31.647 亿个碱基对组成，共有 3~3.5 万个基因。此前，参与"人类基因组测序计划"的各国科学家已于 2000 年 6 月和 2001 年分别公布了人类基因组的草图和完成图，完成了对 30 多亿个碱基对排列顺序的测定。但这仅仅是阅读人类自身奥秘这部"天书"的第一步，科学家还需要进行更加精确的测序、逐一定位基因并进行个性差异、蛋白组学等的研究。

DNA 基因究竟是不是生命的奥秘呢？可以说是，但又不完全是。这里让我们引用英国著名科普作家伊恩·斯图尔特（IanStewart）的书《生命的另一个奥秘》的解释：DNA 是生命的第一个奥秘。在地球上，每种生命体内都有这种复杂的 DNA 分子密码，称为基因。这套密码宛如一部"生命之书"，指定了生命体内的形态、生长、发育及行为。但是，基因也并非生命的全部奥秘。它并不像工程用的蓝图，而更像是菜谱上的烹饪方法。它会告诉我们要用哪些材料、用多少量、次序如何，但并不完全决定结果——菜谱和真正的美食还是不一样的。在生命诞生的过程中，控制生命体成长、告诉生物如何应对遗传指令，是物理及化学反应中的数学定律。数学如何控制生物体的生长，这就是生命的另一个奥秘！其实，人类早就明白生物的成长会依赖于自然环境中的物理和化学因素，中国古语中的"淮南桔，而淮北枳"已经就有这样的思想。然而，使用数学来定量定性地分析这样的现象，还是要等到 20 世纪后半叶了。

那么，生命成长发育的数学定律究竟是什么？准确说来，目前还没有哪种模型或方程像牛顿力学那样可以被称为完全精确的数学定律，但是有一些数学模型或方程，今天已经被许多生物学家和其他科学家认可。本文主要介绍的就是描述生物成长发育的反应扩散方程组（Reaction-diffusionsystems）。我们认为生物成长是一种复杂的化学反应过程，其中可能有几十、上百，甚至更多的化学物质参加反应。但是在生物体某一局部（像器官、组织，甚至细胞）的反应，可能主要就是少数几种化学成分起决定性作用。我们以两种化学物质参加反应为例。从微观角度来看，两种化学物质的分子像小球一样在介质中穿梭游弋，而分子间如果碰撞就可能发生化学反应。物理学中分子的随机游弋被称为布朗运动。在数学中，可以用扩散方程（热传导方程）来描述分子的分布密度函数。而分子间的化学反应则可以用一些反应函数来刻画。如果用 $u(x,t)$ 和 $v(x,t)$ 来代表两种化学物质的分布密度函数，这里 x 代表空间中的一个点，t 代表时间，那么相应的反应扩散方程组是：

$$Ut = Du\Delta U + f(U,V) ,$$
$$Vt = Dv\Delta V + g(U,V) 。$$

在方程中，Du 和 Dv 分别是两种化学物质的扩散系数，$f(u,v)$ 和 $g(u,v)$ 是两个二元反应函数，Δ 是多元微积分中的拉普拉斯算子，即对于每个空间分量的二所导数之和。

由拉普拉斯算子作为数学表示的扩散过程在自然科学各个分支都被认可为物质自由运动的方式，既可以是微观世界的分子运动，又可以是大的生物种群的迁徙漫游。

热传导方程从 18、19 世纪就被欧拉、拉普拉斯、傅里叶等数学物理学先驱所研究，他们得到的数学结果和实际也很相符：热量（或者任何一种满足这一原理的物质）最后在一个与外界隔绝的空间中均匀分布。因此，扩散一般被认为是一种光滑化、平均化的一种物理过程。这一现象甚至对于一种物质的反应扩散方程都对。

然而，在沃森和克里克发现 DNA 结构的前一年，也就是 1952 年，英国科学家阿兰·图灵（1912—1954）发表了一篇题为《生物形态的化学基础》的论文。他提出了上述的反应扩散方程组作为生物形态的基本化学反应模型，并且指出这一方程组可以有非常数平衡解，也就是说，两种化学物质最后的分布状态可以是非均匀的，这和热传导方程及一种物质的反应扩散方程的解都大相径庭。

图灵对于反应扩散方程组的想法基本是这样的：如果方程有一个常数平衡解（U，V），也就是代数方程组 $f(u,v)=0$，$g(u,v)=0$ 的解，而且这个解对于常微分方程组：$u'=f(u,v)$，$v'=g(u,v)$ 是稳定的；但是在加上扩散后，这个解就变成不稳定的，那么我们称这个解具有扩散所诱导的不稳定性。

因为扩散往往给物理系统带来光滑性、稳定性，所以这一想法乍一看可说是有违常理。但是图灵指出，如果两个扩散系数相差很大时，这种现象是可能发生的，并且当常数解变得不稳定后，也就间接说明依赖空间变量的非常数解的存在性——图灵认为这种非常数解恰好说明生物在生长历程中为什么形态各异，而不是单一结构，甚至也隐含了细胞结构分裂，以及分化的物理化学过程。

图灵的理论在当时恐怕比 DNA 的发现更为超前，以至于发表后的二十年仍默默无闻。然而，在 20 世纪 70 年代后，图灵的理论成了非线性科学发展的重要动力之一。

数学部分

第三课　角与三角函数

　　三角学来源于测量，它是测量学的理论基础。另外，三角函数又是研究自然界中周期变化现象的重要数学工具，在力学、工程及无线电学中有着广泛的应用。

　　角可看做是平面内射线绕其端点旋转所形成的图形。沿逆时针方向旋转生成的角为正角；沿顺时针方向旋转生成的角为负角；射线没有旋转，称为零角。

　　我们知道，把一个圆周等分为 360 份，其中 1 份所对应的圆心角是 1 度角。这种用度做单位来度量角的制度叫角度制。在数学和其他科学研究中，还常用另一种度量角的制度——弧度制。

　　我们把等于半径长的圆弧所对的圆心角叫作 1 弧度的角。角的度数与弧度数的对应值可以直接查阅度数与弧度数对应表，也可以使用如下公式换算：1 弧度=180°/ π ≈57°18′，

$1°=\dfrac{\pi}{180}$ 弧度≈0.01745 弧度。但有些常用的特殊角的度数与弧度数的对应值，我们应该牢记，

如：0°等于 0 弧度，30°等于 $\dfrac{\pi}{6}$ 弧度，45°等于 $\dfrac{\pi}{4}$ 弧度，180°等于 π 弧度等。在初中，我们学

过函数的概念。如：在方程 $y=\dfrac{1}{2}x^2$ 中，对于 $x\in R$ 的每一个确定的值，按照对应法则：

平方的 $\dfrac{1}{2}$ 都有唯一确定的 y 值与它对应。这时，我们说 y 是 x 的函数，其中 x 叫自变量，y 也叫因变量。

　　如果角作为自变量的话，也有其相对应的函数，这种函数叫三角函数。任意角的三角函数定义如下（如下图所示）：

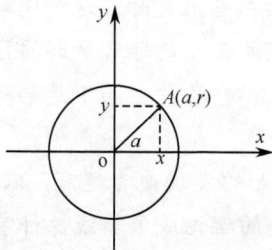

　　设 α 是从 ox 至 OA 的任意大小的一个角，在角 α 的终边上取不与原点重合的任意一点 $A(x，y)$，原点到这点的距离为

$$d=\sqrt{x^2+y^2}>0，$$

则角的正弦、余弦、正切、余切、正割、余割的定义分别是

$$\sin\alpha = \frac{y}{d}, \cos\alpha = \frac{x}{d}, \tan\alpha = \frac{y}{x}, \cot\alpha = \frac{x}{y}, \sec\alpha = \frac{d}{x}, \csc\alpha = \frac{d}{y}$$

除去角 α 终边落在 x 轴或 y 轴上无意义的情况外，对于角 α 的每一个确定的值，上面的六个比值都是唯一确定的，所以，$\sin\alpha, \cos\alpha, \tan\alpha, \cot\alpha, \sec\alpha, \csc\alpha$ 都是角 α 的函数。我们把角 α 的正弦、余弦、正切、余切、正割、余割分别称为正弦函数、余弦函数、正切函数、余切函数、正割函数、余割函数，统称为三角函数。在熟悉这些基本概念的前提下，我们还应该熟记同角三角函数的基本关系式，例如：

$$\sin^2\alpha + \cos^2\alpha = 1, \quad \tan\alpha = \frac{\sin\alpha}{\cos\alpha}, \quad \cot\alpha = \frac{\cos\alpha}{\sin\alpha},$$

$$\sin(-\alpha) = -\sin\alpha, \quad \tan(\alpha + \frac{\pi}{2}) = -\cot\alpha，\quad 等等。$$

和角与倍角公式如下：
$$\cos(\alpha + \beta) = \cos\alpha\cos\beta - \sin\alpha\sin\beta$$
$$\cos 2\alpha = \cos^2\alpha - \sin^2\alpha = 2\cos^2\alpha - 1 = 1 - 2\sin^2\alpha，\quad 等等。$$

正弦定理、余弦定理：
$$\frac{a}{\sin A} = \frac{b}{\sin B} = \frac{c}{\sin C}, a^2 = b^2 + c^2 - 2bc\cos A，\quad 等等。$$

在学习函数的性质时，我们还会遇到定义域、值域、周期性、奇偶性（即奇函数或偶函数）、单调性等概念。

学习角与三角函数，以上这些概念、公式和定理是最基本的知识，熟悉并掌握它们的内在关系，在学习过程中才能事半功倍。

词语

1. 三角学（名）sān jiǎo xué   تىرگىنومېتىرىيە
2. 来源（动，名）lái yuán   مەنبە
3. 三角函数（名）sān jiǎo hán shù   تىرگىنومېتىرىيىلىك فۇنكسىيە
4. 周期（名）zhōu qī   دەۋرى ،دەۋر
5. 平面（名）píng miàn   تەكشىلىك
6. 射线（名）shè xiàn   نۇر
7. 端点（名）duān diǎn   ئۇچ ،ئۇچى
8. 逆（动）nì   قارمۇ قارشى يونۇلۇشلۇك（ تەتۇر ）
9. 正角（名）zhèng jiǎo   مۇسبەت بۇلۇڭ
10. 负角（名）fù jiǎo   مەنپى بۇلۇڭ
11. 零角（名）líng jiǎo   نۆل بۇلۇڭ
12. 角度制（名）jiǎo dù zhì   بۇلۇڭنىڭ گرادوس سىستمىسى
13. 弧度制（名）hú dù zhì   رادىئان بىسمى
14. 对应值（名）duì yìng zhí   ماس قىممەتلەر
15. 法则（名）fǎ zé   قائىدە
16. 唯一（形）wéi yī   بىردىن- بىر

17.	自变量（名）zì biàn liàng	ئەركىن ئۆزگىرىشچان مىقدار
18.	因变量（名）yīn biàn liàng	ئەگىشىپ ئۆزگەرگۈچى مىقدار ،ئاگومىنت
19.	相应（形）xiāng yìng	مۇۋاپىق ، ماس ، ئۇيغۇن
20.	原点（名）yuán diǎn	باشلىنىش نۇقتىسى، كوردىنات بىشى
21.	正弦（名）zhèng xián	سىنوس
22.	余弦（名）yú xián	كوسىنوس
23.	正切（名）zhèng qiē	تان گىنس
24.	余切（名）yú qiē	كوتاھىن گىنس
25.	正割（名）zhèng gē	سىكانس
26.	余割（名）yú gē	كوسىكانس
27.	诱导（动）yòu dǎo	يىتەكلىمەك ،باشلىماق
28.	和角公式（名）hé jiǎo gōng shì	بۇلۇڭلار يىغىندىسىنىڭ فورمىلىسى
29.	倍角公式（名）bèi jiǎo gōng shì	ھەسسىلەنگەن بۇلۇڭ فورمۇلىسى
30.	定理（名）dìng lǐ	تىئورىما
31.	定义域（名）dìng yì yù	ئىنىقلىنىش ساھەسى
32.	值域（名）zhí yù	قىممەت ساھەسى
33.	周期性（名）zhōu qī xìng	دەۋرىلىك
34.	奇偶性（名）jī ǒu xìng	جۈپ - تاقلىق
35.	单调性（名）dān diào xìng	مونۇتونلۇق
36.	事半功倍（组）shì bàn gōng bèi	ئاز كۈچ بىلەن كۆپ ئىش قىلماق

练习与作业

一、按课文内容完成下列句子

1. 角可看作是＿＿＿＿＿＿＿＿＿＿所成的图形。

2. 我们知道，把个圆周＿＿＿＿＿＿＿＿，其中＿＿＿＿＿＿＿＿是＿＿＿＿＿＿。

3. 我们把等于＿＿＿＿＿＿＿所对的圆心角叫作＿＿＿＿＿＿＿的角。

4. ＿＿＿＿＿＿＿＿＿＿＿＿＿＿＿＿＿＿＿＿＿＿统称为三角函数。

5. 在学习函数的性质时，我们还会遇到＿＿＿＿＿＿、＿＿＿＿＿＿、＿＿＿＿＿＿、
＿＿＿＿＿＿、＿＿＿＿＿＿＿等概念。

二、根据课文内容判断正误

1. 角可看作是射线绕其端点旋转所成的角。

2. 沿顺时针方向旋转生成的角为正角，沿逆时针方向旋转所成的角为负角。

3. 射线没有旋转，称为零角。

4. 我们把相当于半径长的圆弧所对的圆心角叫作一弧度的角。

5. $\tan \alpha = \dfrac{\cos \alpha}{\sin \alpha}$，$\cot \alpha = \dfrac{\sin \alpha}{\cos \alpha}$

三、问答

1. 什么叫角？什么叫三角函数？

2. 什么是 1 度角？什么是 1 弧度角？

3. $0, \dfrac{\pi}{6}, \dfrac{\pi}{4}, \dfrac{\pi}{2}, \pi$ 分别是多少度的角？

4. 请说出同角三角函数的基本关系式、和角公式、倍角公式，以及正弦定理、余弦定理。

四、阅读课文

三角函数简史之角与弦

角的概念会产生歧义，因为它既描述了两条相交直线之间"分离"这个定性的概念，又描述了这种分离程度的数值（角的度量）。而在两个点之间的"分离"上却没有这种歧义，因为线段和长度这两个概念能分得很清楚。好在我们不需要担心这种混淆，因为在三角学中，我们只关注线段与角的性质当中可以量化的部分。

三角学算是最古老的学科了，真要说起来，它的历史比平面几何还要早。当然，如果把早期的三角学计算也算作平面几何的一部分的话，那另当别论。如今，中学生接触的三角学是以直角三角形为基准，各边之比的定义得来的。到了高中，就将三角函数定义放到圆和坐标系里，这一点倒是符合三角学的历史发展的，数学史上第一份三角学资料，也是拿来解直角三角形。

一、角度

平面上的运动只有两种——平移和旋转。平移的程度由距离和面积来度量，而旋转的程度则由角度来度量，对长度的定义一直以来都没什么难度，确定一个单位长度标准就行了。对角度的定义却没那么简单——角度描述两条相交直线之间的相离程度，到底多大程度才能定为一个标准？相对于距离来说，角度的大小更充满"定性"的味道。好在巴比伦人利用了圆这一标准——他们将圆从圆心分成了360份，要衡量一个角度大小，只需要将角度的顶点与圆心重合，算出对应的弧长占圆周长的百分数，就能够衡量出这个角的大小了。所以，利用圆来衡量角度，大概是古人早已发现圆周角所对弧长与圆周角之间简单的比例关系。圆与三角学的关系，从一开始就密不可分，往后也是。至于巴比伦人为何将圆分为360份，具体原因已不可考，但很明显，这与巴比伦人一贯使用的六十进制有很大关系。其中有一个解释是，因为巴比伦人使用的是六十进制，所以实际上它们是将一个圆分成了六个进制，这样的一个好处就是分出来的每一份中对应的弦长与半径相等。另一个解释就是360份恰与一年的天数很接近。当然从未有任何证据说明这一点，一切都只是猜测，所以，对于360°的规定的具体原因已经不知。但这利用圆来衡量角度的方法一直很有效，且流传至今。不久之后，希腊人采用了这一套系统，托勒密在他的《至大论》中就使用了这一系统。

一直以来，六十进制作为一种计数法，早已被十进制淘汰，但作为角度和时间的度量却一直流传下来。这种制度是如此受欢迎，即使是在"公制化的创始地"法国也无法被替代。这倒是很有趣的现象。

到了近代，出现了另一种度量制度——弧度制，1弧度就是圆上的弧长等于半径时所对的圆心角。我们经常听说采用弧度制的原因是能够用较小的数字表示角。实际上并非如此，采用弧度制的唯一原因是他能够简化许多公式，比如弧长公式将变成 t=αr，扇形面积公式也将变得非常简单，弧度的应用去除了这些公式中"多余"的因子 π/180。

另一个事实是，弧度的采用将使得这个事实成立：一个很小的角和他的正弦值在数值上是近似相等的，也就是 $\sin x/x$ 在 x 趋于零时其极限值趋近于 1，这种近似若采用弧度制将使得在 x 不是很小的时候就变得非常接近，因此使得弧度制在微积分学中变得非常重要。

二、弦

三角学一开始和圆扯上了关系，然后就与角度所对的弦长扯上了关系。在数学发展初期的巴比伦时期，人们就已经发现了三角形相似的性质，最后传到希腊，得到了进一步的应用。人类历史上第一位数学家泰勒斯据此计算出了埃及金字塔的高度，可谓是一大奇闻。现代意义上的"三角学"一词，说来还得多亏了天文学。天文学的发展急需科学家求解各种各样的三角形，那时候自然还没有我们今日的什么正弦定理、余弦定理可用。有一位叫西巴尔卡斯的科学家在这方面迈出了重要一步：他将三角形置于圆中，这样三角形的边就变成了弦，为了计算三角形的各部分，就必须考察圆心角与弦长的关系。自此以后，这件事就成为了各个数学家在这方面的研究重点。

第一本三角学著作出自于托勒密之手，他编制出了第一套"正弦函数表"，（当然并无正弦这一概念），这个表格继承了西巴尔卡斯的工作，列出了角度 0°~180° 变化时对应的弦长。托勒密取将圆的半径定为 60 单位长度（为了方便，我们就不谈六十进制了），实际上相当于十进制中取 10 为半径，根据我们现在的认识，知道托勒密的表格实际上就是给出了一个 $\sin\dfrac{\alpha}{2}$ 表：

$$d = 2r\sin\frac{\alpha}{2} = 20\sin\frac{\alpha}{2}$$

今天，我们可以看到一个有趣的现象，在圆心角α与弦长 d 之间的关系中，我们需要先把圆心角除以 2，最后的结果还要乘以 20，这实际上是一个重复的过程，重复做这样的工作只是在浪费时间而已。几百年以后，终于有人将此表简化，不再考虑圆心角与弦长的关系，而是考察"弦长的一半"与"圆心角的一半"之间的关系。我们可以看出，这一看起来貌似简单的简化其实是一次伟大的进步——本来只是等腰三角形的顶角与底边的关系，现在变成了直角三角形一锐角与对边的关系。如果我们注意到"圆周角是圆心角的一半"这个结论，实际上这一进步正在孕育着正弦定理。此后，三角学正式慢慢脱离了圆的束缚，转向了以直角三角形为基础的理论。我们今天熟知的正弦和余弦之比的定义由此变得清晰起来。

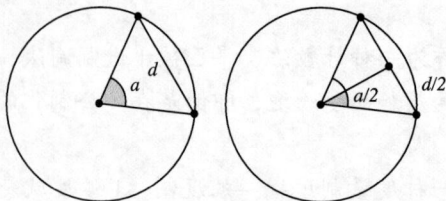

第四课　几何

几何是一个比较大的范畴。在初中，我们学习了平面几何——一个图形的点、线、面都在同一个平面内，称为平面图形。但在日常生活和实际中还会遇到一些几何图形，这些图形上的点不完全在同一个平面内，这样的图形叫作空间图形（或立体图形）。研究和学习空间的点、线、面所组成的图形，也就涉及立体几何。

在立体几何中，我们首先要知道平面及其表示法、平面图形直观图的画法、平面的性质。它们是研究空间直线、平面的位置关系的理论基础。在直线和直线的位置关系中主要学习：平行直线——没有公共点，在同一平面内；相交直线——只有一个公共点，在同一平面内；异面直线——没有公共点，不在同一平面内。在直线和平面的位置关系中我们应知道：直线在平面内——有无数个公共点；直线和平面平行——没有公共点；直线和平面相交——只有一个公共点。在平面和平面的位置关系中，我们会遇到：两个平面平行——没有公共点；两个平面相交——有一条公共直线。以上是立体几何中点、线、面最基本的知识。我们不仅要熟悉它们的位置关系，更要学会它们具有这种关系的判定和知识，并掌握相关的性质定理。只有这样，才能为后面学习多面体和旋转体打通道路。

多面体和旋转体在日常生活中随处可见，如粉笔盒、水桶、日光灯管、粉笔等。多面体的主要研究对象包括棱柱（直棱柱、斜棱柱）、棱锥（正棱锥、斜棱锥）、棱台（正棱台、斜棱台）。还有它们的性质、画法、表面积、侧面积、体积等。旋转体主要学习的内容有：圆柱、圆锥、圆台、球台（球缺），还有它们的性质、画法、表面积、侧面积、体积等。

我们在研究平面图形和空间图形的概念及性质时，都是以公理为基础，直接依据图形中的点、线、面间的相互关系来进行研究的。如果在坐标平面内用代数的方法来研究直线和曲线等问题，就会涉及一个新的数学内容——平面解析几何。

在平面解析几何中，将建立曲线与方程的概念，讨论直线、圆、椭圆、双曲线、抛物线的定义，以及它们的方程、图像的性质及其极坐标、参数方程。

学习几何学，同学们必须充分调动自己的空间想象力和抽象思维能力，从中找出解决难题的突破口，这样才有可能学好这门课程。

词语

1. 范畴（名）fàn chóu　　　　　　　　دائىره، توپلام
2. 立体几何（名）lì tǐ jǐ hé　　　　　　ستېرېئومېتر
3. 涉及（名）shè jí　　　　چېتىشماق، تەگمەك تاقالماق
4. 直观（形）zhí guān　　　　　　　　كۆرسەتمىلىك
5. 平行（形）píng xíng　　　　　　　　　پاراللېل
6. 相交（动）xiāng jiāo　　　　　ئۆز-ئارا كېسىشىش

7. 公共点（名）gōng gòng diǎn　　　　　　　　ئۇمۇمىي نۇقتا

8. 异面（名）yì miàn　　　　　　　　　　　　ئۇچراشماق

9. 多面体（名）duō miàn tǐ　　　　　　　　　كۆپ ياقلىق

10. 旋转体（名）xuán zhuǎn tǐ　　　　　　　ئايلانما

11. 棱柱（名）léng zhù　　　　　　　　　　پرىزما

12. 棱锥（名）léng zhuī　　　　　　　　　پىرامىدا

13. 棱台（名）léng tái　　　　　　　كېسىك پىرامىدا

14. 表面积（名）biǎo miàn jī　　　　　　سىرتقى يۈز

15. 侧面积（名）cè miàn jī　　　　　　　يان سىرت

16. 体积（名）tǐ jī　　　　　　　　　　　　　　هەجىم

17. 圆柱（名）yuán zhù　　　　　　　　　سىلىندىر

18. 圆台（名）yuán tái　　　　　　　كېسىك كۆنۇس

19. 球台（名）qiú tái　　　　　　　　شار بۆلۈكى

20. 球缺（名）qiú quē　　　　　　　شار سەگمەنتى

21. 坐标（名）zuò biāo　　　　　　　　كوردىنات

22. 曲线（名）qū xiàn　　　　　　　　ئەگرى سىزىق

23. 解析几何（名）jiě xī jǐ hé　　　　ئانالىتىك گېئومەترىيە

24. 双曲线（名）shuāng qū xiàn　　　　　گىپېربولا

25. 抛物线（名）pāo wù xiàn　　　　　　　پارابولا

26. 极坐标（名）jí zuò biāo　　　　　قۇتۇپ كوردىناتى

27. 参数（名）cān shù　　　　　　　　　　پارامېتر

练习与作业

一、完成下列句子

1. 直线与直线的位置关系有_____、
_____、_____三种。

2. 直线和平面的位置关系有_____、_____、
_____三种。

3. 平面和平面的位置关系有_____、_____两种。

4. 多面体的主要研究对象包括_____、_____、_____等。

5. 旋转体主要学习的内容有_____、_____、_____等。

6. 在平面解析几何中，将建立_____的概念，讨论直线、圆、椭圆、_____、_____的定义，以及方程、图像、性质及其_____、_____。

二、选择正确答案

1. 图形上的点完全在同一平面内，这样的图形叫作（　　）。

A 平面图形　　　　B 立体图形　　　　C 空间图形　　　　D 平行图形

2. 直线和平面相交（　　）。

A 没有公共点　　　　　　　　　　B 有一个以上的公共点

C 只有一个公共点　　　　　　　　　　　D 在同一平面内

3．有一条公共直线是（　　　）。

A 两个平面平行　　　　　　　　　　　B 两个平面重合

C 两个平面垂直　　　　　　　　　　　D 两个平面相交

4．多面体包括（　　　）。

A 棱柱、圆台、棱锥　　　　　　　　　B 圆柱、棱台、棱锥

C 棱台、圆锥、圆台　　　　　　　　　D 棱锥、棱台、棱柱

5．抛物线是（　　　）。

A 直线　　　　　　　B 曲线　　　　　　　C 圆　　　　　　　D 球

三、判断正误

1．图形上的点完全不在同一平面内，这样的图形叫作立体图形。

2．异面直线没有公共点，在同一平面内。

3．直线在平面内有一个以上的公共点。

4．粉笔盒是立体形状；日关灯管属于棱柱形。

5．球台有两个圆形的平面；圆台也有两个圆形的平面；圆锥有一个圆形的平面。

四、问答

1．怎样的图形叫作平面图形？怎样的图形叫作空间图形？

2．叙述直线与直线、直线与平面、平面与平面的位置关系及其特点。

3．简要介绍多面体和旋转体的研究对象。

4．简要介绍平面解析几何的研究内容。

五、阅读课文

几何学知识

几何学是研究空间（或平面）图形的形状、大小和位置的相互关系的一门科学，简称为几何。

"几何"这一名词最早出现于希腊，由希腊文"土地"和"测量"二字合成，意思是"测地术"。实际上，希腊人所称的"几何"是指数学——对测量土地的科学，希腊人用了"测地术"的名称。古希腊学者认为，几何学原是由埃及人开创的。由于尼罗河泛滥，常把埃及人的土地界线冲掉，于是他们每年要做一次土地测量，重新划分界线。这样，埃及人逐渐形成一种专门的测地技术。随后，这种技术传到希腊，逐步演变成现在狭义的几何学。

广义的几何学是从近代开始形成的，它包含了许多各自的独立又相互联系的数学理论。这些数学理论主要有三种情况：第一种情况，它们与通常的空间形式和相互关系类似；第二种情况，它们是建立在最初的狭义的几何学基础之一；第三种情况，它们是分析和拓广已有空间形式的资料而形成的。

几何学的发展大体上可分为四个时期。

第一个时期是萌芽时期。包括了几何学成为一门独立的数学分支之前的整个历史时期。这个时期的主要特点是：人们从生活、生产实践的丰富经验中，总结出几何图形及它们的关系的一些结论，逐步形成了图形、几何命题及证明的概念。这个时期主要是在埃及、巴比伦、中国和希腊等国家初创，而在希腊得到发展。

第二个时期是独立的几何学的形成时期。作为这个时期的标志，是公元前 3 世纪古希腊数学家欧几里得根据前人长期积累的几何知识加以系统整理，并总结为演绎体系而写成的《几何原本》。该书对后来的几何学乃至整个数学的发展有重大的影响。

第三个时期是几何学新方法的蓬勃发展时期。笛卡儿引进直角坐标系，用代数方法研究几何问题，建立了"解析几何"。瑞士数学家欧拉、法国数学家蒙日等人把微积分的方法引进几何学，产生了"微分几何学"。法国数学家庞赛列建立了完整的"射影几何学"。由蒙日开创，产生了解决工程绘图问题的"画法几何"。这些新的几何分支采用了不同的研究方法，虽然扩大了研究的对象，但它们的基础并没有改变。

第四个时期是几何学的革命时期。它是俄国的罗巴切夫斯基、匈牙利的鲍耶和德国的高斯分别建立非欧几何而开创的（见非欧几何）。它改变了人们对空间形式的认识，为建立新的空间观和几何体系辅平了道路。这一时期还出现了由德国数学家黎曼建立的"黎曼几何"。在该时期产生的还有拓扑学。

在前两个时期，我国的几何学是独立发展的。我国对几何学的研究有着悠久的历史。从甲骨文中发现，早在公元前 13、14 世纪，我国已有"规"、"矩"等专门工具。《周髀算经》和《九章算术》中，对图形面积的计算已有记载。《墨经》中也已给出了一些几何概念以明晓定义。刘微、祖冲之父子对几何学也都作出过重大贡献。中文名词"几何"是 1607 年徐光启在意大利传教士利玛窦协助下，翻译《几何原本》前 6 卷时首先提出的。这里说的几何不是狭义地指"多少"的意思，而是泛指度量以及包括与度量有关的内容。

一、欧氏几何

欧氏几何是"欧几里得几何"的简称，几何学的一个分支。古希腊数学家欧几里得总结了前人的几何知识，并加以系统化，运用定义、公理和演绎推理的方法，创立了欧几里得几何（见《几何原本》）。按所讨论图形在平面上或空间中，分别称为"平面几何"与"立体几何"。

二、非欧几何

19 世纪，由于各国数学家对欧几里得所著的《几何原本》五公设（见第五公设）的怀疑和探索，出现了许多不同于欧几里得几何的几何。通常把这些称为非欧几何。

第一个非欧几何——罗巴切夫基几何，就是在对平行公设的研究中诞生的。罗巴切夫斯基是俄国数学家，1792 年生于高尔基城的一个穷职员家庭。他从小聪明好学，才思过人，15 岁时以高材生的资格进入喀山大学，毕业即获硕士学位，后留校任教，历任教授、数学—物理系系主任、校长等职。从 1816 年起，罗巴切夫斯基开始像他的前人一样尝试证明第五公设，但很快发现他的证明无法逃脱循环论证的错误。于是，他改变了研究方法。罗巴切夫斯基首先提出两个不同的假设：

（1）过直线 AB 外一点 P 只能做一条直线与 AB 不相交；

（2）过直线 AB 外一点 P 不止做一条直线与 AB 不相交。

如采用（1）作公理，可以导出我们熟悉的欧几里得几何。罗巴切夫斯基从（2）出发，推导出一系列前后一贯的命题，构成了逻辑上没有矛盾，但与欧几里得几何完全不同的另外一种几何。罗巴切夫斯称这种新的几何系统为"虚几何学"。1826 年 2 月 23 日，俄国喀山大学物理—数学系的学术会议上，罗巴切夫斯基宣读了他的论文《几何原理概述及平行线定理的严格证明》（http://txt.unjs.com），向被称颂为"几何学经典"的欧氏几何发出了挑战——直到今天为止，几何学中的平行线理论是不完的。从欧几里得时代以来，两千年徒劳无益的努力，使我怀疑在概念（指‘第五公设’）本身之中，并未包含那样的真实情况！1829—1830年，他在《喀山学报》上发表《论几何基础》，这是世界上最早的非欧几何的文献。1837年，他用法文发表了《虚几何学》。1840年，他用德文著写了他影响最大的专著《平行理论的几何研究》。但由于罗巴切夫斯基的新学说背离了几千年的传统思想，动摇了欧氏几何"神圣不可侵犯"的权威，也违反了人们的"常识"，因此，他的学说一发表，就遭到社会上的攻击、侮辱和谩骂。科学院拒绝接受他的论文，大主教宣布他的学说是"邪说"，有人在杂志上谩骂罗巴切夫斯基是"疯子"。大多数的权威们也称罗巴切夫斯基的学说是"荒唐透顶的伪科学"，是一场"笑话"。面对种种攻击和非难，罗巴切夫斯基毫不畏惧，寸步不让，表现出一个科学家"追求科学需要的特殊勇敢"，并为自己的学说奋斗了一生。在逝世前一年，已双目失明的罗巴切夫斯基，还口授了一部非欧几何的著作——《泛几何学》。

同时发现非欧几何的还有另外两个人，一是德国数学家高斯，另一个是匈牙利的鲍耶。但作为已出名的数学家高斯，一方面认为新几何是无矛盾的，可应用的；另一方面又囿于自己的地位，怕遭到大家的反对，至死也没有发表他的研究结论。而鲍耶则由于听说高斯已先于自己得出结果，就消沉下去了，因此，非欧几何的创建者仍被数学界认为是罗巴切夫斯基。广义的非欧几何还包括黎曼几何，其出发点是将平行公设改为"在平面上过直线外任一点所作直线必定与该直线相交"，即不存在"平行线"的概念。

意大利数学家贝特拉米于1868年发表《非欧几何解释的尝试》，首先证明非欧几何可以在欧氏空间的曲面上实现。两年后，德国数学家克莱因也对非欧几何给出解释，将欧氏几何称为"抛物几何"，将罗巴切夫斯基几何称为《双曲几何》，将黎曼几何称为"椭圆几何"，三者之间就其空间概念来说，所不同的仅是"曲率"。直到这时，非欧几何的思想才得到数学界的普遍认识。

第五课　线性代数

　　线性代数是代数学的一个分支。它研究向量空间的结构以及线性变换的标准形式与不变量等。多元一次方程组的解的讨论是线性代数的基础。许多纯数学的应用数学问题，常化为线性代数的问题来讨论，所以它是近代数学的基础。

　　在线性代数的学习中，主要是讨论有限维向量空间和线性变换的数学理论。线性代数的理论和方法在科学技术领域中已得到了广泛的应用。

　　线性代数包含的内容主要有向量空间、线性变换、矩阵、线性方程组理论、二次型等。

　　向量空间是近世代数中的一个基本概念，主要讨论向量空间的基本概念和定理。我们将用这些理论来讨论线性方程组，因此它是线性代数中首先要学习的内容。接着讲述线性变换，从而讨论矩阵的运算。很好地理解矩阵运算的意义是很重要的。然后来用向量空间的矩阵的理论来讨论线性方程组相容性的判定问题和线性方程组解的结构，同时学习向量的内积、正交变换。线性代数的后半部分主要学习二次型、相似变换、方阵的特征值和特征向量以及正定二次型。在线性代数中涉及的定理都很重要，它们的证明方法需要我们很好地理解和掌握。因此，认真弄懂每一个概念、做好每一道习题，是我们学好这门课的关键。

词语

1. 向量（名）xiàng liàng　　　　ۋېكتور
2. 线性（名）xiàn xìng　　　　سىزىقلىق
3. 变换（名、动）biàn huàn　　　ئالماشتۇرۇش
4. 不变量（名）bú biàn liàng　　ئۆزگەرمەس مىقدار
5. 多元（形）duō yuán　　　كۆپ نامەلۇملۇق ئۆزگەرگۈچى
6. 一次方程（名）yī cì fāng chéng　بىرىنچى دەرىجىلىك تەڭلىمە
7. 有限维（组）yǒu xiàn wéi　　چەكلىك ئۆلچەم
8. 矩阵（名）jǔ zhèn　　　　ماترىسسا
9. 二次型（名）èr cì xíng　　كۋادراتلىق تىپ
10. 近世（名）jìn shì　　　يېقىنقى دەۋر
11. 相容性（名）xiāng róng xìng　ماسلىشىشچانلىق
12. 判定（动）pàn dìng　　　ھۆكۈم قىلماق
13. 内积（名）nèi jī　　　ئىچكى كۆپەيمە
14. 正交变换（名）zhèng jiāo biàn huàn　ئورتوگونال ئالماشتۇرۇش
15. 相似变换（名）xiāng sì biàn huàn

ئوخشاش تۆرلەندۇرۇش

16. 实（对称）矩阵（名）shí (duì chèng) jǔ zhèn   هەققى سىمىتىرىك

17. 特征值（名）tè zhēng zhí   خاراكتىر قىممىتى

18. 特征向量（名）tè zhēng xiàng liàng   ۋېكتور خارەكتىرلىگۈچى

19. 正定型（名）zhèng dìng xíng   مۇسبەت ئېنىق فورما

练习与作业

一、根据课文判断正误

1. 线性代数主要研究多元一次方程组的解。

2. 线性代数的理论和方法早已为人们所熟知，并且应用于各个领域。

3. 向量空间同时也属于几何学的研究范畴。

4. 矩阵运算是线性方程的解的最基本的运算形式。

二、回答问题

1. 线性代数主要研究什么？

2. 线性代数主要讨论哪些数学理论？

3. 线性代数包含的内容有哪些？

4. 线性代数后半部分主要学习什么？

三、阅读课文

数学家欧几里德

公元前 3 世纪中叶，埃及国王托勒密一世问一位数学家，有没有不学习《几何原本》，即可掌握几何学的捷径？数学家断言："世界上没有通向几何的平易之路"。这位数学专家就是《几何原本》的作者、古希腊大名鼎鼎的欧几里德。

欧几里德（Euclid）是古希腊著名数学家、欧氏几何学的开创者。欧几里德生于雅典，当时的雅典就是古希腊文明的中心。浓郁的文化气氛深深地感染了欧几里德，当他还是个十几岁的少年时，就迫不及待地想进入"柏拉图学园"学习。

一天，一群年轻人来到位于雅典城郊外林荫中的"柏拉图学园"，只见学园的大门紧闭着，门口挂着一块木牌，上面写着：不懂数学者，不得入内！这是当年柏拉图亲自立下的规矩，为的是让学生们知道他对数学的重视，然而却把前来求教的年轻人给弄糊涂了。有人在想，正是因为我不懂数学，才要来这儿求教的呀，如果懂了，还来这儿做什么？正在人们面面相觑，进退两难的时候，欧几里德从人群中走了出来。只见他整了整衣冠，看了看那块牌子，然后果断地推开了学园大门，头也没回地走了进去。

"柏拉图学园"是柏拉图 40 岁时创办的一所主要讲授数学的学校。在学园里，师生之间的教学完全通过对话的形式进行，因此，要求学生具有高度的抽象思维能力。数学，尤其是几何学，所涉及的对象就是普遍而抽象的东西。它们同生活中的事物有关，但是又并非来自于这些具体的事物。因此，学习几何被认为是寻求真理的最有效的途径。柏拉图甚至声称："上帝就是几何学家。"这一观点不仅成为学园的主导思想，而且也为越来越多的希腊民众所接受。人们都逐渐地喜欢上了数学，欧几里德也不例外。他在有幸进入学园之后，便全身心地沉潜在数学王国里。他潜心求索，以继承柏拉图的学术为奋斗目标，除此之外，他哪儿也不去，什么也不干。熬夜翻阅和研究了柏拉图的所有著作和手稿，可以说，连柏拉图的亲传弟子也没有谁能像他那样熟悉柏拉图的学术思想、数学理论。经过对柏拉图思想的深入探究，他得出结论：图形是神绘制的，所有一切抽象的逻辑规律都体现在图形之中。因此，对智慧的训练，就应该以图形为主要研究对象的几何学开始。他确实领悟到了柏拉图思想的要旨，并开始沿着柏拉图当年走过的道路，把几何学的研究作为自己主要任务，并最终取得了世人敬仰的成就。

几何学说之大成

最早的几何学兴起于公元前 7 世纪的古埃及，后经古希腊数学家泰勒斯等人传到古希腊的米利都城，又借毕达哥拉斯学派系统奠基。在欧几里德以前，人们已经积累了许多几何学的知识，然而在这些知识当中，存在一个很大的缺点，就是缺乏系统性。大多数是片断、零碎的知识，公理与公理之间、证明与证明之间并没有很强的联系性，更不要说对公式和定理进行严格的逻辑论证和说明。因此，随着社会经济的繁荣和发展，特别是随着农林畜牧业的发展、土地的开发和利用的增多，把这些几何学知识加以条理化和系统化，形成一整套可以自圆其说、前后贯通的知识体系，已经是刻不容缓，也是科学进步的大势所趋。欧几里德通过早期对柏拉图数学思想，尤其是对几何学理论系统而周详的研究，已敏锐地察觉到了几何学理论的发展趋势。他下定决心，要在有生之年完成这一工作。为了完成这一重任，欧几里德不辞辛苦，长途跋涉，从爱琴海边的雅典古城，来到尼罗河流域的埃及新埠——亚历山大城，为的就是在这座新兴的，但文化蕴藏丰富的异域城市实现自己的初衷。在此地的无数个日日夜夜里，他一边收集以往的数学专著和手稿，向有关学者请教，一边试着著书立说，阐明自己对几何学的理解，哪怕是还较为肤浅的理解。经过欧几里德忘我的劳动，终于在公元前 300 年结出丰硕的果实，这就是几经易稿而最终定形的《几何原本》一书。这是一部传世之作，几何学正是有了它，不仅第一次实现了系统化、条理化，而且又孕育出一个全新的研究领域——欧几里德几何学，简称"欧氏几何学"。

《几何原本》是一部集前人思想和欧几里德个人创造性于一体的不朽之作。传到今天的欧几里德著作并不多，然而我们却可以从这部书详细的写作笔调中，看出他真实的思想底蕴。

全书共分 13 卷。书中包含了 5 条"公理"、5 条"公设"、23 个定义和 467 个命题。在每一卷内容当中，欧几里德都采用了与前人完全不同的叙述方式，即先提出公理、公设和定义，然后再由简到繁地证明它们。这使得全书的论述更加紧凑和明快。而在整部书的内容安排上，也同样贯彻了他的这种独具匠心的安排。它由浅到深，从简至繁，先后论述了直边形、圆、比例论、相似形、数、立体几何以及穷竭法等内容。其中，有关穷竭法的讨论成为近代微积分思想的来源。仅仅从这些卷帙的内容安排上，我们就不难发现，这部书已经基本囊括了几何学从公元前 7 世纪的古埃及，一直到公元前 4 世纪——欧几里德生活的时期——前后总共 400 多年的数学发展历史。这其中，颇有代表性的便是在第 1 卷到第 4 卷中，欧几里德对直边形和圆的论述。正是在这几卷中，他总结和发挥了前人的思维成果，巧妙地论证了毕达哥拉斯定理，也称"勾股定理"。即在一直角三角形中，斜边上的正方形的面积等于两条直角边上的两个正方形的面积之和。他的这一证明，从此确定了勾股定理的正确性并延续了 2000 多年。《几何原本》是一部在科学史上千古流芳的巨著。

它不仅保存了许多古希腊早期的几何学理论，而且通过欧几里德开创性的系统整理和完整阐述，使这些远古的数学思想发扬光大。它开创了古典数论的研究，在一系列公理、定义、公设的基础上，创立了欧几里德几何学体系，成为用公理化方法建立起来的数学演绎体系的最早典范。按照欧氏几何学的体系，所有的定理都是从一些确定的、不需证明而且为真的基本命题——即公理演绎出来的。在这种演绎推理中，对定理的每个证明必须以公理为前提，以先前就已被证明了的定理为前提，最后做出结论。这一方法后来成了用以建立任何知识体系的严格方式，人们不仅把它应用于数学中，也把它应用于科学，而且也应用于神学甚至哲学和伦理学中，对后世产生了深远的影响。尽管欧几里德的几何学在差不多2000年间，被奉为严格思维且几乎无懈可击的范例，但实际上它并非总是正确的。人们发现，一些欧几里德作为不证自明的公理，却难以自明，越来越遭到怀疑。比如"第五平行公理"，欧几里德在《几何原本》一书中断言："通过已知直线外一已知点，能作且仅能作一条直线与已知直线平行。"这个结果在普通平面当中尚能够得到经验的印证，那么在无处不在的闭合球面之中（地球就是个大曲面）这个平行公理却是不成立的。俄国人罗伯切夫斯基和德国人黎曼由此创立了球面几何学，即非欧几何学。

求知无坦途

欧几里德不仅是一位学识渊博的数学家，同时还是一位有着"温和、仁慈的蔼然长者"之称的教育家。在著书育人的过程中，他始终没有忘记当年挂在"柏拉图学园"门口的那块警示牌，牢记着柏拉图学派自古承袭的严谨、求实的传统学风。他对待学生既和蔼又严格，自己却从来不宣扬有什么贡献。对于那些有志于穷尽数学奥秘的学生，他总是循循善诱地予以启发和教育，而对于那些急功近利、在学习上不肯刻苦钻研的人，则毫不客气地予以批评。在柏拉图学派晚期，导师普罗克洛斯的《几何学发展概要》中，就记载着这样一则故事，说的是数学在欧几里德的推动下，逐渐成为人们生活中的一个时髦话题（这与当今社会截然相反），以至于当时托勒密国王也想赶这一时髦，学点儿几何学。虽然这位国王见多识广，但欧氏几何却在他的智力范围之外。于是，他问欧几里德："学习几何学有没有什么捷径可走？"欧几里德严肃地说："抱歉，陛下！学习数学和学习一切科学一样，是没有什么捷径可走的。学习数学，人人都得独立思考，就像种庄稼一样，不耕耘是不会有收获的。在这一方面，国王和普通老百姓是一样的。"

欧几里德是人类科学思想史上的一盏指路明灯。他第一次使数学理论系统化，并使几何学逐渐成为一门独立发展的正式学科体系。他对数学史上的许多疑难命题和定理做了开创性的论证和解释，为数学的发展打下了坚实的理论基础，而他在理论中存在的缺撼，也成为后人攀越智慧高峰不可缺少的台阶。这一正一反都推动了人类数学思想的进步，从而为后来人类能更好、更深刻地认识自然界提供了更为有效的工具。因此，后人尊称他为"几何学之父"，以铭记他在数学思想发展中的卓越贡献。

我们已无法考察欧几里德的身世，只知道他给这个世界留下了一本书与两句话，其中一句话是面对一位青年关于几何学的问题，这个青年问："你的几何学有何用处？"他的回答是："请给这个小伙子三个硬币，因为他想从几何学里得到实际利益。"由此可知，欧几里德也是一位伟大的哲学家！

欧式几何学与现代科学

杨振宁曾发表演说，认为现代科学没有发生在中国而是发生在西方，正是因为《几何原本》和《周易》所产生的影响。这种影响直接导致了两种思维方式、两种文化。杨振宁的讲演曾经引起力挺《周易》学者的强烈不满。然而，同样是中华文化的支持者聂文涛却认为，欧几里德所导致的直观思维导致西方学者热衷于解剖研究和物体运动轨迹研究，因此会有两部影响世界的图书问世，这就是《心血运动论》和《天体运行论》。然而，东方思维下将会更有利于对生命的尊重和理解，因此一旦与现代科技相融合则必然会引发生命科学领域的巨大发展。

总之，欧几里德所产生的影响超越了时间和空间，并且还将在不可预见的未来中不断发生影响。

第六课　现实世界与数学模型

数学模型是当今科学技术工作者常常谈论的名词，炼钢厂的工程师们希望有一个炼钢过程的数学模型，以实现计算机自动控制；气象工作者要根据关于气压、雨量、风速等的数学模型，来预报天气；从事城市规划工作的专家们更需建立一个包括人口、交通、能源、污染等大系统的数学模型，为领导者做出城市发展规模的决策提供科学根据。模型是相对于我们生活的现实而言的。数学模型与现实世界的关系如何？怎样建立数学模型？数学模型又该如何分类？下面通过几个例子来回答这些问题。

让我们先一起去看看丰富多彩的科技展览吧！

走进展览大厅，一件件精心制作的展品便映入眼帘：有雄伟壮观的三峡水电站模型，有大亚湾核电站模型，有耸立在发射架上的人造卫星模型，等等。如果你想知道核电站如何运转，那么可以听一听手持原子结构模型的讲解员所做的有趣介绍。展厅四周墙壁上挂满了照片和图表、日新月异的城市高层建筑的彩色巨照、石油工业迅速发展的数字和图表、和整面墙壁一样大的地图上鲜明地标出了新建的高铁和新建的大型风力发电站。如果你还想深入了解现代化钢厂将如何实现全部计算机控制，那不妨看一下有关科技的视频，那里有控制过程的演示，有炼钢过程的原料和时间的计算公式，甚至有一段管理生产的计算机程序。

在近两个小时的参观过程中，我们从现实生活进入另一个世界，一会儿乘坐卫星飞上太空，一会儿变成孙悟空"钻"进原子内部，一会儿又跟随生产过程的框图、公式和程序去探索计算机控制的奥妙。从开阔眼界、丰富知识的角度看，这恐怕是无法在现实世界中用几天、几十天能做到的，这种奇妙的作用要归功于你看到的实物模型、照片、图表、公式、程序等，它们统称作"模型"。

实物模型、玩具、照片等把实际物体的尺寸加以改变，看起来逼真，称为形象模型。地图、电路图等在一些假设下用形象鲜明，便于处理的一系列符号代表实物体的特征，称作符号模型。图表、公式、程序等则用字母、数字或其他数学符号以及由它们组成的数学式子图形等来描述客观事物的特征及其内在联系，这就是我们要研究的数学模型。符号模型和数学模型都是现实世界的抽象叫作抽象模型。如果说，形象模型不过是现实世界的放大和缩小，在某种程度上只起着便于观察、研究的话，那么抽象模型，特别是数学模型则是现实世界简化的，然而却是本质的描述。在人类历史的长河中，它对生产力的发展起着无法估量的作用。如今，如果没有数学模型，那么许多基本的生产力活动便无法进行，更不要说计算机的应用了。

数学模型是数学的语言工具，对部分现实世界的信息加以解释、归纳的产物。它源于现实，又高于现实。数学模型经过演绎、推断，给出数学上的分析、预测、决策或控制，再经过解释回到现实世界，最后，这些分析、预报、决策或控制必须经受实际的检验，完成"实践—理论—实践"这一循环。如果检验的结果是正确或基本正确的，就可以用来指导实际，否则，要重新考虑推断、归纳的过程，修改数学模型。

词语

1. 炼钢（动）liàn gāng		پولات تاۋلىماق
2. 规划（名、动）guī huà		پىلان , پىلان توزمەك
3. 污染（名、动）wū rǎn		بۇلغىماق , بۇلغانماق
4. 决策（名、动）jué cè		تەدبىر بەلگىلىمەك
5. 映入眼帘（组）yìng rù yǎn lián		كۆزگە كۆرۈنمەك ،
6. 耸立（动）sǒng lì		تىك ،قەددكۆتۈرۈپ تۇرماق
7. 核电站（动）hé diàn zhàn		يادرولۇقلۇقتىر ئىستانسى
8. 日新月异（组）rì xīn yuè yì		كۈنسايىن يېڭىلىنىپ تۇرماق
9. 标出（动）biāo chū		بەلگە قويماق
10. 奥妙（名）ào miào		ئاجايىپ سىرلىق
11. 归功于（动）guī gōng yú		مەنسۇپ
12. 实物（名）shí wù		ئەمەلىي نەرسە
13. 电路图（名）diàn lù tú		توك يولى سخىمىسى
14. 放大（动）fàng dà		كۆچەيتمەك ، يوغانلاتماق ، چوڭايتماق
15. 本质（名）běn zhì		ماھىيەت
16. 源于（介）yuán yú		دىن كېلىپ چىقىش
17. 演绎（动）yǎn yì		دېدۇكسىيە

练习与作业

一、名词解释
1. 数学模型　　2. 形象模型　　3. 符号模型
二、问答
1. 建立数学模型对我们的实际生活和生产有什么意义？举例说明。
2. 阐述数学模型和现实世界的关系。
三、阅读课文

数学模型知识

数学模型的历史可以追溯到人类开始使用数字的时代。随着人类使用数字，就不断地建立各种数学模型，以解决各种各样的实际问题。对于广大的科学技术工作者对大学生的综合素质测评，对教师的工作业绩的评定以及诸如访友、采购等日常活动，都可以建立一个数学模型，确立一个最佳方案。建立数学模型是沟通摆在面前的实际问题与数学工具之间联系的一座必不可少的桥梁。

现在，数学模型还没有一个统一的准确的定义，因为站在不同的角度可以有不同的定义。不过，我们可以给出如下定义：数学模型是关于部分现实世界和为一种特殊目的而作的一个抽象的、简化的结构。具体来说，数学模型就是为了某种目的，用字母、数字及其他数学符号建立起来的等式或不等式以及图表、图象、框图等描述客观事物的特征及其内在联系的数学结构表达式。

数学模型（Mathematical Model）是近些年发展起来的新学科，是数学理论与实际问题相结合的一门科学。它将现实问题归结为相应的数学问题，并在此基础上利用数学的概念、方法和理论进行深入的分析和研究，从而从定性或定量的角度来刻画实际问题，并为解决现实问题提供精确的数据或可靠的指导。

在建模过程中，要把本质的东西及其关系反映进去，把非本质的、对反映客观真实程度影响不大的东西去掉，使模型在保证一定精确度的条件下，尽可能的简单和可操作，且数据易于采集。

模型种类

数学模型是用字母、数字和其他数学符号构成的等式或不等式，或用图表、图像、框图、数理逻辑等来描述系统的特征及其内部联系或与外界联系的模型，它是真实系统的一种抽象。数学模型是研究和掌握系统运动规律的有力工具，它是分析、设计、预报或预测、控制实际系统的基础。数学模型的种类很多，而且有多种不同的分类方法。

1. 静态和动态模型

静态模型是指要描述的系统各量之间的关系是不随时间的变化而变化的，一般用代数方程表达。动态模型是指描述系统各量之间随时间变化而变化的规律的数学表达式，一般用微分方程或差分方程来表示。经典控制理论中常用的系统的传递函数也是动态模型，因为它是从描述系统的微分方程变换而来的（见拉普拉斯变换）。

2. 分布参数和集中参数模型

分布参数模型是用各类偏微分方程描述系统的动态特性，而集中参数模型是用线性或非线性常微分方程来描述系统的动态特性。在许多情况下，分布参数模型借助于空间离散化的方法，可简化为复杂程度较低的集中参数模型。

3. 连续时间和离散时间模型

模型中的时间变量是在一定区间内变化的模型，称为连续时间模型，上述各类用微分方程描述的模型都是连续时间模型。在处理集中参数模型时，也可以将时间变量离散化，所获得的模型称为离散时间模型。离散时间模型是用差分方程描述的。

4. 随机性和确定性模型

随机性模型中，变量之间关系是以统计值或概率分布的形式给出的；而在确定性模型中，变量间的关系是确定的。

5. 参数与非参数模型

用代数方程、微分方程、微分方程组以及传递函数等描述的模型都是参数模型。建立参数模型就在于确定已知模型结构中的各个参数。通过理论分析总是得出参数模型。非参数模型是直接或间接地从实际系统的实验分析中得到的响应，例如通过实验记录到的系统脉冲响应或阶跃响应就是非参数模型。运用各种系统辨识的方法，可由非参数模型得到参数模型。如果实验前可以决定系统的结构，则通过实验辨识可以直接得到参数模型。

6. 线性和非线性模型

　　线性模型中各量之间的关系是线性的，可以应用叠加原理，即几个不同的输入量同时作用于系统的响应，等于几个输入量单独作用的响应之和。线性模型简单，应用广泛。非线性模型中各量之间的关系不是线性的，不满足叠加原理。在允许的情况下，非线性模型往往可以线性化为模型，方法是把非线性模型在工作点邻域内展开成泰勒级数，保留一阶项，略去高阶项，就可得到近似的线性模型。

第七课　导数与微分

数学中研究变量时，既要了解彼此的对应规律——函数关系，各变量的变化趋势——极限，还要对各变量在变化过程某一时刻的相互动态关系——各变量变化快慢及一个变量相对于另一个变量的变化率（或称导数）等作出准确的数量分析。导数和微分就是用来刻画这种相互动态关系的。

这一课我们将了解导数和微分的概念，以及求导数、微分的方法及运算法则。

1．导数的概念和运算

导数是微分学的核心概念，主要研究如何确定非匀速直线运动质点的瞬时速度与平面曲线上一点处的切线方向。

导数概念极为重要，应准确理解、领会导数的基本思想，掌握它的基本分析方法是会应用导数的前提。要动态地考察函数 $y = f(x)$ 在某点 x_0 附近变量间的关系，由于存在变化"均匀与不均匀"或图形"曲与直"等不同变化形态，如果孤立地考察一点 x_0，除了能求得函数值 $f(x_0)$ 外是难以反映的。因此，要在小范围 $[x_0, x_0 + \Delta x]$ 内去研究函数的变化情况，结合极限，得出点变化率的概念。有了点变化率的概念后，在小范围内就可以"以均匀代不均匀"、"以直代曲"，使对函数 $y = f(x)$ 在某点 x_0 附近变量间关系的动态研究得到简化。运用这一基本思想和分析方法，可以解决大量的实际问题。

本课内容的重点是导数、微分的概念，但大量的工作则是求导运算，目的在于加深对导数的理解，并提高运算能力。求导运算的对象分为两类，一类是初等函数，另一类是非初等函数。由于初等函数是由基本初等函数和常数经过有限次四则运算与复合得到的，因此，求初等函数的导数必须熟记基本初等函数导数公式及求导法则，特别是复合函数的求导法则。我们遇到的非初等函数，包括由方程确定的隐函数和参数方程形式表示的函数，对这两类函数的求导，都有相应的微分法可用。

2．导数的几何意义与物理含义

首先，我们来看导数的几何意义。

函数 $y = f(x)$ 在点 x_0 处的导数 $f'(x_0)$，在几何上表示函数的图形在点 $(x_0, f(x_0))$ 处切线的斜率。

其次，我们来看导数的物理含义。

在物理领域中，大量运用导数来表示一个物理量相对于另一个物理量的变化率，而且这种变化率本身常常是一个物理概念。由于具体物理量的含义不同，导数的含义也不同，所得的物理概念也就各异。常见的有速度——位移关于时间的变化率；加速度——速度关于时间的变化率；密度——质量关于容量的变化率；功率——功关于时间的变化率；电流——电量关于时间的变化率；等等。

3．微分的概念与运算

函数 $y = f(x)$ 在点 x_0 处可微，表示 $y = f(x)$ 在点 x_0 附近的这样一种变化性态：随着自变量 x 的改变量 Δx 的变化，始终成立函数 y 的改变量：$\Delta y = f(x_0 + \Delta x) - f(x_0) = f'(x_0)\Delta x + o(\Delta x)$。

这在数值上表示 $f'(x_0)\Delta x$ 是 Δy 的线性主要部分：$\Delta y \approx f'(x_0)\Delta x$；在几何上表示 x_0 附近可以以"直"（图像在点 $(x_0, f(x_0))$ 处的切线）代"曲"（$y = f(x)$ 图形本身），误差是 Δx 的高阶无穷小量。称 $\mathrm{d}y = f'(x_0)\Delta x = f'(x_0)\mathrm{d}x$ 为 $y = f(x)$ 在 x_0 处的微分。在运算上，求函数 $y = f(x)$ 的导数 $f'(x)$ 与求函数的微分 $f'(x)\mathrm{d}x$ 是互通的，即 $y' = \dfrac{\mathrm{d}y}{\mathrm{d}x} = f'(x) \Leftrightarrow \mathrm{d}y = f'(x)\mathrm{d}x$。因此，可以先求导数，然后乘以 $\mathrm{d}x$ 计算微分，也可以利用微分公式与微分的法则进行计算。

4．求导数的方法

求导数是一种重要的运算，也是高等数学中最基本的技能之一，应当熟练掌握。对不同的函数形式，要灵活地选用求导数的方法。主要方法归纳如下：

- 用导数定义求导数；
- 用导数的基本公式和四则运算法则求导数；
- 用反函数的求导法则求反函数的导数；
- 用链式法则求复合函数的导数；
- 用对数求导法，对幂指函数及多个"因子"的积、商、乘方或开方运算组成的函数求导；
- 对由方程确定的隐函数，用隐函数求导法；
- 对用参数方程表示的函数，用参数方程表示的函数的求导法。

词语

1.	变化率（名）biàn huà lǜ	ئۆزگۈرۈۋۈشچانلىقى
2.	质点（名）zhì diǎn	ماسسا ،زەررىچە
3.	瞬时速度（名）shùn shí sù dù	پەيتلىك تېزلىك
4.	加速度（名）jiā sù dù	تېزلىتىش
5.	切线（名）qiē xiàn	ئۇرۇنما
6.	常数（名）cháng shù	تۇراقلىق سان
7.	基本初等函数（组）jī běn chū děng hán shù	ئاساسى ئېلېمېنتار فونكسىيە
8.	线性主要部分（组）xiàn xìng zhǔ yào bù fen	سىزىقلىق ئاساسى قىسمى
9.	高阶导数（名）gāo jiē dǎo shù	يۇقىرى تەرتىپلىك ھاسىلە
10.	隐函数（名）yǐn hán shù	يۇشۇرۇن فونكسىيە
11.	反函数（名）fǎn hán shù	تەتۇر فونكسىيە
12.	复合函数（名）fù hé hán shù	مۇرەككەپ فونكسىيە
13.	求导法则（名）qiú dǎo fǎ zé	كەلتۈرۈپ چىقىرىش قائىدىسى
14.	参数方程（名）cān shù fāng chéng	پارامېتىر تەڭلىمە
15.	对数求导法（组）duì shù qiú dǎo fǎ	لوگارىفملىق كەلتۈرۈپ چىقىرىش ئۇسۇلى
16.	无穷小量（形）wú qióng xiǎo liàng	چەكسىز كىچىك مىقدار
17.	切线的斜率（组）qiē xiàn de xié lǜ	كېسىكنىڭ يانتۇلۇق دەرىجىسى

18. 幂指函数（名）mì zhǐ hán shù　　　　　　　كۆرسەتكۈچلۈك فونكسىيە

练习与作业

一、完成下列句子

1. ＿＿＿＿＿＿＿是微分学的核心概念，主要研究如何确定非匀速直线运动质点的＿＿＿＿与平面曲线上一点处的＿＿＿＿＿＿＿＿。

2. 求导运算的对象分为两类，一类是＿＿＿＿＿＿＿，另一类是＿＿＿＿＿＿。

3. 在运算上，求函数 $y = f(x)$ 的＿＿＿＿＿＿＿与求＿＿＿＿＿＿＿＿是互通的，即

$$y' = \frac{dy}{dx} = f'(x) \Leftrightarrow dy = f'(x)dx 。$$

二、回答问题

1. 概要叙述导数的几何意义和物理意义。

2. 求导数有哪些主要方法？

三、阅读课文

数学中的皇冠——数论

人类从学会计数开始就一直在和自然数打交道。后来，由于实践的需要，数的概念进一步扩充，自然数被叫作正整数，而把它们的相反数叫作负整数，介于正整数和负整数中间的中性数叫作0。它们和起来叫作整数。

对于整数可以施行加、减、乘、除四种运算，叫作四则运算。其中加法、减法和乘法这三种运算，在整数范围内可以毫无阻碍地进行。也就是说，任意两个或两个以上的整数相加、相减、相乘的时候，它们的和、差、积仍然是一个整数。但整数之间的除法在整数范围内并不一定能够无阻碍地进行。

人们在对整数进行运算的应用和研究中，逐步熟悉了整数的特性。例如，整数可分为两大类——奇数和偶数（通常被称为单数、双数）等。利用整数的一些基本性质，可以进一步探索许多有趣和复杂的数学规律。正是这些特性的魅力，吸引了古往今来许多的数学家不断地研究和探索。

数论这门学科最初是从研究整数开始的，所以叫作整数论。后来整数论又进一步发展，就叫作数论了。确切地说，数论就是一门研究整数性质的学科。

1. 数论的发展简况

自古以来，数学家对于整数性质的研究一直都十分重视，但是直到19世纪，这些研究成果还只是孤立地记载在各个时期的算术著作中，也就是说，还没有形成完整统一的学科。

自我国古代，许多著名的数学著作中都有关于数论内容的论述，比如求最大公约数、勾股数组、某些不定方程整数解的问题等。在国外，古希腊时代的数学家对于数论中一个最基本的问题——整除性问题就有系统的研究，关于质数、和数、约数、倍数等一系列概念也已经被提出来应用了。后来的各个时代的数学家也都对整数性质的研究做出过重大的贡献，使数论的基本理论逐步得到完善。

在整数性质的研究中，人们发现质数是构成正整数的基本"材料"，要深入研究整数

的性质就必须研究质数的性质。因此，关于质数性质的问题一直受到数学家的关注。

到了 18 世纪末，历代数学家积累的关于整数性质零散的知识已经十分丰富了，把它们整理加工成为一门系统的学科的条件已经完全成熟了。德国数学家高斯集中前人的大成，写了一本书叫作《算术探讨》，并于 1800 年寄给了法国科学院，但是法国科学院拒绝了高斯的这部杰作，高斯只好在 1801 年自己发表了这部著作。这部书开始了现代数论的新纪元。

在《算术探讨》中，高斯把过去研究整数性质所用的符号标准化了，把当时现存的定理系统化并进行了推广，把要研究的问题和使用的方法进行了分类，还引进了新的方法。

2. 数论的基本内容

数论形成了一门独立的学科后，随着数学其他分支的发展，研究数论的方法也在不断发展。如果按照研究方法来说，则可以分成初等数论、解析数论、代数数论和几何数论四个部分。

初等数论是数论中不求助于其他数学学科的帮助，只依靠初等的方法来研究整数性质的分支。比如中国古代有名的"中国剩余定理"，就是初等数论中很重要的内容。

解析数论是使用数学分析作为工具来解决数论问题的分支。数学分析是以函数作为研究对象的、在极限概念的基础上建立起来的数学学科。用数学分析来解决数论问题是由欧拉奠基的，俄国数学家车比雪夫等也对它的发展做出过贡献。解析数论是解决数论中艰深问题的强有力的工具。例如，对于"质数有无限多个"这个命题，欧拉给出了解析方法的证明，其中利用了数学分析中有关无穷级数的若干知识。20 世纪 30 年代，前苏联数学家维诺格拉多夫创造性的提出了"三角和方法"，这个方法对于解决某些数论难题有着重要的作用。我国数学家陈景润在解决"哥德巴赫猜想"问题中使用的也是解析数论的方法。

代数数论是把整数的概念推广到代数整数的一个分支。数学家把整数概念推广到一般代数数域上去，相应地也建立了素整数、可除性等概念。

几何数论是由德国数学家、物理学家闵可夫斯基等人开创和奠基的。几何数论研究的基本对象是"空间格网"。什么是空间格网呢？在给定的直角坐标系上，坐标全是整数的点，叫作整点；全部整点构成的组就叫作空间格网。空间格网对几何学和结晶学有着重大的意义。由于几何数论涉及的问题比较复杂，必须具有相当的数学基础才能深入研究。

数论是一门高度抽象的数学学科。长期以来，它的发展处于纯理论的研究状态，这对数学理论的发展起到了积极的作用。但是，大多数人并不清楚它的实际意义。

由于近代计算机科学和应用数学的发展，数论得到了广泛的应用。比如在计算方法、代数编码、组合论等方面都广泛使用了初等数论范围内的许多研究成果；有文献报道，现在有些国家应用"孙子定理"来进行测距，用原根和指数来计算离散傅立叶变换等。此外，数论的许多比较深刻的研究成果也在近似分析、差集合、快速变换等方面得到了应用。特别是现在由于计算机的发展，用离散量的计算去逼近连续量而达到所要求的精度已成为可能。

数论在数学中的地位是独特的，高斯曾经说过，"数学是科学的皇后，数论是数学中的皇冠"。因此，数学家都喜欢把数论中一些悬而未决的疑难问题，叫作"皇冠上的明珠"，以鼓励人们去"摘取"。下面简要列出几颗"明珠"：费尔马大定理、孪生素数问题、哥德巴赫猜想、圆内整点问题、完全数问题……

在我国近代，数论也是发展最早的数学分支之一。从 20 世纪 30 年代开始，在解析数论、刁藩都方程、一致分布等方面都有过重要的贡献，出现了华罗庚、闵嗣鹤、柯召等第一流的数论专家。其中，华罗庚教授在三角和估值、堆砌素数论方面的研究是享有盛名的。1949 年以后，数论的研究的得到了更大的发展。特别是在"筛法"和"哥德巴赫猜想"方面的研究，已取得世界领先的优秀成绩。陈景润在 1966 年证明"哥德巴赫猜想"的"一个大偶数可以表示为一个素数和一个不超过两个素数的乘积之和"以后，在国际数学界引起了强烈的反响，盛赞陈景润的论文是解析数学的名作，是筛法的光辉顶点。至今，这仍是"哥德巴赫猜想"的最好结果。

第八课　不定积分和定积分

我们知道，微积分的两大部分是微分学与积分学。微分学实际上是寻求一个已知函数的导数，而积分学需要研究相反的问题，就是已知一个函数的导数，求原来的函数。所以，微分与积分互为逆运算。积分分为不定积分与定积分。

设 $f(x)$ 为定义在某个区间 I 上的函数，若存在可导函数 $F(x)$，使其在 I 上的任意一点，都有 $F'(x) = f(x)$ 或 $\mathrm{d}F(x) = f(x)\mathrm{d}x$，那么函数 $F(x)$ 称为函数 $f(x)$ 在区间 I 上的一个原函数。

不定积分是一组导数相同的原函数，定积分则是一个数值。求一个函数的全体原函数，叫作求它的不定积分。求一个函数相应于闭区间的一个带标志点的黎曼分划和关于这个分划的参数趋于零时的极限，叫作这个函数在这个闭区间上的定积分。（定积分也叫黎曼积分，波恩哈德·黎曼：德国数学家、物理学家，对数学分析和微分几何做出了重要贡献）

不定积分，即已知导数求原函数。若 $F'(x) = f(x)$，那么 $[F(x) + C]' = f(x)$（$C \in R$）。也就是说，把 $f(x)$ 积分，不一定能得到 $F(x)$，因为 $F(x) + C$ 的导数也是 $f(x)$（C 是任意常数）。所以，积分的结果有无数个，我们用 $F(x) + C$ 表示，这就称为不定积分，记作 $\int f(x)\mathrm{d}x$，即 $\int f(x)\mathrm{d}x = F(x) + C$，因而不定积分 $\int f(x)\mathrm{d}x$ 可以表示 $f(x)$ 的任意一个原函数。

定积分的几何意义就是求函数 $f(x)$ 在区间 $[a, b]$ 中图线下包围的面积。即由 $y = 0$，$x = a$，$x = b$，$y = f(x)$ 所围成图形的面积，这个图形称为曲边梯形。

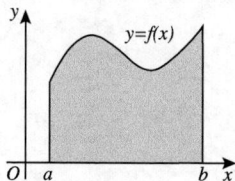

定积分记作 $\int_a^b f(x)\mathrm{d}x$，即 $\int_a^b f(x)\mathrm{d}x = \lim_{\lambda \to 0} \sum_{i=1}^n f(\xi_i) \Delta x_i$，

其中：$\int$ 叫做积分号，a 叫做积分下限，b 叫做积分上限，区间 $[a, b]$ 叫做积分区间，函数 $f(x)$ 叫做被积函数，x 叫做积分变量，$f(x)\mathrm{d}x$ 叫做被积表达式。

之所以称其为定积分，是因为它积分后得出的值是确定的，是一个数，而不是一个函数。

定积分与不定积分看起来风马牛不相及，但是由于一个数学上重要的理论支撑，使得它们有了本质上的密切关系。这个理论就是大名鼎鼎的牛顿—莱布尼兹公式，它的内容是：

如果函数 $f(x)$ 是区间 $[a, b]$ 上的连续函数，$F(x)$ 是 $f(x)$ 在 $[a, b]$ 上的一个原函数，

那么 $\int_a^b f(x)\mathrm{d}x = F(b) - F(a)$，

用文字表述为：一个定积分的值，就是上限在原函数的值与下限在原函数的值的差。

这个理论揭示了定积分与被积函数的原函数或不定积分本质的联系，可见其在微积分学上的重要地位，因此，牛顿—莱布尼兹公式也被称作微积分基本公式。

不定积分、定积分常用算法有直接积分法，换元积分法，分部积分法。

词语

1. 不定积分（名）bú dìng jī fēn　　　　　ئېنىقسىز ئىنتېگرال
2. 定积分（名）dìng jī fēn　　　　　　　ئېنىق ئىنتېگرال
3. 互逆（形）hù nì　　　　　　　　　　ئۆز-ئارا تەتۈر
4. 原函数（名）yuán hán shù　　　　　دەسلەپكى فونكسىيە
5. 闭区间（名）bì qū jiā　　　　　　　يېپىق ئىنتېرۋال
6. 曲边梯形（名）qū biān tī xíng　　ئەگرى تەرەپلىك تراپېتسىيە
7. 常数（名）cháng shù　　　　　　　تۇراقلىق سان
8. 积分下限（组）jī fēn xià xiàn　　تۆۋۆن چەك ئىنتېگرالى
9. 积分上限（组）jī fēn shàng xiàn　يۇقىرى چەك ئىنتېگرالى
10. 被积函数（名）bèi jī hán shù　　ئىنتېگراللانغۇچى فونكسىيە
11. 积分变量（名）jī fēn biàn liàng　ئۆزگەرگۈچى ئىنتېگرال
12. 被积表达式（名）bèi jī biǎo dá shì　ئىنتېگرال ئاستىدىكى ئىپادە
13. 换元法（名）huàn yuán fǎ　ئالماشتۇرۇپ ئىنتېگراللاش ئۇسۇلى
14. 分部积分法（名）fēn bù jī fēn fǎ　بۆلەكلەپ ئىنتېگراللاش ئۇسۇلى
15. 牛顿—莱布尼兹公式（名）niú dùn-lái bù ní zī gōng shì

نيىوتۇن لېيبنز فورمۇلاسى

练习与作业

一、完成下列句子

1．微分实际上是 ＿＿＿＿＿＿＿＿＿＿＿＿＿＿＿＿＿＿，而积分是求原函数。

2．＿＿＿＿＿＿＿＿互为逆运算。积分分为＿＿＿＿＿＿＿。

3．＿＿＿＿＿＿＿＿是一组导数相同的原函数，＿＿＿＿＿则是一个数值。求一个函数的原函数，叫做求它的＿＿＿＿＿。

4．求一个函数相应于闭区间的一个带标志点分划的黎曼和关于这个分划的参数趋于零时的极限，叫做＿＿＿＿＿＿＿＿＿＿＿＿。

5．定积分 $\int_a^b f(x)\mathrm{d}x$ 中∫ 叫做＿＿＿＿，a 叫做＿＿＿＿＿，b 叫做＿＿＿＿＿，区

间 $[a,b]$ 叫人做＿＿＿＿＿，函数 $f(x)$ 叫做＿＿＿＿＿，x 叫做＿＿＿＿＿，$f(x)\mathrm{d}x$ 叫作＿＿＿＿＿。

6. $\int_a^b f(x)\mathrm{d}x = F(b) - F(a)$，即＿＿＿＿＿＿＿＿＿＿＿＿＿＿＿，也是微积分的基本公式。

二、问答

1. 什么是原函数？

2. 关于不定积分与定积分的概念和性质分别有哪些描述？

3. 不定积分与定积分的关系是什么？

4. 不定积分、定积分常用算法有哪些？

三、阅读课文

著名数学问题——歌德巴赫猜想

歌德巴赫：（德国数学家）1742 年 6 月 7 日，他在给欧拉（瑞士数学家）的信中提出了著名的歌德巴赫猜想，即"每一个偶正整数是两个素数之和"该猜想后经过欧拉化简可表述为：任何一个偶数 n（n≥4）是两个素数之和。这个猜想虽然对于不太大的数用实际检验得到证实，但是至今没有严格的证明。二百多年来，许多数学家为此努力，相继得到一批近似的结果，其中，埃斯特曼证明了每一个充分大的奇数一定可以表为两个奇素数及一个不超过两个素数的乘积之和；维诺格拉道夫用圆法证明了每一个充分大的奇数都是三个奇素数之和。华罗庚证明了更一般的结果"对任意给定的整数 K，每一个充分大的奇数都可表为 p1+p2+p3k，其中 p1，p2，p3 为奇素数"。1966 年，陈景润证明了"每一个充分大的偶数都可以表示为一个素数与一个不超过两个素数的乘积之和（简单的表示为"1+2"），这也是目前为止的最佳结果。

一、Jacobi 猜想

在数学中，有两个问题被称为 Jacobi 猜想。一个是关于多项式映射的可逆性问题，这个问题至今没有解决。另一个 Jacobi 猜想，也就是这里要讲的 Jacobi 猜想，是关于平面微分方程全局渐近稳定性问题的，其大意是：如果一个平面微分方程的向量场在每一点的 Jacobi 矩阵是稳定的，那么该微分方程的平衡解是全局渐近稳定的。因为这个猜想中的条件是借助 Jacobi 矩阵表达的，所以称为 Jacobi 猜想。

二、四色猜想

四色问题又称四色猜想，是世界近代三大数学难题之一。四色问题的内容是："任何一张地图只用四种颜色就能使具有共同边界的国家着上不同的颜色"。四色问题是一个著名的世界难题。1825 年毕业于英国伦敦大学从事地图着色的佛朗西斯·格里斯发现一个奇怪现象：不管多复杂的地图，只用四种颜色就可区分有公共边界的国家或地区。这只是一个猜想，看似简单，证明起来却非常困难。许多数学家包括著名的数学家哈密顿、闵可夫斯基，为之奋斗了一百多年都没有解决。这里还有一个故事，以谦虚著称的闵可夫斯基不信解决不了，他在给学生上拓扑课时说，四色问题之所以还没解决，仅仅是因为没有一流的数学家来解决它。他拿起粉笔当场给学生推导，没有成功。下一节课又去试也没有成功，直到几个星期都没进展。一天他进教室时，雷声大作，他对学生说："上天在责我自大，我没法解决四色问题。"直到 1976 年 9 月，美国伊利诺斯大学的数学家阿沛尔和哈肯教授，在每秒运行 400 万次的计算机上运行了 1200 小时，终于证明了四色定理。人与计算机合作能证明世界难题，轰动了世界。原来难在证明时要作的逻辑判断达 200 亿次之多，单靠人的力量是难以解决的。

三、哈密顿问题

哈密顿问题是：对任意的图，是否有一个通过每一顶点（而不是欧拉问题中的通过每一边）的封闭环（即"哈密顿环"）。它仅仅意味着有限的顶点的集合，通过边联系起来的一定数目的顶点对。观众用手触摸"平面触摸盘"，与正 12 面体相对应棱边的二极管点亮发光。如走错路线，正 12 面体相对应棱边，不亮，直到走对路线为止。按复位键使全部灯光熄灭，回到初始状态。

四、克莱因瓶

"克来因瓶"学名为"不可定向单侧闭曲面"，瓶子的"瓶颈"穿过瓶子表面并从内部连到底部，闭合成一个圆形曲面，这是拓扑学的形象诠释。

整个克莱因瓶制作成两半，观众还可通过流动的灯光，观察到克莱因瓶只有一个面的特性。

五、圆的十七等分

将圆分成十七等分。一个圆能用圆规直尺 P（素数）等分，P 一定是费马数。德国数学大师高斯证明：对奇数 n，只有当它为费马素数或是不同的费马素数之积时，才能够用尺规完成 n 等分圆周。17 边形的作法：（1）作圆，过圆心作两条垂直的直径，得圆上两点 P0B：（2）作 OJ=1/4OB，再作∠OJE=1/4∠OJPO，∠FJE=45°（3）以 FP0 为直径作圆，交 OB 于 K，以 E 为圆心 EK 为半径作圆，交 OP0 于 N5 和 N3（4），过 N5、N3 分别作 OB 的平行线，交圆 O 于 P5、P3，再平分 P5P3 得分点 P45、P3P4，就是正 17 边形的一边之长，用它可在圆 O 上依次截得正 17 边形的各顶点。

六、数有趣的性质

数本身就有很多有趣的性质，数论就是研究数特别是整数性质的数学分支。在数论里我们会遇到整数、除数、素数；完全数、亲和数；同余式、费马定理、威尔逊定理；原根、平方剩余、丢番图解析、二次互反律；二次型、分划、理想数、示性数；佩尔方程、连分数、自同构、素数论、解析数论等，这些理论的台阶一个比一个高。

数论的特点是：它的问题浅显易懂，又不需要过多的预备知识，只要掌握了中学的数学知识就能入门；数论既有一般问题也有极具挑战性的问题，不少世界难题就出在数论里。几个世纪以来它吸引了人们的兴趣，既有众多著名的数学家，也有广大业余爱好者。初等数论需要的预备知识少，问题实在又为人们所熟悉，是培养学生思维能力的好教材。

第九课　概率论与数理统计

自然界和社会生活中发生的现象是多种多样的。有一类现象，在一定条件下必然发生（或必然不发生），例如：向上抛一石子必然下落，同性电荷必不相互吸引等。这类现象称为确定性现象或必然现象。我们过去学过的微积分学和线性代数等就是研究这类现象的数学工具。然而，在自然界和社会生活中也同时存在着另一类现象。例如，在相同条件下抛一枚质地均匀的硬币，其结果可能是有花的一面朝上，也可能是有数字的一面朝上，并且不论怎么控制抛掷条件，在每次抛掷之前无法确定抛掷的结果是什么；用同一门大炮向同一目标发射炮弹，各次弹着点不尽相同，并且不论怎样控制发射条件，在每一次发射前都无法预测弹着点的确切位置。这类现象归纳起来可以看作在相同条件下，一系列的试验或观察，而每次试验或观察的结果可能不止一个。在每次试验或观察之前无法预知确切的结果，即呈现出不确定性。

人们经过长期实践并深入研究之后，发现这类现象虽然就每次试验或观察结果来说，它具有不确定性，但在大量重复试验或观察下，它的结果却呈现出某种规律性。例如，多次重复抛一枚硬币，得到有花纹的一面朝上的大致有半数；同一门炮射击同一目标的弹着点按照一定规律分布等。这种在大量重复试验或观察中所呈现出的规律性，就是我们以后所说的统计规律性。

一类现象在个别试验中呈现出不确定性，在大量重复试验中又有统计规律性，我们称之为随机现象或偶然现象。概率与数理统计就是研究和应用随机现象统计规律性的一门数学学科。

概率统计的理论与方法在应用上是很广泛的。目前，它已涉及几乎所有的科学技术领域、工农业生产和国民经济等各个部门。例如：使用概率统计方法可以进行天气预报，水文预报及地震预报，产品的抽样验收；在研制新产品时，为了寻求最佳生产方案，可进行试验设计和数据处理；在可靠性工程中使用可靠程度及平均寿命的估计；在自动控制中，可以给出数学模型，以便通过电子计算机来控制工业生产；在通讯工程中，可以提高信号的抗干扰性和分辨率等。

由于客观世界中，随机现象是大量存在的，因此，在科学技术迅速变成巨大的生产力的时代，概率论的应用范围将更为广阔。

数理统计是以概率论为基础，对实际问题中所提出的种种带有随机性的数据资料进行分析推断的科学。概率论和数理统计总是紧密地联系在一起的，所以一般称这门学科为《概率论与数理统计》。它不断地为越来越多的人们所学习、掌握和运用。

词语

	中文	维吾尔文
1.	概率论（名）gài lǜ lùn	ئېھتىماللىق نەزرىيەسى
2.	数理统计（名）shù lǐ tǒng jì	ماتېماتىكىلىق ستاتسكا
3.	必然（副）bì rán	جەزمەن ، مۇقىم ، مۇقەررەر
4.	抛（动）pāo	تاشلىماق ، ئاتماق
5.	同性（形）tóng xìng	ئوخشاش جىنسلىق ،ئوخشاش خارەكتېرلىك
6.	确定性（名）què dìng xìng	ئېنىقلىغۇچىلىق ، ئېنىقلىق
7.	抛掷（动）pāo zhì	چۆرىمەك ، تاشلىماق ، ئاتماق
8.	弹着点（名）dàn zhuó diǎn	توپ چۈشكەن يەر
9.	不尽（相同）（组）bú jìn	پۈتمەس
10.	预知（动）yù zhī	ئالدىن بىلمەك
11.	呈现（动）chéng xiàn	شەكىللەنمەك ، ئىپادىلەنمەك ، كۆرۈنمەك
12.	分布（动）fēn bù	جايلاشماق ، تارقالماق
13.	统计规律性（组）tǒng jì guī lǜ xìng	ستاتسكىلىق قانونىيەتچانلىقى
14.	随机现象（组）suí jī xiàn xiàng	تەۋەككۈل، تاسادىپى ھادىسە
15.	遍及（动）biàn jí	ھەممە تەرەپكە تارقالماق
16.	抽样（动）chōu yàng	نۈسخاتاللىماق، ئەۆرىشكەتاللىماق
17.	验收（动）yàn shōu	ئۆتكۈزمەك ، قوبۇل قىلىپ ئالماق
18.	研制（动）yán zhì	تەتقىق قىلىپ ياسىماق
19.	可靠性（名）kě kào xìng	ئىشەنچلىك ، ئىشەنچىلىكلىكى
20.	抗干扰性（组）kàng gān rǎo xìng	كاشلىغا قارشى تۇرۇشچانلىقى
21.	分辨率（名）fēn biàn lǜ	پەرىق ئېتىش نىسبىتى
22.	随机性（名）suí jī xìng	تاسادىپىلىق

39

数学部分

练习与作业

一、根据课文，判断正误

1．水总是由高处流向低处，异性电荷肯定不相互吸引，这类现象称之为确定性现象。

2．一个口袋里装着十个乒乓球，五个白色的，五个黄色的，如果不看且只用手伸进去摸，哪次拿到黄色的球无法预知，因此，这种现象没有规律可寻。

3．随机现象也可以说是无法确定的现象，无法确定也就无法统计。

4．概率论是数理统计的理论基础。

5．在日常生活中，确定性现象也就是必然现象，且随处可见；而随机现象是偶然才发生，所以很难碰到。

二、回答问题

1．何为确定性现象？何为不确定性现象？举例说明。

2．什么是随机现象？

3．概率统计理论的应用涉及哪些领域和部门？举例说明。

4．概率论和数理统计是怎样一门学科？

5. 概率论和数理统计的关系如何？

三、阅读课文

生活中的概率

据说有个人很怕坐飞机，说是飞机上有恐怖分子放炸弹。他说他问过专家，每架飞机上有炸弹的可能性是百万分之一。虽然百万分之一是很小的概率，但还没小到可以忽略不计的程度，所以他从来不坐飞机。可是有一天，有人在机场看见他，感到很奇怪，就问他："你不是说飞机上有炸弹吗？他说："我又问过专家，每架飞机上有一颗炸弹的可能性是百万分之一，但每架飞机上同时有两颗炸弹的可能性只有百万的平方分之一，也就是说只有万亿分之一，这已经小到可以忽略不计了。"朋友说："这数字没错，但两颗炸弹与你坐不坐飞机有什么关系？"他很得意的说："当然有关系啦！不是说同时有两颗炸弹的可能性很小吗？我现在自带一颗，如果飞机上另外再有一颗炸弹的话，这架飞机上就同时有两颗炸弹，而我们知道这几乎是不可能的，所以我可以放心地去坐飞机啦！"

相信大家都学过一些概率统计，而且都会觉得这个人的逻辑很可笑。但如果要说明这个逻辑可笑在哪里，毛病出在什么地方，没有一定程度的概率统计知识还不一定说得清楚。概率统计大概要算是一门应用最广的学科了。在学校，不管是文科、理科还是经济、医学都要学它。不过，当初它的产生可是与这些应用科学没有任何关系，纯粹是一些人为了解决赌博中遇到的问题而产生出来的。笔者在当初读书的时候，所有的学科都要带上一顶红帽子——都要有革命意义。几何的产生是为了劳动人民测量田地，三角的产生是为了劳动人民看月亮、星星之类的。只有概率统计没有办法与劳动人民沾边。按照革命理论，劳动人民应该是从不赌博的。按成分划分，概率统计的出身是很差的。概率论虽然产生于赌场，但赌场里的人并不需要懂概率。他们很多人都是凭经验，凭感觉。据说概率论的创始人之一卡当曾经到赌场去找一个老赌徒，说是掷骰子的时候，如果给他两种情况，一种是连续两次掷出六点，另一种是三次掷出的数的总和小于或等于五，问他愿意选哪一种。老赌徒想都没想就说愿意选后面这一种。仔细算一下概率，你会发现这两种情况的概率差别还不到百分之一的一半，可见这些人的感觉相当准确。

当然，真正的赌场并不完全依赖于概率组合，否则，在家里算好概率再去赌场赌岂不是有赢无输？说起来还真有人在家里研究好赌法再去赌场。有一种叫作赌注加倍法的赌法就是由统计学家发明的。从理论上来讲，用这种方法到赌场去玩二十一点必赢无疑。这种方法从道理上来说很简单，只要你有足够的资本，那就必赢无输，而且想赢多少就能赢多少。例如，你第一盘下注一百元（也可以是一千元或一万元，首注多少与这种赌法无关），如果这一盘赢了，则把赢的一百元装腰包，再继续下注一百元。如果输了，第二盘下注两百元。如果这次赢了，那么扣除上盘输掉的一百元，还赢利一百元。把赢的这一百元装腰包，又从下注一百元开始；如果输了，下一盘就下注四百元，如此下去……简单说起来就是，如果某一盘输了，则下一盘赌注加倍，如果赢了，这一回合就算结束，又从下注一百元开始。用这种玩法，只要你不是一直输（当N很大时，连续输N盘的可能性几乎是零），那么每一个回合结束后，你都会赢利一百元。这种玩法是可以从统计学上证明的必胜玩法。你或许会问，这种玩法如果真的有效，那么大家都这样玩，赌场岂不是只好关门了？这一点你可以放心，办赌场的人自然也知道这种玩法对他们是致命的，他们当然不会坐以待毙. 所以，他们有专门规定来控制这种玩法，其中一条设置是规定赌注的上限，也就是说，每一盘的赌注不可以超过这个上限。这样一来，赌注加倍法就不灵了。因为当你连输许多盘准备加倍赌注的时候，你的赌注或许已经超过该上限，你不能再按加倍赌法玩下去，于是，前面输掉的再也不能按加倍法捞回来。有了这种规定，赌场就可以不用担心所谓的赌注加倍法。在上限以内，这种方法还是可以用的，但是不能保证绝对赢。再说，即使在上限以内，要玩这种加倍法还是需要一些勇气的。如果你从一百元开始，连输十盘后，赌注就已经涨到十万元（连输十盘的可能性很小，但还没有小到不太可能发生），这时候要下这十万元的一注还是需要一点魄力的。

许多问题并不是单纯的组合问题，还要考虑一些其他的因素。比如打桥牌时，决定是否要飞张的时候，并不能只考虑大牌分布的概率因素，还要考虑叫牌过程等，这就是所谓的条件概率。现实生活中的问题就更复杂了。许多时候，它所依赖的条件并不能准确的用数学表达出来，而只能是凭经验、凭感觉或别的计算。例如，天上的云的情况与明天是否下雨，这两者之间有很强的统计规律，甚至有很多农谚因此而产生。但是，真正要预报天气却不能依靠这些农谚，还得要做大量的非概率运算。

现实生活中完全纯概率组合的问题也是有的，比如买彩票，也就是通常说的"乐透奖"。有一种通行的"乐透奖"是从 1~44 中选六个数，如果全部选对则可中大奖。这是一个纯组合的问题，没有任何别的因素。中奖的概率很容易算出来，大约七百万分之一。这个概率小得可怜，据说下雨时在街上被雷击的概率也比这个数大。懂概率的人大约都不会去上这个当。偶尔买一次图新鲜好玩没有关系，常年累月地买就有点愚蠢了。不过，愚蠢的人还真不少，否则这种奖也存在不下去。笔者以前不相信，最近看了一篇报导才知道真有不少人每周固定买彩票的。某镇有六万人口，每年的"乐透奖"开销竟然有二千七百万美元之多，也就是说，平均每人每年花四百多美元买彩票，差不多每周花十美元，简直有点不可思议。这些钱有相当一部分是要被政府收走的。所以我常对朋友讲，"乐透奖"是政府收的另外一种税，其名字叫"愚人税"，而聪明人是不用交这种税的。

第十课 对策论

对策论也称"博弈论"、"赛局理论",属应用数学的一个分支。对策是决策者在某种竞争场合下做出的决策,或者说是参加竞争的各方为了自己获胜而采取的对付对方的策略。对策论就是研究对策现象的数学理论与方法。一般认为,它是运筹学的一个分支。由于它研究的对象与政治、经济、国防等有密切的联系,而且处理问题的方法又有明显的特色,逐渐引起人们广泛的关注。

日常生活中,我们经常看到一些相互之间竞争、比赛性质的现象,如下棋、打扑克、体育竞赛等,竞赛的各方都有长处和短处,但又各有特点。在竞赛过程中,各方都设法发挥各自的长处,尽最大可能争取较好的竞赛结果。

在政治方面,国际上政府间的各种外交谈判,各方面都想在谈判中处于有利地位,争取到对自己有利的结果。各国之间或国内各集团之间的斗争,是一场你死我活的斗争,在这场生死斗争中,双方都会千方百计地想战胜对方。

在经济领域内,各国之间的贸易谈判,各公司企业之间的加工或订货谈判、各公司企业争夺国际和国内市场等,都是竞争现象。在工业生产方面,工厂有一定数量的设备,能加工不同类型的产品,不同设备在单位时间内创造的价值不同,消耗也不一样。为争取创造更多的价值,在这里,工厂的管理者可称是一方,原材料的消耗、工时使用多少、成本增加情况看成是另一方,这样,两者之间可以看成是一种竞争现象。在农业生产方面,人们为了获得农业丰收,而去研究如何合理施肥,千方百计去战胜水、旱、虫等自然灾害,这里可将大自然看成一方,而作为人可算作另一方,他们之间也存在竞争现象。

以上所举的各种现象,都带有竞争性质(或至少含有竞争成分)的现象,我们称之为对策现象或对策模型。

在我国,关于对策的模型很早就出现了。我国古代的"田忌赛马"就是一个非常典型的例子。

战国时期,齐国的国王有一天提出要与田忌赛马。田忌答应后双方约定:第一,各自出三匹马;第二,从上、中、下三个等级各出一匹马;第三,每匹马都得参加比赛,而且只参加一次;第四,每一次比赛各出一匹马,一共比赛三次;第五,每次比赛后负者要付给胜者千金。当时的情况是:三种不同等级的马,齐王的马都比田忌的马强一些。看来田忌要输掉三千金了。但是田忌手下一个谋士给田忌出了一个主意:每次比赛先让齐王说出他要出哪匹马,用下马对齐王的上马(负);用中马对齐王的下马(胜);用上马对齐王的中马(胜)。

比赛结果，田忌二胜一负反而得千金。由此可见，在各种对策中，参与者该如何决策的问题是大可研究的。

词语

1. 决策（名、动）jué cè	قارشى تەدبىر
2. 竞争（名、动）jìng zhēng	تەدبىر بەلگىلىمەك
3. 对付（动）duì fù	تاقابىل تۇرماق
4. 策略（名）cè lüè	تاكتىكا
5. 运筹学（名）yùn chóu xué	يۇرۇشتۇرۇش ئىلمى
6. 设法（动）shè fǎ	ئامال قىلماق
7. 集团（名）jí tuán	گۇرۇھ
8. 贸易（名）mào yì	سودا، سودا سېتىق
9. 谈判（动、名）tán pàn	سۆھبەت قىلماق
10. 订货（动）dìng huò	مال زاكاز قىلماق
11. 消耗（动）xiāo hào	خورىماق، خوراتماق، چىقىم، سەرپىيات
12. 原材料（名）yuán cái liào	خام ماتېريال
13. 工时（名）gōng shí	ئىش سائىتى
14. 施肥（动）shī féi	ئوغۇت بەرمەك
15. 成本（名）chéng běn	تەننەرخ
16. 典型（形）diǎn xíng	ئۈلگە، نەمۇنە، تىپ، تىپىك
17. 约定（动）yuē dìng	ۋەدىلەشمەك، كېلىشمەك
18. 谋士（名）móu shì	ئەقىل كۆرسەت كۈچى

43

数学部分

练习与作业

一、根据课文判断正误
1. 对策论属于分析数学研究的范畴。
2. 对策论就是研究怎样在体育比赛中获胜。
3. 带有比赛性质的现象称为对策模型。
4. 田忌二胜一负得一千金，而齐王输了两千金。
5. 齐王之所以输了，是因为他的马没有田忌的马强壮。
6. 运筹学属于对策论的一个分支。

二、根据课文回答问题
1. 什么是对策？对策论的研究范围什么？
2. 为什么田忌的马能战胜齐王的马？

三、阅读课文

博弈论

博弈论即"对策论"、"赛局理论"，是二人在平等的对局中各自利用对方的策略变换自己的对抗策略，达到取胜的目的。博弈论思想自古已有，中国古代的《孙子兵法》就不仅是一部军事著作，而且算是最早的一部博弈论著作。博弈论最初主要研究象棋、桥牌、赌博中的胜负问题，人们对博弈局势的把握只停留在经验上，并没有向理论化发展。

博弈论考虑游戏中的个体的预测行为和实际行为，并研究它们的优化策略。

近代对于博弈论的研究，开始于策墨洛（Zermelo）、波雷尔（Borel）及冯·诺依曼（von Neumann）。

1928 年，冯·诺依曼证明了博弈论的基本原理，从而宣告了博弈论的正式诞生。1944 年，冯·诺依曼和摩根斯坦共著的划时代巨著《博弈论与经济行为》将二人博弈推广到多人博弈结构，并将博弈论系统的应用于经济领域，从而奠定了这一学科的基础和理论体系。

1950 年~1951 年，约翰·福布斯·纳什（John Forbes Nash Jr）利用不动点定理证明了均衡点的存在，为博弈论的一般化奠定了坚实的基础。纳什的开创性论文《多人博弈的均衡点》（1950）、《非合作博弈》（1951）等，给出了纳什均衡的概念和均衡存在定理。此外，塞尔顿、哈桑尼的研究也对博弈论发展起到推动作用。今天，博弈论已发展成一门较完善的学科。

1. 博弈论的基本概念

（1）决策人：在博弈中率先作出决策的一方，这一方往往依据自身的感受、经验和表面状态优先采取一种有方向性的行动。

（2）对抗者：在博弈二人对局中行动滞后的那个人，与决策人要作出基本反面的决定，并且他的动作是滞后的、默认的、被动的，但最终占优。他的策略可能依赖于决策人劣势的策略选择，占去空间特性。因此，对抗是唯一占优的方式，实为领导人的阶段性终结行为。

（3）局中人（players）：在一场竞赛或博弈中，每一个有决策权的参与者成为一个局中人。只有两个局中人的博弈现象称为"两人博弈"，而多于两个局中人的博弈称为"多人博弈"。

（4）策略（strategies）：一局博弈中，每个局中人都有选择实际可行的完整的行动方案，即方案不是某阶段的行动方案，而是指导整个行动的一个方案。一个局中人的一个可行的自始至终全局筹划的一个行动方案，称为这个局中人的一个策略。如果在一个博弈中，局中人都总共有有限个策略，则称为"有限博弈"，否则称为"无限博弈"。

（5）得失（payoffs）：一局博弈结局时的结果称为得失。每个局中人在一局博弈结束时的得失，不仅与该局中人自身所选择的策略有关，而且与全局中人所取定的一组策略有关。所以，一局博弈结束时，每个局中人的"得失"是全体局中人所取定的一组策略的函数，通常称为支付（payoff）函数。

（6）次序（orders）：各博弈方的决策有先后之分，且一个博弈方要进行不止一次的决策选择，就出现了次序问题；其他要素相同次序不同，博弈就不同。

（7）博弈涉及均衡：均衡是平衡的意思。在经济学中，均衡即相关量处于稳定值。在供求关系中，某一商品市场如果在某一价格下，想以此价格买此商品的人均能买到，而想卖的人均能卖出，此时我们就说，该商品的供求达到了均衡。

2. 博弈类型

博弈根据不同的基准也有不同的分类。一般认为，博弈主要可以分为合作博弈和非合作博弈。合作博弈和非合作博弈的区别在于相互发生作用的当事人之间有没有一个具有约束力的协议——如果有，就是合作博弈；如果没有，就是非合作博弈。

从行为的时间序列性，博弈论进一步分为静态博弈和动态博弈两类：静态博弈是指在博弈中，参与人同时选择或虽非同时选择，但后行动者并不知道先行动者采取了什么具体行动；动态博弈是指在博弈中，参与人的行动有先后顺序，且后行动者能够观察到先行动者所选择的行动。可通俗地理解为"囚徒困境"就是同时决策的，属于静态博弈；而棋牌类游戏等决策或行动有先后次序的，属于动态博弈。

按照参与人对其他参与人的了解程度，可分为完全信息博弈和不完全信息博弈。完全博弈是指在博弈过程中，每一位参与人对其他参与人的特征、策略空间及收益函数有准确的信息；不完全信息博弈是指如果参与人对其他参与人的特征、策略空间及收益函数信息了解的不够准确，或者不是对所有参与人的特征、策略空间及收益函数都有准确的信息，在这种情况下进行的博弈就是不完全信息博弈。

目前，经济学家们所谈的博弈论一般是指非合作博弈，由于合作博弈论比非合作博弈论复杂，在理论上的成熟度远远不如非合作博弈论。非合作博弈又分为完全信息静态博弈、完全信息动态博弈、不完全信息静态博弈和不完全信息动态博弈。

博弈论还有很多分类，比如：以博弈进行的次数或者持续长短可以分为有限博弈和无限博弈；以表现形式也可以分为一般型（战略型）和展开型；以博弈的逻辑基础不同又可以分为传统博弈和演化博弈。

第十一课　数学的新领域

以前从未有过那么多的人把抽象的数学应用于种类如此繁多的问题上。为了满足工业、农业、国防以及其他科学技术的需要，数学家又不断创立新的数学分支，拓宽已有的数学领域。

说来奇怪，正当理论数学家差不多与现实世界脱离接触的时候，应用数学家却一直在成功地处理着世界上的许多问题。理论数学家对于数学究竟有没有使用价值并不关心，数学从来就是抽象的。然而，正是数学的这种高度抽象性使它变得十分有用。数学家把数学概念用来解决实际问题，就能剔除细节而揭示出其中的简要模式。例如，天体力学使天文学家能计算出行星在过去或将来任何时候的位置，并能预报彗星的运行情况。现在，为了计算地球卫星的轨道，这一古老的数学分支一下子就变得极为引人注目。

有志于解决实际问题的数学家们已经学会解决许多在十年前或二十年前还不属于数学领域的问题。

他们研究出新的统计方法，用来检查现代工业高速度、大规模生产的产品质量。他们创立了精密复杂的信息理论，使通讯工程师有可能对电话、收音机、手机和电视的电路做出精确的估算。他们已经对工厂生产线和超音速飞机等这样一些复杂系统的自动控制装置的设计做出了分析。现在，他们还在解决太空飞行方面的许多问题，从地球大气层以外的制导、导航直到导弹飞行动力学研究探月工程的实施等。

由于有了电子计算机，数学家们现在正在解决前些年还不敢着手解决的问题。只需用几分钟时间，他们就能取得过去需要成年累月的计算才能得出的答案。在设计计算机和为它们编制执行指令的程序时，数学家们必须研究新的技术。尽管计算机至今对纯数学理论的贡献还不多，但它们已被用来检验数与数之间的某些关系。现在看来，很可能有一天，计算机会发现和证明新的数学定理。

词语

1. 领域（名）lǐng yù　　　　　دائىره - ساھه
2. 从未（名）cóng wèi　　　ئەزەلدىن تارتىپ،ئەسلا،ئەزەلدىن
3. 如此（代）rú cǐ　　　　شۇنداق-ئۇنداق ،شۇقەدەر
4. 剔除（动）tì chú　　　تاشلىماق، ئىلىپ چىقىرۋەتمەك
5. 细节（名）xì jié　　　　تەپسىلى جەريان
6. 天体力学（名）tiān tǐ lì xué　　ئاسمان مىخانىكسى
7. 彗星（名）huì xīng　　　كومېتا قۇيرۇقلۇق يۇلتۇزى
8. 引人注目（组）yǐn rén zhù mù　كىشىنىڭ دىققىتىنى جەلپ قىلماق
9. 有志于（介）yǒu zhì yú　　　ئىراده باغلاش (بىرەر ئىشقا)

10. 生产线（名）shēng chǎn xiàn	ئىشلەپ چىققىرىش لىنىيەسى
11. 超音速（组）chāo yīn sù	تېزلىك ئاۋازى
12. 自动控制（组）zì dòng kòng zhì	ئاپتوماتىك كونترول قىلىش
13. 制导（动）zhì dǎo	كونترول قىلىپ باشقۇرۇش
14. 导航（动）dǎo háng	يول باشلىماق
15. 飞行动力学（名）fēi xíng dòng lì xué	ئۇچۇش دىنامىكسى
16. 指令（名）zhǐ lìng	بۇيرۇق بەرمەك ، بۇيرۇق

作业与练习

一、选择题

1. 数学的新领域是指（   ）。

A 创立新的数学分支　　　　　B 原有的数学范畴以外的与数学有关的领域

C 创立精密复杂的信息理论　　D 电子计算机应用领域

2. 数学家要建立新的数学领域是因为（   ）。

A 数学已不实用了

B 原有的数学理论已陈旧了

C 数学没有和计算机结合

D 有许多人把抽象的数学应用到各个生产领域并发挥着巨大的作用

3. 理论数学家对于数学究竟有没有实用价值并不关心，是因为理论数学家（   ）。

A 对现实世界不感兴趣　　　　B 差不多已经和现实脱离了接触

C 认为数学本来就是抽象的，不考虑和解决实际问题

D 不懂电子计算机的语言

4. 解决实际问题的数学家们能够解决不属于数学领域的问题，这是因为数学家们（   ）。

A 认为实际问题是十分有趣的　　B 认为这是磨练自己意志的好方法

C 认为这是发挥头脑灵活性的有效方法

D 认为用数学概念来解决实际问题可以剔除细节而揭示出其中的简要模式

5. 数学家要研究新的电子计算机技术是因为（   ）。

A 如果不这样做就很难解决实际问题

B 笔算的速度没有计算机快

C 将来计算机会发现和证明新的数学定理

D 计算机对数学理论的贡献很大

二、阅读课文

数学分支——分形几何学

普通几何学研究的对象，一般都具有整数的维数。例如，零维的点、一维的线、二维的面、三维的立体、四维的时空。最近十几年，产生了新兴的分形几何学，空间具有不一定是整数的维，而存在一个分数维数，这是几何学的新突破，引起了数学家和自然科学者的极大关注。

分形几何的产生

客观自然界中的许多事物具有自相似的"层次"结构，在理想情况下，甚至具有无穷层次。适当的放大或缩小几何尺寸，整个结构并不改变。不少复杂的物理现象，背后就是反映着这类层次结构的分形几何学。

客观事物有它自己的特征长度，要用恰当的尺度去测量。用尺来测量万里长城，嫌太短；用尺来测量大肠杆菌，又嫌太长。从而产生了特征长度。还有的事物没有特征尺度，就必须同时考虑从小到大的许许多多尺度（或者叫标度），这叫作"无标度性"的问题。

例如，物理学中的湍流（湍流是自然界中普遍现象），小到静室中缭绕的轻烟，大到木星大气中的涡流，都是十分紊乱的流体运动。流体宏观运动的能量，经过大、中、小、微等许许多度尺度上的漩涡，最后转化成分子尺度上的热运动，同时涉及大量不同尺度上的运动状态，就要借助"无标度性"解决问题，湍流中高漩涡区域，就需要用分形几何学。在 20 世纪 70 年代，法国数学家曼德尔勃罗特在他的著作中探讨了英国的海岸线有多长？这个问题这依赖于测量时所使用的尺度。

如果用公里作测量单位，从几米到几十米的一些曲折会被忽略；改用米来做单位，测得的总长度会增加，但是一些厘米量级以下的就不能反映出来。由于涨潮落潮使海岸线的水陆分界线具有各种层次的不规则性。海岸线在大小两个方向都有自然的限制，取不列颠岛外缘上几个突出的点，用直线把它们连起来，得到海岸线长度的一种下界。使用比这更长的尺度是没有意义的。还有海沙石的最小尺度是原子和分子，使用更小的尺度也是没有意义的。在这两个自然限度之间，存在着可以变化许多个数量级的"无标度"区，长度不是海岸线的定量特征，就要用分维。

数学家寇赫从一个正方形的"岛"出发，始终保持面积不变，把它的"海岸线"变成无限曲线，其长度也不断增加，并趋向于无穷大。可以看到，分维才是"寇赫岛"海岸线的确切特征量，即海岸线的分维均介于 1~2 之间。

这些自然现象，特别是物理现象和分形有着密切的关系。银河系中的若断若续的星体分布，就具有分维的吸引子。多孔介质中的流体运动和它产生的渗流模型，都是分形的研究对象。这些促使数学家进一步的研究，从而产生了分形几何学电子计算机图形显示协助了人们推开分形几何的大门。这座具有无穷层次结构的宏伟建筑，每一个角落里都存在无限嵌套的迷宫和回廊，促使数学家和科学家深入研究。

法国数学家曼德尔勃罗特这位计算机和数学兼通的人物，对分形几何产生了重大的推动作用。他在 1975 年、1977 年和 1982 年先后用法文和英文出版了三本书，特别是《分形——形、机遇和维数》以及《自然界中的分形几何学》，开创了新的数学分支——分形几何学。

分形几何的内容

分形几何学的基本思想是：客观事物具有自相似的层次结构，局部与整体在形态、功能、信息、时间、空间等方面具有统计意义上的相似性，成为自相似性。例如，一块磁铁中的每一部分都像整体一样具有南北两极，不断分割下去，每一部分都具有和整体磁铁相同的磁场。这种自相似的层次结构，适当的放大或缩小几何尺寸，整个结构不变。

维数是几何对象的一个重要特征量，它是几何对象中一个点的位置所需的独立坐标数目。在欧氏空间中，人们习惯把空间看成三维的，平面或球面看成二维，而把直线或曲线看成一维。也可以稍加推广，认为点是零维的，还可以引入高维空间。对于更抽象或更复杂的对象，只要每个局部可以和欧氏空间对应，也容易确定维数。但通常人们习惯于整数的维数。

分形理论认为维数也可以是分数，这类维数是物理学家在研究混沌吸引子等理论时需要引入的重要概念。为了定量地描述客观事物的"非规则"程度，1919年，数学家从测度的角度引入了维数概念，将维数从整数扩大到分数，从而突破了一般拓扑集维数为整数的界限。维数和测量有着密切的关系，下面我们举例说明一下分维的概念。

画一根直线，如果用 0 维的点来量它，其结果为无穷大，因为直线中包含无穷多个点；如果我们用一块平面来量它，其结果是 0，因为直线中不包含平面。那么，用怎样的尺度来量它才会得到有限值哪？看来只有用与其同维数的小线段来量它才会得到有限值，而这里直线的维数为 1（大于 0、小于 2）。

对于上面提到的"寇赫岛"曲线，其整体是一条无限长的线折叠而成。显然，用小直线段量，其结果是无穷大；而用平面量，其结果是 0（此曲线中不包含平面）。那么，只有找一个与"寇赫岛"曲线维数相同的尺子量它才会得到有限值，而这个维数显然大于 1、小于 2，只能是小数了，所以存在分维。经过计算"寇赫岛"曲线的维数是 1.2618……

分形几何学的应用

分形几何学已在自然界与物理学中得到了应用。如在显微镜下观察落入溶液中的一粒花粉，会看见它不间断地作无规则运动（布朗运动），这是花粉在大量液体分子的无规则碰撞（每秒多达十亿亿次）下表现的平均行为。布朗粒子的轨迹，由各种尺寸的折线连成。只要有足够的分辨率，就可以发现原以为是直线段的部分，其实由大量更小尺度的折线连成。这是一种处处连续，但又处处无导数的曲线。这种布朗粒子轨迹的分维是 2，大大高于它的拓扑维数 1。

在某些电化学反应中，电极附近成绩的固态物质，以不规则的树枝形状向外增长。受到污染的一些流水中，粘在藻类植物上的颗粒和胶状物，不断因新的沉积而生长，成为带有许多须须毛毛的枝条状，就可以用分维。

自然界中更大的尺度上也存在分形对象。一枝粗干可以分出不规则的枝杈，每个枝杈继续分为细杈……至少有十几次分支的层次，可以用分形几何学去测量。有人研究了某些云彩边界的几何性质，发现存在从 1 千米到 1000 千米的无标度区。小于 1 千米的云朵，更受地形概貌影响；大于 1000 千米时，地球曲率开始起作用。大小两端都受到一定特征尺度的限制，中间有三个数量级的无标度区，这已经足够了。分形存在于这个中间区域。

近几年，在流体力学不稳定性、光学双稳定器件、化学震荡反映等试验中，都实际测得了混沌吸引子，并从实验数据中计算出它们的分维。学会从实验数据测算分维是最近的一大进展。分形几何学在物理学、生物学上的应用也正在成为有充实内容的研究领域。

物理部分

第一课　怎样学好物理学

　　我们知道，周围所有的客观实在都是物质，整个自然界就是由各种各样运动着的物质组成的。日月星辰、各种气体、液体、固体，组成物体的分子、原子、电子，以及光和其他电磁辐射等都是物质。而一切物质又是以各种各样的形式永不停息地运动着，自然界的一切现象就是物质运动的表现。

　　物理学所研究的就是物质运动最基本最普遍的形态。它包括机械运动、分子热运动、电磁现象、原子和原子核内部的运动、光现象等。

　　物理学研究的运动，普遍地存在于其他高级的、复杂的物质运动形态（如化学的、生物的等）之中。因此，物理学所研究的运动规律，具有很大的普遍性。例如，宇宙间任何物体，不论其化学性质如何，有无生命，都遵从物理学中的万有引力规律；一切变化和过程，无论其是否有化学的、生物的或其他的特殊性质，都遵从物理学中所确立的能量守恒和转化定律。

　　由于物理学研究的物质运动具有普遍性，因此物理学在自然科学中占有重要的地位，成为其他自然科学和工程科学的基础。

　　物理学来自生产实践，或者说，生产是促进物理学发展的动力。反过来，物理学的每一项研究成果都有力地推动了科学技术的发展，提高了社会生产力。例如，法拉第等人对电磁现象规律的研究，是人类进入了广泛应用强大电力的时代。本世纪以来，现代物理学的发展，促进了半导体、激光、计算机和自动控制、原子核能、宇宙航行等新兴技术的发现和发展，并大大推动了社会生产力的进步。

　　反过来，生产技术的发展一方面为物理学提出了许多新的课题和任务，另一方面也为物理学的研究提供了更加先进的仪器设备，从而促进了物理学的发展。由此可见，物理学的发展与生产技术的发展是密切相关的，它们互相影响，彼此推动。

　　物理学是理工类学校的一门重要的基础课。通过物理课的学习，可以为今后学习专业基础课、专业课和近代科学打下良好的基础。那么，应该怎样学好物理学呢？

　　要很好地理解物理学中的基本概念和基本规律，并在理解的基础上熟悉它们的汉语表述。这对进一步用汉语听懂物理课和阅读汉文教科书有很重要的作用。只有在学习物理学的同时，努力提高汉语水平（特别是听、读能力），才能学好物理学。要专心听课，认真阅读物理教科书，不断提高阅读物理教科书和用汉语进行思维的能力。

　　学习物理学的目的在于应用。要学会如何应用所学的物理概念和定律去解释一些现象，分析和计算一些问题。在计算问题时，按照分析解题的步骤进行，提高分析问题和运用数学解决物理问题的能力。

　　要重视并做好物理实验。物理概念和定律是建立在观察和实践基础上的。通过实验不仅能验证理论，巩固和加强理解所学的理论知识，更重要的是能够学会使用仪器、掌握测量技能、提高动手能力、培养独立解决实际问题的能力。

　　养成在课堂上和课后开展讨论问题的习惯，树立良好的学风。同学们来自全疆各地，物理基础或汉语水平参差不齐，原有基础较好、汉语水平较高的同学要在讨论中起骨干作用，热情地帮助有困难的同学，通过讨论，共同提高。

总之，通过物理课的学习，不仅能学到必需的物理理论知识和实验技能，还能学到正确的研究问题的方法，提高汉语的听、说、读、写的能力，为学好专业课打好基础。

词语

1. 客观（名）kè guān　　　　　ئوبيېكتىپ
2. 实在（名）shí zài　　　　هەقىقى، چىن، ئەمەلىيەت، پۇختا
3. 星辰（名）xīng chén　　　چولپان يۇلتۇز
4. 电磁（名）diàn cí　　　ئېلېكترو ماگنىت
5. 辐射（名）fú shè　　　رادىئاتسىيە تارالماق
6. 机械（名）jī xiè　　ماشىنا، مېخانىزم، مېخانىكىلىق
7. 分子（名）fēn zǐ　　　مالېكولا
8. 热运动（名）rè yùn dòng　　　ئىسسىقلىق ھەرىكىتى
9. 遵从（动）zūn cóng　　　ئەمەل قىلماق، بويسۇنماق
10. 万有引力（名）wàn yǒu yǐn lì　پۈتۈن ئالەملىك تارتىش كۈچى
11. 能量守恒（名）néng liàng shǒu héng　ئېنېرگىيىلىك ساقلىنىش
12. 转换（动）zhuǎn huàn　ئالماشتۇرماق، ئۆزگەرتمەك
13. 半导体（名）bàn dǎo tǐ　يېرىم ئۆتكۈزگۈچ
14. 激光（名）jī guāng　　لازېر نۇر
15. 自动（动）zì dòng　　ئۆزلۈكىدىن
16. 新兴（形）xīn xīng　　يېڭى گۈللەنگەن
17. 课题（名）kè tí　دەرس تېمىسى، مەسىلە، ئىش
18. 密切相关（动）mì qiè xiāng guān　زىچ مۇناسۋەتلىك
19. 工科（名）gōng kē　تېخنىكا پەنلىرى
20. 教科书（名）jiào kē shū　دەرسلىك، قوللانما
21. 思维（动）sī wéi　تەپەككۈر، پىكىر قىلماق
22. 步骤（名）bù zhòu　باسقۇچ، قەدەم، تەدبىر
23. 学风（名）xué fēng　ئۆگىنىۋېلىش ئۇسلى
24. 骨干（名）gǔ gàn　تايانچ، غول
25．表述（动）biǎo shù　بايان قىلماق
26．验证（动）yàn zhèng　سىناقتىن ئۆتكۈزمەك

练习与作业

一、读译词组

客观实在	各种各样	日月星辰	电磁辐射
永不停息	机械运动	分子热运动	
运动状态	转换定律	自然科学	电磁现象
新兴技术	密切相关	动手能力	骨干作用

二、用汉语解释下列词语

客观　　星辰　　遵从　　课题　　由此可见　　相关　　表述　　验证　　骨干

三、名词解释

电磁辐射　　机械运动　　分子热运动　　半导体　　激光　　自动控制

四、完成句子

1. 整个自然界是由＿＿＿＿＿＿＿＿＿＿＿＿＿＿＿＿＿＿组成的。

2. 一切物质又是以＿＿＿＿＿＿＿＿＿的形式＿＿＿＿＿＿＿运动着的。

3. 自然界一切现象是＿＿＿＿＿＿＿＿＿＿＿＿＿＿的表现。

4. 物理学所研究的运动普遍存在于＿＿＿＿＿＿＿＿＿＿＿＿＿之中。

5. 生产是＿＿＿＿＿＿＿＿＿＿＿＿＿＿＿＿的动力。

6. 学习物理学的目的是＿＿＿＿＿＿＿＿＿＿＿＿＿＿＿＿＿＿＿。

五、回答下列问题

1. 物理学研究的是什么？它包括哪些内容？

2. 物理学与生产技术有什么关系？

3. 我们应该怎样学好物理学？

六、阅读课文

物理学知识

物理学是研究物质世界最基本的结构、最普遍的相互作用、最一般的运动规律及所使用的实验手段和思维方法的自然科学。在现代，物理学已经成为自然科学中最基础的学科之一。经过大量严格的实验验证的物理学规律被称为物理学定律。然而，如同其他很多自然科学理论一样，这些定律不能被证明，其正确性只能经过反复的实验来检验。

"物理"一词最先出自希腊文，原意是指自然。古时欧洲人称呼物理学作"自然哲学"。从最广泛的意义上来说即是研究大自然现象及规律的学问。汉语、日语中"物理"一词起自于明末清初科学家方以智的百科全书式著作《物理小识》。在物理学的领域中，研究的是宇宙的基本组成要素：物质、能量、空间、时间及它们的相互作用；借由被分析的基本定律与法则来完整了解这个系统。

物理在经典时代是由与它极相像的自然哲学的研究所组成的，直到19世纪，物理才从哲学中分离出来成为一门实证科学。物理学与其他许多自然科学息息相关，如数学、化学、生物学、地理学等，特别是数学和化学。化学与某些物理学领域的关系深远，如量子力学、热力学和电磁学，而数学是物理的基本工具。

"物理"二字出现在中文中，是取"格物致理"四个字的简称，即考察事物的形态和变化，总结研究它们的规律的意思。我国的物理学知识，在早期文献中记载于《天工开物》等书中。从古时候起，人们就尝试着理解这个世界：为什么物体会往地上掉，为什么不同的物质有不同的性质等。宇宙的性质同样是一个谜，比如地球、太阳以及月亮，这些星体究竟是遵循着什么规律在运动，并且是什么力量决定着这些规律。人们提出了各种理论试图解释这个世界，然而其中的大多数都是错误的。这些早期的理论在今天看来更像是一些哲学理论，它们不像今天的理论通常需要被有系统的实验证明。像托勒密（Ptolemy）和亚里士多德（Aristotle）提出的理论，其中有些与我们日常所观察到的事实是相悖的。当然也有例外，比如印度的一些哲学家和天文学家在原子论和天文学方面所给出的许多描述是正确的，再例如希腊的思想家阿基米德（Archimedes）在力学方面导出了许多正确的结论，像我们熟知的阿基米德定律。

在17世纪末期，由于人们乐意对原先持有的真理提出疑问并寻求新的答案，最后导致了重大的科学进展，这个时期现在被称为科学革命。

物理学是人们对无生命自然界中物质的转变的知识做出规律性的总结。这种运动和转变应有两种：一是早期人们通过感官视觉的延伸，二是近代人们通过发明创造供观察测量用的科学仪器，实验得出的结果。

物理学从研究角度及观点不同，可分为微观与宏观两部分：宏观是不分析微粒群中的单个作用效果而直接考虑整体效果，是最早期就已经出现的；微观物理学随着科技的发展理论逐渐完善。物理又是一种智能。如诺贝尔物理学奖得主、德国科学家玻恩所言："与其说是因为我发表的工作里包含了一个自然现象的发现，倒不如说是因为那里包含了一个关于自然现象的科学思想方法基础。"物理学之所以被人们公认为一门重要的科学，不仅仅在于它对客观世界的规律作出了深刻的揭示，还因为它在发展、成长的过程中，形成了一整套独特而卓有成效的思想方法体系。正因为如此，使得物理学当之无愧地成了人类智能的结晶、文明的瑰宝。

大量事实表明，物理思想与方法不仅对物理学本身有价值，而且对整个自然科学，乃至社会科学的发展都有着重要的贡献。有人统计过，自20世纪中叶以来，在诺贝尔化学奖、生物及医学奖，甚至经济学奖的获奖者中，有一半以上的人具有物理学的背景。这意味着他们从物理学中汲取了智能，转而在非物理领域里获得了成功。反过来，却从未发现有非物理专业出身的科学家问鼎诺贝尔物理学奖的事例。这就是物理智能的力量。难怪国外有专家十分尖锐地指出——没有物理修养的民族是愚蠢的民族！总之，物理学对于物理学理论和实验来说，物理量的定义和测量的假设选择，理论的数学展开，理论与实验的比较是与实验定律一致，是物理学理论的唯一目标。

人们能通过这样的结合解决问题，就是预言指导科学实践不是大唯物主义思想，其实是物理学理论的目的和结构。是概括规律性的总结，是概括经验科学性的理论认识。物理与形而上学的关系在不断反思形而上学而产生的非经验主义的客观原理的基础上，物理学理论可以用它自身的科学术语来判断，而不依赖于它们可能从属于哲学学派的主张。在着手描述的物理性质中选择简单的性质，其他性质则是群聚的想象和组合。通过恰当的测量方法和数学技巧从而进一步认知事物的本来性质。实验选择后的数量存在某种对应关系。一种关系可以有多数实验与其对应，但一个实验不能对应多种关系。也就是说，一个规律可以体现在多个实验中，但多个实验不一定只反映一个规律。对于物理学来说理论预言与现实一致与否是真理的唯一判断标准。历届诺贝尔物理学奖获得者：1901年，威尔姆·康拉德·伦琴（德国）发现X射线；1902年，亨德·瑞克·安图恩·洛伦兹（荷兰）、塞曼（荷兰）研究磁场对辐射的影响；1903年，安东尼·亨利·贝克勒尔（法国）发现物质的放射性；皮埃尔·居里（法国）、玛丽·居里（法国）从事放射性研究；1904年，瑞利（英国）从事气体密度的研究并发现氩元素；1905年，雷纳尔德（德国）从事阴极线的研究；1906年，约瑟夫·汤姆森（英国）对气体放电理论和实验研究作出重要贡献并发现电子；1907年，阿尔伯特·亚伯拉罕·迈克尔逊（美国）发明了光学干涉仪并且借助这些仪器进行光谱学和度量学的研究；1908 年，李普曼（法国）发明了彩色照相干涉法（即李普曼干涉定律）；1909 年，伽利尔摩·马克尼（意大利）、布劳恩（德国）开发了无线电通信，理查森（英国）从事热离子现象的研究，特别是发现了理查森定律；1910 年，范德瓦尔斯（荷兰）从事气态和液态议方程式方面的研究；1911 年，维恩（德国）发现热辐射定律；1912 年，达伦（瑞典）发明了可以和燃点航标、浮标气体蓄电池联合使用的自动节装置；1913 年，海克·卡麦林·昂尼斯（荷兰）从事液体氦的超导研究；1914 年，马克思·凡劳厄（德国）发现晶体中的 X 射线衍射现象；1915 年，威廉·亨利·布拉格、威廉·劳伦斯·布拉格（英国）借助 X 射线，对晶体结构进行分析；1916 年未颁奖；1917 年，查尔斯·格洛弗·巴克拉（英国）发现元素的次级 X 辐射的特征；1918 年，普朗克（德国）对确立量子理论作出巨大贡献；1919 年，斯塔克（德国）发现极隧射线的多普勒效应以及电场作用下光谱线的分裂现象；1920 年，纪尧姆（瑞士）发现镍钢合金的反常现象及其在精密物理学中的重要性；1921 年，阿尔伯特·爱因斯坦（美国）发现了光电效应定律等；1922 年，玻尔（丹麦）从事原子结构和原子辐射的研究；1923 年，罗伯特·安德鲁·米利肯从事基本电荷和光电效应的研究；1924 年，西格巴恩（瑞典）发现了 X 射线中的光谱线；1925 年，弗兰克和赫兹（德国）发现了原子和电子的碰撞规律；1926 年，佩兰（法国）研究物质不连续结构和发现沉积平衡；1927 年，康普顿（美国）发现了康普顿效应（也称康普顿散射），威尔逊（英国）发明了云雾室，能显示出电子穿过空气的径迹；1928 年，理查森（英国）从事热离子现象的研究，特别是发现了理查森定律；1929 年，路易·维克多·德布罗意（法国）发现电子的波动性；1930 年，拉曼（印度）从事光散方面的研究，发现拉曼效应；1931 年未颁奖；1932 年，维尔纳·海森堡（德国）创建了量子力学；1933 年，埃尔温·薛定谔（奥地利）、保罗·阿德里·莫里斯·狄拉克（英国）发现了原子理论新的有效形式；1934 年未颁奖；1935 年，詹姆斯·查德威克（英国）发现中子；1936 年，赫斯（奥地利）发现宇宙射线，安德森（美国）发现正电子；1937 年，戴维森（美国）、乔治·佩杰特·汤姆森（英国）发现晶体对电子的衍射现象；1938 年，恩利克·费米（意大利）发现中子轰击产生的新放射性元素并发现用慢中子实现核反应；1939 年，欧内斯特·奥兰多·劳伦斯（美国）发明和发展了回旋加速器，并以此取得了有关人工放射性等成果；1940~1942 年未颁奖；1943 年，斯特恩（美国）开发了分子束方法以及质子磁矩的测量；1944 年，拉比（美国）发明了著名气核磁共振法；1945 年，泡利（奥地利）发现不相容原理；1946 年，布里奇曼（美国）发明了超高压装置，并在高压物理学方面取得成就；1947 年，阿普尔顿（英国）从事大气层物理学的研究，特别是发现高空无线电短波电离层（阿普尔顿层）；1948 年，布莱克特（英国）改进了威尔逊云雾室方法，并由此导致了在核物理领域和宇宙射线方面的一系列发现；1949 卡，汤川秀树（日本）提出核子的介子理论，并预言介子的存在；1950 年，塞索·法兰克·鲍威尔（英国）开发了用以研究核破坏过程的照相乳胶记录法并发现各种介子；1951 年，科克罗夫特（英国）、沃尔顿（爱尔兰）通过人工加速的粒子轰击原子，促使其产生核反应（嬗变）；1952 年，布洛赫（美国）、珀塞尔（美国）从事物质核磁共振现象的研究并创立原子核磁力测量法；1953 年，泽尔尼克（荷兰）发明了相衬显微镜；1954 年，马克斯·玻恩在量子力学和波函数的统计解释及研究方面作出贡献，博特（德国）发明了符合计数法，用以研究原子核反应和γ射线；1955 年，拉姆（美国）发明了微波技术，进而研究氢原子的精细结构，库什（美国）用射频束技术精确地测定出电子磁矩，创新了核理论；1956年，布拉顿（美国）、巴丁（犹太人）、肖克利（美国）从事半导体研究并发现了晶体管效应；1957年，李政道、杨振宁（美国）对宇称定律作了深入研究；1958年，切伦科夫（前苏联）、塔姆（前苏联）、弗兰克（前苏联）发现并解释了切伦科夫效应；1959年，塞格雷（美国）、欧文·张伯伦（美国）发现反质子；1960年，格拉塞（美国）发现气泡室，取代了威尔逊的云雾室；1961年，霍夫斯塔特（美国）利用直线加速器从事高能电子散射研究并发现核子，穆斯保尔（德国）从事γ射线的共振吸收现象研究并发现了穆斯保尔效应；1962年，达维多维奇·兰道（前苏联）开创了凝集态物质特别是液氦理论；1963年，威格纳（美国）发现了基本粒子的对称性以及原子核中支配质子与中子相互作用的原理，迈耶（美国）、延森（德国）从事原子核壳层模型理论的研究；1964年，汤斯（美国）在量子电子学领域的基础研究成果，为微波激射器、激光器的发明奠定了理论基础，巴索夫（前苏联）、普罗霍罗夫（前苏联）发明了微波射器和激光器，并从事量子电子学方面的基础研究；1965年，朝永振一郎（日本）、施温格、费曼（美国）在量子电动力学方面进行对基本粒子物理学具有深刻影响的基础研究；1966年，卡斯特勒（法国）发现和开发了把光的共振和磁的共振合起来，使光束与射频电磁发生双共振的双共振法；1967年，贝蒂（美国）以核反应理论作出贡献，特别是发现了星球中的能源；1968年，阿尔瓦雷斯（美国）通过发展液态氢气泡和数据分析技术，从而发现了许多共振态；1969年，默里·盖尔曼（美国）发现了基本粒子的分类和相互作用；1970年，内尔（法国）从事铁磁和反铁磁方面的研究，阿尔文（瑞典）从事磁流体力学方面的基础研究；1971年，加博尔（英国）发明并发展了全息摄影法；1972年，巴丁（美国）、库柏（美国）、施里弗（美国）从理论上解释了超导现象；1973年，江崎玲于奈（日本）发现半导体隧道效应，贾埃弗（美国）通过实验发现超导体中的隧道效应，约瑟夫森（英国）发现超导电流通过隧道阻挡层的约瑟夫森效应；1974年，马丁·赖尔（英国）、赫威斯（英国）从事射电天文学方面的开拓性研究；1975年，玻尔（丹麦）、莫特尔森（丹麦）、雷恩沃特（美国）从事原子核内部结构方面的研究；1976年，里克特（美国）、丁肇中（美国）发现很重的中性介子——J/φ粒子；1977年，安德森（美国）、范弗莱克（美国）、莫特（英国）从事磁性和无序系统电子结构的基础研究；1978年，卡尔察（前苏联）从事低温学方面的研究，彭齐亚斯、威尔逊（美国）发现宇宙微波背景辐射；1979年，谢尔顿·李·格拉肖（美国）、史蒂文·温伯格（美国）、阿布杜斯·萨拉姆（巴基斯坦）预言存在弱中性流，并对基本粒子之间的弱作用和电磁作用的统一理论作出贡献；1980年，克罗宁（美国）、菲奇（美国）发现中性K介子衰变中的宇称（CP）不守恒；1981年，西格巴恩（瑞典）开发出高分辨率测量仪器，布洛姆伯根（美国）、肖洛（美国）对发展激光光谱学和高分辨率电子光谱做出贡献；1982年，威尔逊（美国）提出与相变有关的临界现象理论；1983年，萨拉马尼安·昌德拉塞卡、福勒（美国）从事星体进化的物理过程的研究；1984年，卡洛·鲁比亚（意大利）、范德梅尔（荷兰）对导致发现弱相互作用的传递者场粒子W±和ZC的大型工程作出了决定性贡献；1985年，冯·克里津（德国）发现量了霍耳效应并开发了测定物理常数的技术；1986年，鲁斯卡（德国）在电光学领域做了大量基础研究，开发了第一架电子显微镜，比尼格（德国）、罗雷尔（瑞士）设计并研制了新型电子显微镜——扫描隧道显微镜；1987年，贝德诺尔斯（德国）、米勒（瑞士）发现氧化物高温超导体；1988年，莱德曼、施瓦茨、斯坦伯格（美国）发现了μ子型中微子，从而揭示了轻子的内部结构；1989 年，保罗（德国）、德默尔特（美国）、拉姆齐（美国）创造了世界上最准确的时间计测方法——原子钟，为物理学测量作出杰出贡献；1990 年，弗里德曼（美国）、肯德尔（美国）、理查德·爱德华·泰勒（加拿大）通过实验首次证明了夸克的存在；1991 年，皮埃尔·吉勒德·热纳（法国）从事对液晶、聚合物的理论研究；1992 年，夏帕克（法国）开发了多丝正比计数管；1993 年，赫尔斯（美国）、泰勒（美国）发现了一对脉冲双星，为有关引力的研究提供了新的机会；1994 年，布罗克豪斯（加拿大）、沙尔（美国）在凝聚态物质的研究中发展了中子散射技术；1995 年，佩尔（美国）、莱因斯（美国）发现了自然界中的亚原子粒子——Y轻子、中微子；1996 年，D·M·李（美国）、奥谢罗夫（美国）、理查森（美国）发现在低温状态下可以无摩擦流动的氦-3；1997 年，朱棣文（美国）、菲利普斯（美国人）、科昂·塔努吉（法国）发明了用激光冷却和俘获原子的方法；1998 年，劳克林（美国）、霍期特·路德维希·斯特默（美国）、崔琦（美国）发现了分数量子霍尔效应；1999 年，霍夫特（荷兰）、韦尔特曼（荷兰）阐明了物理中电镀弱交互作用的定量结构；2000 年，阿尔费罗夫（俄罗斯）、杰克·基尔比（美国）、克罗默（德国）因其研究具有开拓性，奠定资讯技术的基础，分享当年诺贝尔物理奖；2001 年，克特勒（德国）、康奈尔（美国）和维曼（美国）在"碱性原子稀薄气体的玻色—爱因斯坦凝聚态"以及"凝聚态物质性质早期基础性研究"方面取得成就；2002 年，雷蒙德·戴维斯（美国）、小柴昌俊（日本）、里卡尔多·贾科尼（美国）在天体物理学领域做出的先驱性贡献，打开了人类观测宇宙的两个新"窗口"；2003 年，阿列克谢·阿布里科索夫（美国）、维塔利·金茨堡（俄罗斯）、安东尼·莱格特（美国）在超导体和超流体理论上作出的开创性贡献；2004 年，戴维·格罗斯（美国）、戴维·波利泽（美国）、弗兰克·维尔泽克(美国)对夸克的研究使科学更接近于实现它为"所有的事情构建理论"的梦想。2005 年，美国科罗拉多大学的约翰·霍尔（美国）、哈佛大学的罗伊格劳贝尔（美国），以及德国路德维希·马克西米利安大学（简称慕尼黑大学）的特奥多尔·亨施（德国）研究成果可改进 GPS 技术；2006 年，约翰·马瑟（美国）、乔治·斯穆特（美国）发现了黑体形态和宇宙微波背景辐射的扰动现象；2007 年，阿尔贝·费尔（法国）、彼得·格林贝格尔（德国）先后独立发现了"巨磁电阻"效应。这项技术被认为是"前途广阔的纳米技术领域的首批实际应用之一"。

第二课　物体的运动

　　自然界是由物质组成的，一切物质都在不停地运动着。物质运动的形式是多种多样的，其中最简单、最基本的运动是物体位置的变化，这种运动叫作机械运动。行星绕太阳的转动、宇宙飞船的航行、机器的运转、水和空气等流体的流动等都是机械运动。力学就是一门研究机械运动规律及其应用的学科。

　　研究一个物体怎样运动，总是要用其他物体作参考。例如，研究汽车怎样运动，常用地面上的电线杆（或房屋）作参考；研究轮船怎样航行，常用河岸作参考；研究物体运动时被选作参考的物体叫作参考物或参照物。上面所说的电线杆、房屋和河岸都是参照物。

　　在研究物体的运动时，若选择的参照物不同，对同一个运动会得到不同的结果。例如，坐在行驶着的公共汽车里的乘客，若用车厢作参照物，乘客是静止的，因为乘客对于车厢的位置没有变化；若用地面作参照物，乘客是运动的，因为乘客对于地面的位置变化。由此可见，我们平常所说的运动和静止都是相对的。相对静止不过是运动的一种特殊性。

　　物体作机械运动的最基本的形式只有两种：平动和转动。黑板擦在黑板上的运动就是平动。物体上任意两点 A、B 连成的直线 AB，在运动过程中保持平行，这种运动叫平动。物体在平动时，物体上的各点运动情况都一样。开门时，门的运动就是转动。物体转动时，物体上的各个点都绕着轴作圆周运动。很显然，在转动时，物体上各点的运动情况一般是不同的。

　　物体在一条直线上运动，如果在任何相等的时间里通过的的路程都相等，这种运动就叫作匀速直线运动。

　　拖拉机耕田、汽车行驶、飞机飞行，假定他们都做匀速直线运动，它们的运动情况还是有区别的。汽车比拖拉机运动得快，飞机比汽车运动更快。我们用速度表示物体运动的快慢。

　　匀速运动的速度，就是做匀速运动的物体在单位时间内通过的路程。一个做匀速运动的物体，如果它在 5 秒内通过的路程是 25 米，它的速度就是：

　　25 米/5 秒=5 米/秒，所以，速度=路程/时间。

　　如果用 V 表示速度，S 表示路程，t 表示时间，上式可以改写成：$v=s/t$。

　　物体运动的速度常常是变化的。例如，火车出站时速度逐渐增大，进站时速度逐渐减少。汽车在出发和停止时、轮船在起航和靠岸时、飞机在起飞和降落时，速度也是变化的。物体在一条直线上运动，如果速度是变化的，这种运动就叫变速直线运动。

　　变速直线运动的快慢，通常用平均速度来表示。

词语

1. 行星（名）xíng xīng

物理部分

2. 流体（名）líu tǐ　　　　　　　　　　ئاقار جسم

3. 力学（名）lì xué　　　　　　　　　　كۈچ ئىلمى

4. 电线杆（名）diàn xiàn gān　　　　　ئىستولبا

5. 参照物（名）cān zhào wù　　　　　　تەقلىدى جىسىم

6. 静止（形）jìng zhǐ　　　　　　　　　جىمجىت، ھەرىكەتسىز

7. 相对（介）xiāng duì　　　　　　　　نىسپى

8. 平动（动）píng dòng　　　　　　　　تەكشى ھەرىكەت

9. 转动（动）zhuàn dòng　　　　　　　ئايلانماق، ھەرىكەتلەنمەك

10. 平行（名）píng xíng　　　　　　　　پاراللىل، تەڭ دەرىجىدە

11. 匀速（名）yún sù　　　　　　　　　تەكشى سۈرئەتلىك تىزلىك

12. 耕田（动）gēng tián　　　　　　　　يەر تىرىش، تىرىلغۇ يەر

13. 假定（连）jiǎ dìng　　　　　　　　قىياس قىلماق، پەرەز قىلماق

14. 路程（名）lù chéng　　　　　　　　مۇساپە، ئارىلىق يول

15. 变速（名）biàn sù　　　　　　　　ئۆزگۈرۈپ تۇرۇشچان سۈرئەت

16. 平均（副）píng jūn　　　　　　　　ئوتتۇرا ھساب بىلەن

练习与作业

一、读译词组

位置的变化　　机械运动　　运动规律　　　　参照物

运动和静止　　圆周运动　　匀速直线运动　　平均速度

二、用汉语解释下列词语

行星　　液体　　参考　　静止　　显然　　假定

三、名词解释

机械运动　　参照物　　变速　　匀速　　平动　　转动　　平均速度

四、完成下列句子

1. 物质运动的形式是＿＿＿＿＿＿＿＿的，其中＿＿＿＿＿＿是＿＿＿＿＿＿，这种运动叫作＿＿＿＿＿＿＿＿＿＿＿＿。

2. 力学是一门研究＿＿＿＿＿＿＿＿＿＿＿＿＿＿＿＿＿的学科。

3. 研究物体运动时被＿＿＿＿＿＿＿＿＿＿＿＿＿的物体叫作参照物。

4. 在研究物体的运动时，若选择的参照物不同，对同一运动＿＿＿＿＿＿＿＿＿＿＿＿＿＿。

5. 我们平常所说的运动和静止是＿＿＿＿＿＿＿＿＿＿＿＿＿的。

6. 物体作机械运动的最基本的形式是＿＿＿＿＿和＿＿＿＿＿＿＿。

7. 物体在平动时，＿＿＿＿＿＿＿＿＿＿＿＿都一样。

8. 物体在转动时，物体上的各点运动情况＿＿＿＿＿＿＿＿＿＿＿。

9. 我们用＿＿＿＿＿＿＿＿＿＿＿＿＿表示物体运动的快慢。

10. 变速直线运动的快慢，通常用＿＿＿＿＿＿＿＿＿＿＿来表示。

五、回答下列问题

1. 人们是怎样知道汽车是运动着的？举例说明。

2. 什么叫平动？什么叫转动？它们有什么区别？举例说明。

3. 什么叫匀速直线运动？

4. 什么叫变速直线运动？

六、阅读课文

物理学的发展历程

在 17 世纪末期，由于人们乐意对原先持有的真理提出疑问并寻求新的答案，最后导致了重大的科学进展，这个时期现在被称为科学革命。科学革命的前兆可回溯到在印度及波斯所做出的重要发展，包括：印度数学及天文学家 Aryabhata 以日心的太阳系引力为基础所发展而成的行星轨道之椭圆的模型、哲学家 Hindu 及 Jaina 发展的原子理论基本概念、由印度佛教学者 Dignāga 及 Dharmakirti 所发展之光即为能量粒子之理论、由科学家 Ibn al-Haitham（Alhazen）所发展的光学理论、由伊朗的天文学家 Muhammad al-Fazari 所发明的星象盘，以及伊朗科学家 Nasir al-Din Tusi 所指出托勒密体系之重大缺陷。

发展阶段

物理学是随着人类社会实践的发展而产生、形成和发展起来的，它经历了漫长的发展过程。纵观物理学的发展史，根据它不同阶段的特点，大致可以分为物理学萌芽时期、经典物理学时期和现代物理学时期三个发展阶段。

一、物理学萌芽时期

在古代，由于生产水平的低下，人们对自然界的认识主要依靠不充分的观察，和在此基础上进行的直觉的、思辨性猜测来把握自然现象的一般性质，因而自然科学的知识基本上是属于现象的描述、经验的总结和思辨的猜测。那时，物理学知识是包括在统一的自然哲学之中的。

在这个时期，首先得到较大发展的是与生产实践密切相关的力学，如静力学中的简单机械、杠杆原理、浮力定律等。在《墨经》中，有力的概念（即"力，形之所以奋也"）的记述；光学方面，积累了关于光的直进、折射、反射、小孔成像、凹凸面镜等的知识。《墨经》上关于光学知识的记载就有八条。在古希腊的欧几里德（公元前 450-380）等的著作中也有光的直线传播和反射定律的论述，并且对光的折射现象也作了一定的研究。电磁学方面，发现了摩擦起电、磁石吸铁等现象，并在此基础上发明了指南针。声学方面，由于音乐的发展和乐器的创造，积累了不少乐律、共鸣方面的知识。物质结构和相互作用方面，提出了原子论、元气论、阴阳五行说、以太等假设。在这个时期，观察和思辨虽然是人们认识自然的主要手段和方法，但也出现了一些类似于用实验来研究物理现象的方法。例如，我国宋代沈括在《梦溪笔谈》中的声共振实验和利用天然磁石进行人工磁化的实验，以及赵友钦在《革象新书》中的大型光学实验等就是典型的事例。总之，从远古直到中世纪欧洲，通常把 5 世纪~15 世纪叫作中世纪末，由于生产的发展，虽然积累了不少物理知识，也为实验科学的产生准备了一些条件并做了一些实验，但是这些都还称不上系统的自然科学研究。在这个时期，物理学尚处在萌芽阶段。

二、经典物理学时期

15 世纪末期，资本主义生产关系的产生，促进了生产和技术的大发展；席卷西欧的文艺复兴运动，解放了人们的思想，激发起人们的探索精神。近代自然科学就在这种物质的和思想的历史条件下诞生了。系统的观察实验和严密的数学演绎相结合的研究方法被引进物理学中，导致了 17 世纪主要在天文学和力学领域中的"科学革命"。牛顿力学体系的建立，标志着经典物理学的诞生。整个 18 世纪，物理学处在消化、积累、准备的渐进阶段。新的科学思想、方法和理论，得到了传播、完善和扩展。牛顿力学完成了解析化工作，建立了分析力学；光学、热学和静电学也完成了奠基性工作，成为物理学的几门基础学科。人们以力学的模型去认识各种物理现象，使机械论的自然观成为 18 世纪物理学的统治思想。到了 19 世纪，物理学获得了迅速和重要的发展，各个自然领域之间的联系和转化被普遍发现，新数学方法被广泛引进物理学，相继建立了波动光学、热力学和分子运动论、经典电磁场理论等完整的、解析式的理论体系，使经典物理学臻于完善。由物理学的巨大成就所深刻揭示的自然界的统一性，为辨证唯物主义的自然观提供了重要的科学依据。

三、现代物理学时期

19 世纪末期，物理学上一系列重大发现使经典物理学理论体系本身遇到了不可克服的危机，从而引起了现代物理学的革命。由于生产技术的发展，精密、大型仪器的研制以及物理学思想的变革，这一时期的物理学理论呈现出高速发展的状况。研究对象由低速到高速，由宏观到微观，深入到浩大无垠的宇宙深处和物质结构的内部，对宏观世界的结构、运动规律和微观物质的运动规律的认识，产生了重大的变革。相对论和量子力学的建立，克服了经典物理学的危机，完成了从经典物理学到现代物理学的转变，使物理学的理论基础发生了质的飞跃，改变了人们的物理世界图景。1927 年以后，量子场论、原子核物理学、粒子物理学、天体物理学和现代宇宙学，得到了迅速的发展。物理学向其他学科领域的推进，产生了一系列物理学的新部门和边缘学科，并为现代科学技术提供了新思路和新方法。现代物理学的发展，引起了人们对物质、运动、空间、时间、因果律乃至生命现象的认识的重大变化，对物理学理论的性质的认识也发生了重大变化。现在越来越多的事实表明，物理学在揭开微观和宏观深处的奥秘方面，正酝酿着新的重大突破。现代物理学的理论成果应用于实践，出现了像原子能、半导体、计算机、激光、宇航等许多新技术科学。这些新兴技术正有力地推动着新的科学技术革命，促进生产的发展。而随着生产和新技术的发展，又反过来有力地促进物理学的发展。这就是物理学的发展与生产发展的辨证关系。

第三课 力的概念

人们对力的认识首先是从劳动中获得的。例如，推车、挑水、锄地等都要用力，而当人们用力时就会感到肌肉紧张，所以人们对力的最初认识是和肌肉紧张的感觉联系在一起的。随着机器的使用，人们对力的认识就不再局限于肌肉的感觉了，而是有了进一步的认识。用人力提起重物，是人体对重物发生力的作用；用起重机提起重物，是起重机对重物发生力的作用。这中间具有共同性，都是一个物体对另一个物体的作用。

人们根据长期的大量的生产实践，逐步形成了力的概念。力就是一个物体对另一个物体的作用。离开了物体，就谈不上力的作用。

力有大小的不同。为了比较力的大小，人们规定了力的单位。在国际单位制中，力的单位是牛顿（N）。目前，常用的千克力和牛顿的关系是：1 千克（kg）=9.8 牛顿（N）。

力不但有大小，而且有方向。例如，起重机对重物拉力向上，马对车的拉力向前，水对航船的阻力向后。

力的作用效果不仅与力的大小、方向有关，而且还与力的作用点有关。例如，用同样大小的力推门时，若力的作用点离门的转轴越远，就越容易推开门；若力的作用点离门的转轴越近，就越不容易开门。

力的大小、方向、作用点叫作力的三要素。

根据物体间相互作用方式的不同，力可以分为重力、弹力、摩擦力、电磁力、核力等。这里，我们只介绍前三种力。

一、重力

地球上的一切物体，如果没有东西撑在它，它就会向着地面落下来，这说明地球上的物体都受到地球的吸引作用。由于地球的吸引作用使物体受到向下降落的力，叫作重力。重力的作用点叫作物体的重心。我们平常所说的物体的重量就是重力的大小，用 G 表示。重力就是产生重力加速度的原因。

二、弹力

当拉长或压缩弹簧时，弹簧的形状就相应地发生了变化。物体形状和体积的改变简称形变。实验表明，一切物体在外力的作用下都发生形变，不过，有些物体的形变比较明显，有些是十分微小的，用肉眼很难发现。物体发生形变时，物体内部产生了阻碍形状改变的反抗力，这种力叫作弹力。弹力的方向总是跟外力的方向相反。例如，用手拉弹簧时使弹簧伸长，而弹簧作用在手上的弹力跟拉力的方向相反；在压弹簧时，则弹力和压力的方向相反。

三、摩擦力

当一个物体在另一个物体的表面上运动时，接触面总要产生阻碍物体的力，如果不继续用力，最后要停下来，这就是有摩擦力的缘故。例如，人们在冰上滑动时，如果不继续用力，就会逐渐变慢，最后完全停止运动。摩擦力主要有滑动摩擦和滚动摩擦两种。

在生产技术中，有时需要减少摩擦，有时需要增大摩擦。减少摩擦常在接触面间充以润滑剂等。增大摩擦采取改变接触面的情况或摩擦方式。例如，汽车在紧急刹车时，将滚动摩擦变成滑动摩擦。滑动摩擦力远远大于滚动摩擦力，使汽车滑行较短的距离就停止下来。冬天马路上的冰雪要及时清除，公共汽车站附近的冰雪要撒一层炉渣等，就是这个道理。

词语

1.	锄地（动）chú dì	يەر چانسماق ، يەر يۇمشاتماق
2.	肌肉（名）jī ròu	مۇسكۇل ، بولجۇڭ گۆش
3.	局限（动）jú xiàn	چەكلىمەك ، چەكلەنمەك
4.	起重机（名）qǐ zhòng jī	كىران
5.	单位制（名）dān wèi zhì	بىرلىك ، سىلىشتۇرما
6.	牛顿（名）niú dùn	نيۇتون
7.	拉力（名）lā lì	تارتىش كۈچى
8.	阻力（名）zǔ lì	قارشىلىق كۈچى ، توسالغۇ
9.	作用点（名）zuò yòng diǎn	تەسىر قىلغۇچى نوقتا
10.	要素（名）yào sù	ئامىل
11.	弹力（名）tán lì	ئېلاستىك كۈچ
12.	摩擦力（名）mó cā lì	سۈركۈلۈش كۈچى
13.	电磁力（名）diàn cí lì	ئېلېكتىر ماگنىت كۈچى
14.	核力（名）hé lì	يادرو كۈچى
15.	支撑（动）zhī chēng	كۆتۈرۈپ تۇرماق
16.	压缩（动）yā suō	قىسماق ، قىسقارتماق ، بېسىلماق
17.	弹簧（名）tán huáng	پورژىنا ، رىسسور
18.	相应（副）xiāng yìng	مۇناسىپ ، ئۇيغۇن ، ماس
19.	形变（动）xíng biàn	دېفورماتسىيە ، شەكىل ئۆزگۈرۈشى
20.	肉眼（名）ròu yǎn	كۆز ، ئاددى كۆز
21.	阻碍（动）zǔ ài	توسقۇنلۇق قىلماق
22.	伸长（动）shēng cháng	سوزۇلماق ، ئۇزارماق
23.	接触（动）jiē chù	تەگمەك ، ئۇچراشماق
24.	缘故（名）yuán gù	سەۋەپ
25.	滑动（动）huá dòng	تېيىلىش ، سىيرىلىش
26.	润滑剂（名）rùn huá jì	مايلىغۇچى ، سىلىقلىغۇچى
27.	刹车（动）shā chē	تورمۇزلىماق ، تۇختاتماق
28.	清除（动）qīng chú	چىقىرىۋەتمەك ، تازىلىۋەتمەك ، يوقاتماق
29.	炉渣（名）lú zhā	داشقال

练习与作业

一、读译词组

肌肉紧张　　力的作用　　拉力　　阻力　　吸引作用　　形变　　压缩弹簧
方向相反　　接触面　　摩擦力　　感动摩擦　　撒炉渣

二、用汉语解释下列词组

获得　　联系　　局限　　支撑　　相应　　肉眼　　阻碍　　充以　　清除

三、名词解释

重力　　重心　　弹力　　接触面　　摩擦力　　滑动　　滚动

四、完成下列句子

1. 人们对力的认识是_____获得的。

2. 随着_____的使用，人们对于_____的认识就不再局限于_____的
感觉了。

3. 人提起重物是人对_____的作用。

4. 力是_____。

5. 在国际单位制中，力的单位是_____。

6. 力的三要素是_____、_____、_____。

7. 力可以分成_____。

8. 我们平常所说的物体的重量就是_____。

9. 当我们拉长或压缩弹簧时，弹簧的形状会_____。

10. 弹力的方向总是跟_____的方向相反。

11. 摩擦力主要有_____和_____。

五、回答问题

1. 力的三要素是什么？

2. 力可以分成几种？

3. 什么是弹力？什么是摩擦力？举例说明。

4. 在冬天，为什么要在公共汽车站附近的冰雪上撒一层炉渣？

六、阅读课文

经 典 力 学

经典力学是研究宏观物体做低速机械运动的现象和规律的学科。宏观是相对于原子等
微观粒子而言的；低速是相对于光速而言的。物体的空间位置随时间变化称为机械运动。
人们日常生活直接接触到的并首先加以研究的都是宏观低速的机械运动。

自远古以来，由于农业生产需要确定季节，人们就进行天文观察。16 世纪后期，人们
对行星绕太阳的运动进行了详细、精密的观察。17 世纪，开普勒从这些观察结果中总结出
了行星绕日运动的三条经验规律。差不多在同一时期，伽利略进行了落体和抛物体的实验
研究，从而提出关于机械运动现象的初步理论。

牛顿深入研究了这些经验规律和初步的现象性理论，发现了宏观低速机械运动的基本
规律，为经典力学奠定了基础。亚当斯根据对天王星的详细天文观察，并根据牛顿的理论，

预言了海王星的存在，以后果然在天文观察中发现了海王星。于是，牛顿所提出的力学定律和万有引力定律被普遍接受了。

经典力学中的基本物理量是质点的空间坐标和动量：一个力学系统在某一时刻的状态，由它的某一个质点在这一时刻的空间坐标和动量表示。对于一个不受外界影响，也不影响外界，不包含其他运动形式（如热运动、电磁运动等）的力学系统来说，它的总机械能就是每一个质点的空间坐标和动量的函数，其状态随时间的变化由总能量决定。

在经典力学中，力学系统的总能量和总动量有特别重要的意义。物理学的发展表明，任何一个孤立的物理系统，无论怎样变化，其总能量和总动量数值是不变的。这种守恒性质的适用范围已经远远超出了经典力学的范围，现在还没有发现它们的局限性。

早在 19 世纪，经典力学就已经成为物理学中十分成熟的分支学科，它包含了丰富的内容，如质点力学、刚体力学、分析力学、弹性力学、塑性力学、流体力学等。经典力学的应用范围，涉及能源、航空、航天、机械、建筑、水利、矿山建设直到安全防护等各个领域。当然，工程技术问题常常是综合性的问题，还需要许多学科进行综合研究，才能完全解决。

机械运动中，很普遍的一种运动形式就是振动和波动。声学就是研究这种运动的产生、传播、转化和吸收的分支学科。人们通过声波传递信息，有许多物体不易为光波和电磁波透过，却能为声波透过；频率非常低的声波能在大气和海洋中传播到遥远的地方，因此能迅速传递地球上任何地方发生的地震、火山爆发或核爆炸的信息；频率很高的声波和声表面波已经用于固体的研究、微波技术、医疗诊断等领域；非常强的声波已经用于工业加工等。

热学、热力学和经典统计力学

热学是研究热的产生和传导，研究物质处于热状态下的性质及其变化的学科。人们很早就有冷和热的概念。对于热现象的研究逐步澄清了关于热的一些模糊概念（例如区分了温度和热量），并在此基础上开始探索热现象的本质和普遍规律。关于热现象的普遍规律的研究称为热力学。到 19 世纪，热力学已趋于成熟。

物体有内部运动，因此就有内部能量。19 世纪的系统实验研究证明：热是物体内部无序运动的表现，称为内能，以前称作热能。19 世纪中期，焦耳等人用实验确定了热量和功之间的定量关系，从而建立了热力学第一定律：宏观机械运动的能量与内能可以互相转化。就一个孤立的物理系统来说，不论能量形式怎样相互转化，总的能量的数值是不变的，因此，热力学第一定律就是能量守恒与转换定律的一种表现。

在卡诺研究结果的基础上，克劳修斯等科学家提出了热力学第二定律，表达了宏观非平衡过程的不可逆性。例如，一个孤立的物体，其内部各处的温度不尽相同，那么热就从温度较高的地方流向温度较低的地方，最后达到各处温度都相同的状态，也就是热平衡的状态。相反的过程是不可能的，即这个孤立的、内部各处温度都相等的物体，不可能自动回到各处温度不相同的状态。应用熵的概念，还可以把热力学第二定律表达为：一个孤立的物理系统的熵不会着时间的流逝而减少，只能增加或保持不变。当熵达到最大值时，物理系统就处于热平衡状态。

深入研究热现象的本质，就产生了统计力学。统计力学应用数学中统计分析的方法，研究大量粒子的平均行为。统计力学根据物质的微观组成和相互作用，研究由大量粒子组成的宏观物体的性质和行为的统计规律，是理论物理的一个重要分支。

非平衡统计力学所研究的问题复杂，直到20世纪中期以后才取得了比较大的进展。对于一个包含有大量粒子的宏观物理系统来说，系统处于无序状态的几率超过了处于有序状态的几率。孤立物理系统总是从比较有序的状态趋向比较无序的状态，在热力学中，这就相应于熵的增加。

处于平衡状态附近的非平衡系统的主要趋向是向平衡状态过渡。平衡态附近的主要非平衡过程是弛豫、输运和涨落，这方面的理论逐步发展，已趋于成熟。近20～30年来人们对于远离平衡态的物理系统，如耗散结构等进行了广泛的研究，取得了很大的进展，但还有很多问题等待解决。

在一定时期内，人们对客观世界的认识总是有局限性的，认识到的只是相对的真理，经典力学和以经典力学为基础的经典统计力学也是这样。经典力学应用于原子、分子以及宏观物体的微观结构时，其局限性就显示出来，因而发展了量子力学。与之相应，经典统计力学也发展成为以量子力学为基础的量子统计力学。

第四课　物理学里所说的"功"

"功"这个词，在今后学习物理，以及进一步学习工程技术的时候，都要经常用到。物理学里所说的"功"，有特殊的含义。下面举几个物理学里所说的做功的例子，来看看"功"的含义。

起重机提起重物的时候，对重物有一个向上的拉力，重物在力的作用下升高了一段距离。物理学里就说，起重机对重物做了功；用手拉弹簧秤的时候，手对弹簧秤有一个作用力，秤钩在力的作用下移动了一段距离，物理学就说手对弹簧秤做了功。力对物体作用，使物体移动了一段距离，这就是做功。

可见，物理学里所说的做功包括两个必要的因素：作用在物体上的力和物体在力的方向上通过的距离。如果力没有使受它作用的物体运动，这个力就没有对物体做功。我们向高处递送砖瓦，如果只是托在手里不向上举，即使托的时间再长，两臂累的发酸，也没有对砖做功。我们推陷入泥地的汽车，如果没有把汽车推动，虽然累的筋疲力尽，但还是没有对汽车做功。可见，物理学里所说的"做功"，同日常生活里说的"做工"或"工作"含义是不同的。在日常生活里，把一切消耗体力或脑力的劳动都说成是做工，含义很广，而物理学里所说的"做功"，含义要窄得多。

功的大小是由力的大小和物体在力的方向上通过的距离决定的。力越大，通过的距离越长，功也就越大。用定滑轮把 1 千克和 3 千克的两个砝码分别提高到相同的高度，提 3 千克砝码所做的功，是提 1 千克砝码所做的功的 3 倍。把 1 千克的砝码提到 1 米和 4 米，提高 4 米所做的功，是提高 1 米所做功的 4 倍。可见，功的大小跟作用在物体上的力成正比，还跟物体通过的距离成正比。

物理学中规定：功等于力和物体在力的方向上通过的距离的乘积。

功＝力×距离

如果用 F 表示力，S 表示物体在力的方向上通过的距离，W 表示功，上式可以写成：
W=F · S。

如果力用千克做单位，距离用米做单位，那么，功的单位就是千克·米。

在国际单位制中，力用牛顿做单位，距离用米做单位，功的单位就是牛顿·米，在物理学里给它一个专门的名称叫作焦耳，1 焦耳=1 牛顿·米。

词语

1. 功（名）gōng
2. 弹簧秤（名）tán huáng chèng
3. 秤钩（名）chèng gōu
4. 移动（动）yí dòng

قۇۋۋەت، ئىش
پورژۇنلۇق تارازا
تارازا ئىلغۇچى
يۆتكەش، قوزغاش

5. 必要（副）bì yào　　　　　　　　　　　زۆرۆر،لازىم
6. 递送（动）dì sòng　　　　　　　يەتكۈزۈپ بېرىش
7. 砖瓦（名）zhuān wǎ　　　　　　　خىش-كاھىش
8. 托（动）tuō　　　تىرىمەك،كۈتۈرمەك،ھاۋاله قىلماق
9. 发酸（动）fā suān　　　　ئېچىپ قىلىش ، سىر قېرىماق
10. 陷入（动）xiàn rù　　　چۈشمەك،پاتماق،چۆممەك
11. 泥地（名）ní dì　　　　　　پاتقاق يەر ،لاي يەر
12. 筋疲力尽（组）jīn pí lì jìn　　　ھالىدىن كەتمەك
13. 体力（名）tǐ lì　　　　　　　　جىسمانىي كۈچ
14. 脑力（名）niǎo lì　　　　　　　ئەقلىى كۈچ
15. 定滑轮（名）dìng huá lún　　　قوزغالماس غالتەك
16. 砝码（名）fǎ mǎ　　　　　　　تارازا تېشى
17. 焦耳（名）jiāo ěr　　　ئۆلچەم بىرلىكى (جوئۇل)

练习与作业

一、读译词组

弹簧秤　　递送砖瓦　　累的发酸　　陷入泥地　　体力劳动　　脑力劳动
定滑轮　　动滑轮　　相同的高度　　成正比　　成反比

二、用汉语解释下列词语

递送　　发酸　　陷入　　筋疲力尽　　消耗　　体力劳动　　脑力劳动

三、名词解释

做功　　定滑轮

四、完成下列句子

1. 物体在力的作用下，可以_____。
2. 工作的含义包括_____。
3. 功的大小跟作用在物体上的力成_____还跟物体通过的距离成_____。
4. 功等于_____。
5. 功的公式是_____单位是_____。
6. 物理学里给功一个专门的名称，叫_____。

五、回答下列问题

1. 物理学中所说的"做功"和我们日常生活中所说的"做功"有什么区别？
2. 物理学里所说的做功包括哪两个必要的因素？
3. 功的大小是由什么来决定？

六、阅读课文

物理学科普知识介绍——静电

在干燥的冬天。大家估计都被静电电到过。今天就介绍下静电的产生原理。首先，为什么叫静电呢。这是为了区分日常生活中的其他电流，如220V的交流电。一般来说，触静电不会有什么生命危险，不过要是触了交流电就麻烦了。这倒不是交流电的电压比较高的原因。主要是交流电电流持续不断，而静电虽然一般都要有好几万伏，但是能量小，触一下就没了。

那么静电源自于哪里呢？静电源自于摩擦，摩擦使物体之间的电荷发生了移动。任何物体都带正电荷（质子）和负电荷（电子）。一般来说，电子容易在物体内部移动，该物体就是导体；要是电子不容易移动，该物体就是绝缘体。摩擦了之后，电子从一个物体移动到另一个物体。得到电子的物体就带了负电，失去电子的物体就带了正电。

那么，为什么在干燥的冬天最容易触电呢？摩擦起电要看物体得失电子的本领，其本领越大，越容易带电。冬天的时候，衣服一般穿的比较厚，而且毛衣等衣物也比较容易起电。同时，干燥的天气导致了电荷不容易被导走。于是电荷由于人的运动而越聚越多。

那么为什么当你遇到金属的时候才会有明显的触电感觉呢？其实这时会有另外一种起电方式——感应起电，就是说，正电荷和负电荷之间会相互吸引。如前所述，在导体中自由的电子比较多，于是，当你接触金属的时候，若你带正电，就吸引金属中的电子；若你带负电，则排斥电子，使金属带正电。

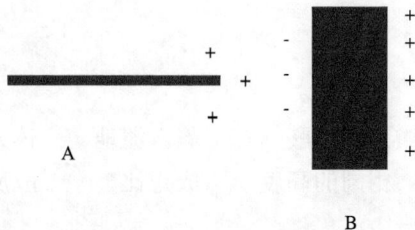

如图所示，当 A 靠近 B 的时候，B 的一端感应出负电；当 A 继续靠近 B 的时候，AB 之间存在的几万伏的高压就将空气击穿。这就是尖端放电现象。虽然如此，但这个几万伏的电压其实其能量不是很大，所以你才会安然无事。

不过估计没人想感受这样的静电电击。又该如何避免呢？一个来自汽车的启示是，汽车的后面一般要拖一根铁链，这样可以时刻把电荷放掉。可是人总不能拖个接地线吧。没关系，还有一招就是保持手的湿度。潮湿的空气可以导通电荷。保持手的潮湿，可以避免"触电"。同时尽量有这样的意识：要经常摸摸墙壁，就是说把电荷导到地上去。最后，要是能不穿或少穿毛衣等容易起静电的衣物，也可以减少触电的机会。

第五课　能和能量的守恒

能是和功有着密切联系的物理量。

如果一个物体具有做功的本领，我们就说它具有能量，或简称能。所以，"能"是一个表明物体做功本领的物理量。例如，举高的夯锤具有能，一旦让它落下就能夯实泥土做功；流动的河水具有能，它能推动水磨做功。

夯锤举得越高，河水流速越大，它们做工功的本领也越大，具有的能也越大。所以，物体具有的能是用它做功的多少来度量的。因此，能的单位和功的单位也是一样的，在国际单位制中是焦耳（J）。

例如，流动着的水（河水和瀑布）能够冲击水磨的轮子使它转动而做功，所以流动的水具有能；飞行着的炮弹能够克服阻力前进而做功，所以飞行着的炮弹也具有能。

这些由于物体本身的运动具有的能叫作动能。

运动物体的动能等于它的质量和速度平方的乘积的一半：

动能=1/2×质量×速度平方，即 $E_k = \dfrac{1}{2}mv^2$。

高处的物体，当它落回地面时，重力要做功，这样由物体和地球之间的相对位置来决定的能叫作重力势能。势能的大小等于物体的重量、重力加速度和离开地面高度的乘积：

势能=重量×重力加速度×高度，即 $E_P = mgh$。

能有各种形式。物质的各种运动形式都具有相应的有一种形式的能。如机械能、热能、电能、磁能、光能、原子核能和化学能等。与机械运动有关的能叫作机械能，包括动能和势能。机械能是能的最基本形式，是理解掌握其他形式能的基础。

事实上，各种形式的能都可以相互转换。例如，植物的叶子吸收太阳能并把它转换成化学能；水电站把流水的机械能通过发电机转换成电能。热电站把煤的化学能转换成电能；核电站把原子能转化成电能。电能又通过各种电器（电动机、电灯、电炉、电解槽等）转换成机械能、热能、光能、化学能等。大量实验事实都证明，如果把参加转换的所有物体的一切形式的能量都加在一起，那么，在整个过程中，各个物体的各种形式的能量的总和是不变的。俄罗斯学者罗蒙诺索夫在 1744 年首先提出一条定律：能量既不能创生，也不能消灭，它只能从一种形式转变成另一种形式，或者从一个物体转移到另一个物体，而能量的总和始终保持不变。这就是能量转换与守恒定律，简称能量守恒定律。

人类在工厂、矿山、农牧场、海洋，从事着各种生产活动。从某种意义上讲，是进行着各种能源的开发、利用和能的形式的相互转换，而人类绝不能创造能量和消灭能量。

词语

1. 能量守恒（组）néng liàng shǒu héng　ئېنېرگىيەننىڭ ساقلىنىشى

2. 夯锤（名）hāng chuí　　　　　　خاك، خاك بازغنى

3. 水磨（名）shuǐ mò　　　　　　　سۇ تۈگمىنى

4. 度量（动）dù liáng　　　كۆڭلى كۆكسى، قورساق

5. 瀑布（名）pù bù　　　　　　　　شارقىراتما

6. 动能（名）dòng néng　　　هەرىكەت ئىننرگىيسى

7. 质量（名）zhì liàng　　　　　　　سۈپەت

8. 重力势能（名）zhòng lì shì néng　ئېغىرلىق كۈچىنىڭ پوتېنسىئالى

9. 加速度（名）jiā sù dù　　　　　　تېزلىتىش

10. 水电站（名）shuǐ diàn zhàn　سۇ ئېلېكتېر ئىستانسى

11. 发电机（名）fā diàn jī　　　　　گېنراتور

12. 热电站（名）rè diàn zhàn　تېرمو ئېلېكتېر ئىستانسى

13. 核电站（名）hé diàn zhàn　يادرو ئېلېكتېر ئىستانسى

14. 电炉（名）diàn lú　　　　　　توك ئوچاق

15. 电解槽（名）diàn jiě cáo　ئېلېكترولىزتور، ئېلېكترولىز ۋاننىسى

16. 罗蒙诺索夫（名）luó méng nuò suǒ fū　لومونوسوۋ

17. 创生（动）chuàng shēng　ئىجاد قىلىش، بەرپا قىلىش

练习与作业

一、读译词组

密切关系	具有能量	夯实泥土	推动水磨	克服阻力
飞行着的炮弹	重力势能	相互转换	吸收太阳能	核电站

二、用汉语解释下列词语

夯锤	水磨	本领	度量	瀑布	一旦

三、名词解释

动能　势能　机械能　电解槽　电动机

四、完成下列句子

1. 能是和_____有密切关系的_____。

2. 能是一个表明_____的物理量。

3. 物体具有的能是用_____来度量的。

4. 能的单位是_____。

5. 由于物体本身的运动具有的能叫_____。

6. 动能等于_____。

7. _____叫重力势能。

8. 势能的大小等于_____。

五、回答问题

1. 举例说明？什么是动能？什么是势能？

2. 什么叫机械能？它包括哪些内容？

3. 各种形式的能之间有什么关系？

4. 什么是能量守恒定律？

六、阅读课文

有关能量守恒的论述

自然界中不同的能量形式与不同的运动形式相对应：物体运动具有机械能、分子运动具有内能、电荷的运动具有电能、原子核内部的运动具有原子能等。

不同形式的能量之间可以相互转化：摩擦生热是通过克服摩擦做功将机械能转化为内能；水壶中的水沸腾时水蒸气对壶盖做功将壶盖顶起，表明内能转化为机械能；电流通过电热丝做功可将电能转化为内能；等等。这些实例说明了不同形式的能量之间可以相互转化，并且是通过做功来完成的这一转化过程。

某种形式的能减少，一定有其他形式的能增加，且减少量和增加量一定相等。某个物体的能量减少，一定存在其他物体的能量增加，且减少量和增加量一定相等。

一、表达形式

保守力学系统：在只有保守力做功的情况下，系统能量表现为机械能（动能和位能/势能），能量守恒具体表达为机械能守恒定律。

热力学系统：能量表达为内能、热量和功，能量守恒的表达形式是热力学第一定律。

核力学系统：在核聚变、核裂变过程中，产生大量能量的同时，有大量的粒子射出，所以物体的质量在减少。如果核聚变、核裂变的过程可逆，那么就需要大量的粒子和大量的能量来构成核聚变、核裂变的逆变过程。核聚变与核聚变逆变、核裂变与核裂变逆变之间，它们的能量是守恒的、质量也是守恒的。

总的流进系统的能量必等于总的从系统中流出的能量加上系统内部能量的变化，能量能够转换，从一种形态转变成另一种形态。

系统中储存能量的增加等于进入系统的能量减去离开系统的能量。

二、重要意义

能量守恒定律是自然界最普遍、最重要的基本定律之一。从物理、化学到地质、生物，大到宇宙天体，小到原子核内部，只要有能量转化，就一定服从能量守恒的规律。从日常生活到科学研究、工程技术，这一规律都发挥着重要的作用。人类对各种能量，如煤、石油等燃料以及水能、风能、核能等的利用，都是通过能量转化来实现的。能量守恒定律是人们认识自然和利用自然的有力武器。

1860年后，能量定律很快成为全部自然科学的基石。特别是在物理学中，每一种新的理论首先要检验它是否跟能量守恒原理相符合。但是，时至那时，原理的发现者们还只是着重从量的守恒上去概括定律的名称，而没强调运动的转比。那到底是什么时候原理才被概括成"能量的转比和守恒定律"的呢？从恩格斯在《反杜林论》的一段论述中，可以得到问题的答案。

恩格斯说："如果说，新发现的、伟大的运动基本规律，十年前还仅仅概括为能量守恒定律，仅仅概括为运动不生不灭这种表述，就是说，仅仅从量方面概括它，那么这种狭隘的、消极的表述日益被那种关于能量的转化的积极表述所代替，在这里过程的质的内容第一次获得了自己的权利……"恩格斯这段话发表于1885年，他说十年前消极表述日益被积极表述所代替，由此判断，"能量的转化和守恒定律"这一准确而完善的表述应形成于1875年或稍后一点。

到此为止，似乎有关定律的一切问题都解决了，其实不然。

我们知道，直到 20 世纪初期，热力学中的一个重要基本概念——热量，还是沿用的 18 世纪的定义，而这个定义是以热质说为基础的。也就是说，在热力学大厦的基石中还有一块是不牢固的。因此，1909 年，喀喇氏（C·Caratheeodory）对内能进行了重新定义："任何一个物体或物体系在平衡态有一个态函数 U，叫作它的内能，当这个物体从第一态经过一个绝热过程到第二态后，它的内能的增加等于在过程中外界对它所做的功 W。"

U2-U1=W，

这样定义的内能就与热量毫不相关了，它只与机械能和电磁能有关。在这一基础上可以反过来定义热量：

Q=U2-U1-W。

直到这个时候，热力学第一定律（能量的转化和守恒定律）、第二定律及整个热力学理论才同热质说实行了最彻底的决裂。

综观全文，可知"能量的转化和守恒定律"的三种表述反映了人类认识这一自然规律的历程。这三种表述一种比一种更深刻，一种比一种更接近客观真理。人类正是这样一步一步地认识物质世界的。

第六课　曲线运动

前面我们已经学习了直线运动的规律。但在生活、生产中，曲线运动是大量存在的，如由大炮射出的弹丸的运动，转动工件上各点的运动，人造地球卫星绕地球的运动等都是曲线运动。因此，对曲线运动的讨论也是研究机械运动的一个重要课题。我们将在本课中学习两种基本的曲线运动——抛体运动和圆周运动。

速度是描述物体状态的物理量。速度的方向就是物体运动的方向。因此，在研究曲线运动时，首先要搞清楚运动的方向。

质点做曲线运动时，在某一点的速度方向就是该点沿曲线的切线方向，这一结论在日常生活中是经常可以看到的。例如，用高速转动的砂轮磨削刀具时，火星沿着切线方向飞出；一端系着小球在空中飞转的绳子突然断开，小球就会沿切线方向飞出去。小球为什么会沿切线方向飞出去呢？因为它失去了对绳子的作用力。由于小球具有惯性，因此该点速度作匀速直线运动，沿着曲线的切线方向飞出，所以，曲线上某点的速度方向就是该点的切线方向。

由于曲线上各点的切线方向不同，因此物体做曲线运动时，它的速度方向也在不断地改变。

速度是一个矢量，既有大小，又有方向。所以，无论是速度大小发生了变化，还是方向发生变化，都是速度发生了变化。物体做曲线运动时，由于它的速度在不断地改变，因此曲线是变速运动。

下面我们先来研究一种简单的曲线运动——抛体运动。

枪弹、炮弹和抛出去的物体等在空中的运动都叫作抛体运动。物体做抛体运动的特点是它具有一定的初速度，在运动过程中，始终受到重力和空气阻力的作用。如果抛体的初速度方向是水平的，这种运动就叫作平抛运动。如果抛体的初速度方向与水平成某一角度，就叫作斜抛运动。

为了进一步研究和认识抛体运动的这些特点。我们要用一个原理——运动的迭加原理。那么，什么是运动的迭加原理呢？一个运动可以看成是由几个同时进行的独立运动合成的运动。这个结论就叫作运动的迭加原理。

例如，工厂里的行车吊动货物 M 时，货物沿斜线向上的运动是由两个直线运动合成。一个竖直向上，一个水平向右。

圆周运动也是一种常见的曲线运动。飞轮绕转轴动时，飞轮上的三个点 A、B、C 都在绕轴做圆周运动（除轴上的 O 点外），有的转动半径大些，有的小些，月球也可以近似地看成绕地球做圆周运动。

圆周运动中最简单、最基本的是匀速圆周运动。那么，什么是匀速圆周运动？

一个圆周运动的质点，如果它在任意相等的时间内通过的弧长都相等，我们就说它做匀速圆周运动。例如电动机稳定转动时，皮带轮和飞轮都作匀速运动，这时，它们上面的每一个点都在做匀速圆周运动。

下面介绍几个表示质点做匀速圆周运动的特性的物理量。

物体沿圆周运动一周所需的时间叫作周期，用 T 表示，它的单位是秒。周期越大，转得越慢。

物体在一秒里转过的周数叫作频率，用 ν 表示，它的单位是 1/秒，也叫赫兹（Hz），频率越大，转的越快。

质点做匀速圆周运动时，它的速度的大小等于通过的弧长跟所用时间的比。这个速度也叫线速度。做匀速圆周运动的质点，它的线速度的大小保持不变，他的单位是米/秒。

线速度的方向如何呢？例如，汽车的后轮陷在泥地里，后轮在迅速空转时，附着在轮沿上的软泥也在飞速的做圆周运动。我们可以发现，软泥总是沿着车轮轮沿的切线方向飞出去的。这说明，质点在圆周上某点线速度的方向，一定沿着该点的切线方向，并且总是跟该点的转动半径垂直。

我们也常用角速度来表示质点做圆周运动的快慢程度。质点转动时转过圆心角的角度与转过该角度跟所用的时间的比，叫作角速度。

一个质点或一个飞轮转动的快慢，在工程技术上常用转速表示。转速等于物体每分钟转过的周数，它的单位是周/分。

词语

1.	曲线 qū xiàn	ئەگرى سىزىق
2.	弹丸 dàn wán	رەگەتكە ئوقى
3.	工件 gōng jiàn	دتال
4.	抛体运动 pāo tǐ yùn dòng	ئېتىلغان جىسىم ھەرىكىتى
5.	圆周运动 yuán zhōu yùn dòng	ئايلانما ھەرىكەت
6.	描述 miáo shù	تەسۋىر ،تەسۋىرلىمەك
7.	质点 zhì diǎn	ماسسى نوقتا ،زەررىچە
8.	切线 qiē xiàn	كەسمە سىزىق
9.	砂轮 shā lún	قۇم چاق
10.	磨削 mó xiāo	پارقىرىتىش ، سىلىقلاش
11.	刀具 dāo jù	كەسكۈچى ئەسۋاپ ،تىغلىق ئەسۋاب
12.	火花 huǒ huā	ئۇچقۇن
13.	拴 shuān	ئىش باشلاش
14.	惯性 guàn xìng	ئىنىرتسىيە
15.	矢量 shǐ liàng	ۋېكتور
16.	变速 biàn sù	ئۆزگۈرۈشچان سۈرئەت
17.	初速度 chū sù dù	دەسلەپكى سۈرئەت
18.	平抛 píng pāo	گورزىنتال ئېتىلىش
19.	斜抛 xié pāo	يانتۇ ئېتىلىش
20.	迭加原理 dié jiā yuán lǐ	تەكرارلىنىش قانونىيىتى

21. 行车 xíng chē		هەرىكەت ،يۆرمەك ،ماڭماق
22. 吊运 diào yùn		كىران ئارقىلىق يۆتكەش
23. 飞轮 fēi lún		ئۇچقۇرچاق ،تىستىرنا
24. 皮带轮 pí dài lún		تاسمىلىق غالتەك
25. 周期 zhōu qī		دەۋر
26. 频率 pín lǜ		چاستوتا
27. 赫兹 hè zī		گېرتىس
28. 速度 sù dù		سىزىقلىق تېزلىك
29. 附着 fù zhuó		چاپلاشماق ،قونماق ،يېپىشماق
30. 角速度 jiǎo sù dù		بۇلۇڭلۇق تېزلىك
31. 转速 zhuàn sù		ئايلىنىش تېزلىكى

练习与作业

一、读译词组

直线运动	曲线运动	转动工件	人造卫星
抛体运动	圆周运动	物理量	切线方向
磨削刀具	砂轮的边缘	迭加原理	线速度

二、用汉语解释下列词

工件	人造卫星	描述	拴	周期	频率	附着

三、名词解释

矢量	抛体运动	初速度	匀速圆周运动	线速度
角速度	迭加原理			

四、完成句子

1. 抛体运动和圆周运动属＿＿＿＿＿＿＿＿＿＿＿＿＿＿＿＿＿运动。

2. 用砂轮磨削刀具时，火花是沿着＿＿＿＿＿＿＿＿＿＿＿方向飞出去的。

3. 曲线上各点的切线方向是＿＿＿＿＿＿＿＿＿＿＿＿的。

4. 速度是＿＿＿＿＿＿＿它既有＿＿＿＿＿＿＿又有＿＿＿＿＿＿＿。

5. 曲线是一种＿＿＿＿＿＿＿＿＿＿＿＿＿＿＿＿＿运动。

6. 平抛运动是＿＿＿＿＿＿＿＿＿＿＿＿＿＿＿＿＿。

7. ＿＿＿＿＿＿＿＿＿＿＿＿＿＿＿＿＿叫斜抛运动。

8. 物体沿圆周运动一周所需的时间叫＿＿＿＿＿＿＿，用＿＿＿＿表示，它的单位是＿＿＿＿＿＿＿＿＿＿＿。

9. ＿＿＿＿＿＿＿＿＿＿＿＿＿＿＿＿＿叫频率。

10. 在工程技术上常用＿＿＿＿＿＿＿＿＿＿＿＿＿来表示一个质点，或一个飞轮转动的快慢。

11. 转速等于＿＿＿＿＿＿＿＿＿＿＿＿＿＿＿＿＿。

五、回答问题

1. 拴在绳子上的作圆周运动的小球，如果绳子突然断开，小球会怎么样？为什么？

2. 什么叫抛体运动？举例说明。

3. 物体作抛体运动的特点是什么？

4. 什么叫平抛运动？什么叫斜抛运动？

5. 什么叫运动的叠加原理？举例说明。

6. 什么叫线速度？什么叫角速度？

六、阅读课文

圆周运动和万有引力

最典型的圆周运动的例子，就是跳绳的时候你甩的绳子。

一个物体（绳子）在做圆周运动的时候，必须有一个力来拉住这个物体，否则绳子就会飞出去。这个力必须指向圆心，也就是绳子的方向。我们把这个力叫作向心力。注意这一说法，向心力是谁提供的，在跳绳的例子中，向心力是你拉绳子的力提供的。

对于上面这个例子，如果这个力消失了会怎样。显然，根据生活常识，绳子会飞出去。这就是向心力提供不足造成的。还有一个例子也说明了圆周运动的向心力，那就是过山车。

对于这一问题的认识促进了人们对于宇宙中星体的运动的研究。在这一问题上牛顿的贡献最大。他研究了星体间运动的原因。并且用微积分得到了万有引力定律。万有引力定律认为，任何物体间都有吸引作用。并且和物体间的距离的 2 次方成反比。换句话说，就是两个物体间离得越远吸引力就越小。当然，在日常生活中这种力的作用很小。两个 1 千克的铁球相距 1 米，那么二者间的引力只有 0.0000000000667N，可见万有引力确实很小。

值得指出的是，虽然这个力很小，但还是可以被测量到的。英国实验物理学家卡文迪许通过实验测量了出来，卡文迪许实验室也是世界上作著名实验室之一。

物理运动

机械运动是最基本的运动形式，物理学中研究机械运动规律的分支叫作运动学。高中物理中，运动学规律的应用不仅体现在力学部分，还渗透在热学及电磁学部分。

我们平常走路、跑步都是运动着的，自然界中任何物体都在运动。可以说万物都在运动，不动的物体是不存在的。

运动可分为宏观运动和微观运动。宏观运动是我们看到的普遍形式的运动，如跑步的人、飞的鸟，他们都在做运动。物理学中把物体位置的变化叫作机械运动，机械运动是最简单的运动。微观运动是我们用肉眼看不见的的运动，即分子的热运动。一切物质都是由分子组成的，分子是由原子组成的，原子是由原子核和核外电子组成，原子核又是由质子和中子组成的，质子和中子又是由夸克和更微小的物质组成的。分子运动的形式可分为气态、液态和固态三种。

在运动中，物体所经过的路线是直线的运动是直线运动，所经过的路线是曲线的运动是曲线运动。

运动过程中，物体可做匀速直线运动或变速直线运动。

我们判断一个物体是否运动，要选择一个标准物，物理学中把这个标准物称为参照物。一个物体是否运动，是看它相对于参照物的位置有没有发生改变。如果物体相对参照物的位置发生了改变，则这个物体就是运动的，参照物选定后就把它看作静止的。

物理学中规定，一个物体沿着直线运动，在相同的时间内，通过的路程始终相等，这样的运动称为匀速直线运动。在匀速直线运动中，在单位时间内通过的路程称为速度。一个物体沿直线运动，在单位时间内，通过的路程不相等，这种运动称为变速直线运动。

　　生活中有很多的能量，能量是物体运动过程产生的能量。常见的能量有电能、太阳能等。所有能量之间可以互相转化，例如水能发电，水（水能）—带动涡轮旋转（机械能）—发电（电能）。在自然界中能量不会消失，只能从一种形式转换为另一种形式。

第七课 万有引力

　　果园里，熟透了的苹果挂满枝头，晚风吹过，几个苹果落到了地上。有人会问："为什么苹果偏要落到地上，而不是飞上天去？"

　　原来，地球和苹果之间存在着相互吸引的力，这个力把离开枝头的苹果吸引到地面上。宇宙中的任何两个物体之间都存在着这种相互吸引的力，这就是万有引力。

　　既然任何两个物体之间都存在着相互吸引力，那么两个苹果为什么不会吸引到一起呢？

　　三百多年前，英国科学家牛顿总结出一条关于万有引力的定律——任何两个物体都是相互吸引的，引力的大小跟两个物体的质量的乘积成正比，跟它们的距离平方成反比。人们把这叫作"万有引力定律"。

　　苹果的质量与地球相比要小得多，两个苹果之间的吸引力比起地球对它们的吸引力，当然也小得多。所以两个苹果不能吸引到一起而地球却能把苹果吸引到地面上来。

　　这么说，是不是地球对苹果的吸引力比苹果对地球的吸引力大呢？不！这两个力是相等的。不过，由于地球的质量比苹果大得多，因此，在同样的大小的引力作用下，地球就比苹果稳得多。结果苹果就在地球引力的作用下，落到地面上来。

　　在地球引力的作用下，地球上的一切物体如果没有东西支撑，就会向地面落下来。这种使物体向下降落的力叫作重力，它的大小也就是平常所说的重量。根据万有引力定律，两个物体之间引力的大小与它们的质量有关。因此，质量不同的物体，在地面的同一点上重量是不同的。

　　万有引力还告诉我们，两个物体之间的引力的大小还取决于它们之间的距离。由于地球是稍椭圆的，南北两极的半径要比赤道的半径小大约 20 公里。半径越小，引力越大；半径越大，吸引力越小，所以，同一物体在地面的不同点上，重量也是不同的。

　　这里讲一个有趣的故事。从前，有个人从北纬 50° 的一个地方装了 5000 吨货，运到靠近赤道的一个地方，到了那里用弹簧秤一称，奇怪的是，发现货物少了 190 吨。到哪里去了呢？被偷是不可能的，因为轮船沿途并没有靠过岸。至于运载装卸时造成的损耗，无论如何也不会这么多。当时，大家都无法揭开这一秘密，后来才知道这是地球引力跟人们开的玩笑。

词语

1. 挂满 （动）guà mǎn　　　　قاپلاش،توشقوزۇپ ئۇلش
2. 枝头 （名）zhī tóu　　　　شاخ ئۇچى
3. 偏要 （连）piān yào　　　　ئەتەي،قەستەن،زادى
4. 取决于 （连）qǔ jué yú　　　　بولماق باغلىق،باغلىق
5. 椭圆 （名）tuǒ yuán　　　　ئېللىپىس

80

6. 两极（名）liǎng jí   ئىككى قۇتۇپ

7. 赤道（名）chì dào   ئىكۋاتور

8. 北纬（名）běi wěi   شىمالى كەڭلىك

9. 运载（动）yùn zài   قاپلاش، تۆشۈۋېتىش

10. 装卸（动）zhuāng xiè   قاچلاش، چۈشۈرۈش

11. 损耗（名）sǔn hào   سەرپ بولماق

12. 揭（动）jiē   سۈيۈش، ئاچماق، پاشقىلماق

练习与作业

一、读译词组

挂满枝头　　　　万有引力　　　　地球的质量　　　　捎带椭圆

南北两极　　　　揭开秘密　　　　开玩笑

二、用汉语解释下列词语

偏要　　　稍带　　　损耗　　　万有引力　　　取决于

三、完成句子

1. 宇宙间任何连个物体之间存在着＿＿＿＿＿＿＿＿＿＿＿＿＿＿＿＿＿＿＿。

2. 万有引力就是＿＿＿＿＿＿＿＿＿＿＿＿＿＿＿＿＿＿＿＿＿＿＿＿＿。

3. 物体向下降落的力叫＿＿＿＿＿＿＿＿＿＿＿＿＿＿＿＿＿＿＿＿＿。

4. 两个物体之间引力的大小与＿＿＿＿＿＿＿＿＿＿＿＿＿＿＿＿有关。

四、回答问题

1. 熟透了的苹果为什么偏要落到地上，而不飞上天去？

2. 什么是万有引力定律？

3. 两个物体之间引力的大小取决于什么？

五、阅读课文

物理学分支——分子物理学

分子物理学是研究分子的结构、分子的物理性质、分子间的相互作用，并以此为基础研究气体、液体、固体的物理性质，特别是与热现象有关的物理性质的一个物理学分支。分子物理学与物理学的其他分支如原子物理学、凝聚态物理学、物理力学，以及物理化学、化学动力学、量子化学等都有密切的联系。

分子结构涉及的不仅是组成它的各个原子（确切地说是原子核）的平衡几何配置，更重要的是分子各组成部分的相互作用——化学键合。分子的物理性质与分子的化学结构有关，因此，研究分子的性质可以确定其化学结构。量子力学是研究化学键本质、分子的物理性质，以及分子间相互作用的基本理论。1930年以来，量子力学在这些问题的理论解释上有很大的进展。分子的量子力学——量子化学，是近代理论化学活跃的前沿之一。应用量子化学原理并配合电子计算机技术，直接计算分子的能级、状态波函数以及其他物理性质，已取得了显著的成就。

分子物理学从多方面研究分子的物理性质。它研究分子中原子的相对振动、分子的转动、分子中电子的运动，以及分子间力所产生的现象等。分子光谱是用来研究分子结构的一种重要手段，它提供了大量关于分子结构和分子动力学的知识，这些光谱及其量子力学解释之间的相符，是历史上证实量子理论的重要依据。

射频和微波波谱学、原子束和分子束和激光光谱学等技术，能高度精确地测量这类光谱的精细和超精细结构，从而可制定核自旋、核电四极矩以及原子核质量。

对于分子的物理性质的研究还包括研究分子的电磁性质（分子在电场和磁场中的行为），即分子的极化率和磁化率，以及分子的热学性质等。用 X 射线衍射、中子衍射等技术术可直接确定分子的结构。已经发展起来的光电子能谱等，也是研究分子物理性质的有力实验手段。

分子物理学从研究物质的分子结构和分子间的相互作用出发，研究物质的热学性质和聚集状态，包括状态方程（体积、温度和压强之间的关系）、各种热力学函数、液体和固体的表面层现象、表面吸附、相干衡和相变，以及扩散、热传导和粘滞性等输运现象等。由于这些现象和性质与大量分子的整体运动状态有关，分子物理学中还广泛利用热力学的定律和统计物理学的理论。

第八课　机械振动和机械波

　　物体在一定位置附近，做来回往复的运动称为机械振动，简称振动。例如，摆的运动、气缸中活塞的运动、走路时双臂的摆动、草原上的花草在微风中摆动等，都是常见的振动现象。

　　常见的机械振动往往是周期性的，也就是说每隔一个固定的时间 T，运动就完全重复一次。这个固定的时间称为振动的周期。在一秒内，物体完成振动的次数称为频率。频率常用 ν 来表示，单位为 1/秒，即"赫兹"，频率和周期互为倒数，即 $\nu = 1/T$。频率和周期是表示振动快慢的物理量。

　　质点做机械振动时，来回往复的运动轨道，在最简单的情况下，往往在一条直线上，这种振动称为直线振动。在复杂振动的情况下，运动轨道可以是在平面上的甚至是空间内的曲线。以后可以看到，这些平面的或空间的振动，都可以认为是由直线振动叠加而成的。

　　最简单的周期性直线振动是谐振动。可以证明，任何复杂的振动，都可认为是由几个或很多个谐振动合成的。因此，谐振动是振动学的最基本的内容。

　　任何作机械振动的物体始终留在平衡位置的附近。大量事实说明，如果振动物体不在平衡位置时，必定要受到指定平衡位置的回复力，促使物体回到平衡位置。在返回平衡位置的过程中，振动物体得到速度，所以物体到达平衡位置时，虽然回复力为零，但由于惯性而又重离开平衡位置，继续振动。由此可见，机械振动系统的特征是物体所受的回复力和物体所具有的惯性。

　　在平静的水面上投入一个石块，水面受到石块的冲击作用上下振动，并牵动周围水面也做上下振动，产生环形水面波向周围传播出去；手拿橡皮绳的一端上下振动，将牵动绳上的其他部分也跟着上下振动，产生凸起波和凹下波，沿着绳子传播出去。再如：用手在水平方向上周期性地推压弹簧，将引起弹簧其他部分也跟着在水平方向振动，产生疏部和密部相同的波，沿着弹簧传播出去。由此可见，波动是振动的传播过程，振动是产生波动的根源。波动可分为两大类：一类是机械振动在弹性媒质里的传播过程，叫作机械波，简称波动。例如，水波、声波等都是机械波。另一类是变化电场和变化磁场在空间的传播过程，简称电磁波。例如，无线电波、光波、伦琴射线等都是电磁波。

　　根据弹性媒质的振动方向和波的传播方向之间的关系，将机械波分为横波和纵波两类。

　　媒质（橡皮绳）振动方向跟波的传播方向互相垂直，形成凸、凹相间的波，叫作横波。凸起部分叫波峰，凹下部分叫波谷。

　　媒质（弹簧）振动方向跟波的传播方向平行，形成疏、密相间的波，叫作纵波，也叫疏密波。

　　振动在弹性媒质里的传播速度叫作波速。用 u 表示。波速的大小与媒质的性质有关。例如，在常温下，声波在空气中的速度约为 340 米/秒，在水中约为 1450 米/秒，在钢中约为 5000 米/秒。

在一个周期里，振动在媒质里传播的距离叫作波长，用 λ 表示，横波的波长等于相邻两个波峰（波谷）间的距离，纵波的波长等于相邻两个密部（或疏部）间的距离。

波前进一个波长所用的时间叫作波的周期。波源每秒发出完整波的数目叫作波的频率。波的周期和频率就是波源的周期和频率。

振动和波动理论是声学、地震学、光学和无线电工学等学科的基础，所以，掌握好他们的基本规律，可为今后学习其他形式的振动和波动打下初步的基础。

词语

1. 往复（形）wǎng fù		تەكرار
2. 振动（名）zhèn dòng		تەۋرىنىش
3. 摆（名、动）bǎi		تىزماق، قۇرماق، تۈزمەك، ماياتنىك
4. 气缸（名）qì gāng		سىلىندىر
5. 活塞（名）huó sāi		پورشەن
6. 双臂（名）shuāng bì		ئىككى بىلەك
7. 摆动（动）bǎi dòng		تەۋرەنمەك، پولاڭلىماق
8. 微风（名）wēi fēng		سالقىن شامال
9. 倒数（动）dào shǔ		تەتۈر ساناش، ئەكس ساناش
10. 轨道（名）guǐ dào		ئوربىتا، رەلىس، ئىز، يول
11. 叠加（动）dié jiā		ئۈستىدىن قاتلاش، ئۈستىگە قويۇش
12. 谐振动（动）xié zhèn dòng		رېزونالىس، ئەكس سادا
13. 惯性（名）guàn xìng		ئىنەرتسىيە
14. 平衡（名）píng héng		بالانس، تەڭپۇڭلۇق، مۇۋازىنەت
15. 回复力（名）huí fù lì		ئەسلىگە كەلىش كۈچى
16. 投入（动）tóu rù		سالماق، قاتناشماق، كىرىشمەك
17. 冲击（动）chōng jī		زەربە بېرىلمەك، ئۇرۇلماق
18. 牵动（动）qiān dòng		تەسىر كۆرسەتمەك
19. 环形（名）huán xíng		ھالقىسىمان
20. 水面波（名）shuǐ miàn bō		سۇ دولقۇنى يۈزى
21. 橡皮绳（名）xiàng pí shéng		رېزىنكە تاختا
22. 凸（名）tū		كۈپپەنكى، دۆڭ، بۆرۈۋەتمە
23. 凹（名）āo		پەتنىقى، ئويمان
24. 推压（动）tuī yā		ئىتتىرىپ بېسىش
25. 疏部（名）shū bù		شالاڭ بۆلەك قىسمى
26. 密部（名）mì bù		زىچ بۆلەك قىسمى
27. 弹性（名）tán xìng		ئېلاستىك
28. 媒质（名）méi zhì		ۋاسىتە مۇھىت
29. 伦琴射线（名）lún qín shè xiàn		رېنتگېن نۇرى
30. 横波（名）héng bō		توغرا دولقۇن

31. 纵波（名）zòng bō	بوي دولقۇن
32. 波峰（名）bō fēng	دولقۇن چوققىسى
33. 波谷（名）bō gǔ	دولقۇن ئازگىلى
34. 波速（名）bō sù	دولقۇن تېزلىگى
35. 波长（名）bō cháng	دولقۇن ئۇزۇنلۇقى
36. 地震学（名）dì zhèn xué	سەيسموگرامما（يەرتەۋرەشنى تەكشۇرۇش ئىلمى）
37. 无线（名）wú xiàn	سىمسىز
38. 电工学（名）diàn gōng xué	ئېلكتىر تېخنىكا ئىلمى
39. 波动（动）bō dòng	داۋالغۇماق، دولقۇن، دولقۇنلىنىش

练习与作业

一、读译词组

往复运动	振动双臂	振动的周期	平衡位置
环形水面	疏部	密部	弹性媒质
变化磁场	传播方向		

二、用汉语解释下列词语

往复	停留	平衡	惯性	牵动	波动	冲击

三、名词解释

振动	直线振动	谐振动	机械波	电磁波	波长

四、完成句子：

1. 物体在一定位置的附近，做的_____运动，称为_____，简称_____。

2. 每隔一个_____的时间，运动就_____一次。

3. 在一秒内，物体完成振动的次数称为_____，常用_____来表示，单位_____。

4. 频率和周期互为_____是_____的物理量。

5. 最简单的周期性直线运动是_____。

6. 波动是_____的过程，振动是_____的根源。

7. 机械波分为_____和_____。

8. 波的周期是_____。

9. 波源每秒发出完整波的数目叫作_____。

10. 波的周期和频率就是_____的周期和频率。

五、回答问题

1. 举例说明什么是摆动？

2. 什么叫波动？可分为几类？

3. 机械波可分为几种？具体说明。

4. 什么叫波速？它与什么有关？

5. 什么叫波长？它等于什么？

六、阅读课文

万有引力——投石器引发的伟大论证

人们都知道，牛顿通过观察苹果落地发现了万有引力定律的故事。其实，那不过是法国启蒙思想家伏尔泰为宣传自然科学而编的故事。

在牛顿之前，人们已经知道有两种"力"——地面上的物体都受重力的作用，天上的月球和地球之间以及行星和太阳之间都存在引力。这两种力究竟是性质不同的两种力，还是同一种力的不同表现？牛顿在剑桥大学读书时就开始考虑起这个问题了。

牛顿 23 岁时，鼠疫在伦敦爆发。剑桥大学为预防学生受传染，通告学生休学回家避疫，学校暂时关闭。牛顿回到故乡林肯郡的乡下，但他仍没有间断学习和对引力问题的思考。

那时，乡下的孩子们常常用投石器打几个转转，之后，把石头抛得很远。他们还可以把一桶牛奶用力从头上转过，而不把牛奶洒出来。

这一现像激发了牛顿关于引力的想像："什么力使投石器里面的石头和水桶里的牛奶不掉下来呢？"这个问题使他想到开普勒和伽利略的思想。他从浩瀚的宇宙太空，周行不息的行星，广寒的月球，直至庞大的地球，进而想到这些庞然大物之间力的相互作用。这对牛顿抓紧这些神奇的思想不放，一头扎进"引力"的计算和验证中了。牛顿计划用这个原理验证太阳系各行星的行动规律。他首先推求月球和地球距离，由于引用的资料数据不正确，计算的结果错了。因为依理推算月球围绕地球转，每分钟的向心加速度应是 16 英尺，但据推算仅得 13.9 英尺。在失败的困境中，牛顿没有灰心，反而以更大的努力进行辛勤的研究。

1671 年，新测量的地球半径值公布了。牛顿利用这一数据重新检验了自己的理论，同时，还利用他自己发明的微积分处理了"月—地"关系中不能把地球看作质点时，重力加速度的计算问题。有了这两项改进，牛顿得到了两个完全一致的加速度值。这使他认为，重力和引力具有相同的本质。他又把基于地面物体运动的三条定律（即牛顿三大定律）用于行星运动，同样得出满意的正确结论。

牛顿整整经过了七个春秋寒暑，到他 30 岁时，终于把举世闻名的"万有引力定律"全面证明出来，奠定了理论天文学、天体力学的基础。

万有引力定律的发现，宣告了天上地面的万物都遵循同一规律运动，彻底否定了亚里士多德以来宗教势力宣扬的天上地下不同的思想，这是人类认识史上的一次飞跃。

第九课　能源的开发和能量的利用以及低温技术

能够给人类提供可用能量的资源，叫作能源。在工业上，我们把直接来自自然界的能源叫作一次能源，如媒、石油、天然气、太阳光、流水、地热、木柴等。由一次能源加工成的能源叫二次能源，如电、高热蒸气、汽油、煤气、焦炭等。

目前，地球上所用的大部分能源的能量都是来自太阳。煤、石油和天然气是远古时代（几百万年以前）的动植物，经过漫长的地质演变形成的，而它们的能量都是来自远古时代的太阳光。现在的农作物、木柴、海浪、风、海洋温差和流水的能量，都是来自现时的太阳光。

新疆有着丰富的煤、石油和天然气资源，煤的蕴藏量为全国省区之冠。塔里木盆地已经发现极丰富的油气资源，可能成为世界上第二个沙特阿拉伯。新疆还有丰富的风力和太阳能资源，小型风力发电机已经在达坂城风电一厂正式投入运转；新疆科学院太阳能研究所已经试制成功适合农村家庭使用的太阳能灶，并准备在新疆南部推广。

直到现在，风力发电机、太阳能灶、太阳能电池的输出功率还比较小，工业所需能源主要依靠煤、石油和天然气。但是，地下的煤、石油和天然气，开采一吨就少一吨，这种能源总有一天会枯竭，而人类对能源的需求却按每年逐倍增长，不断开发新能源则具有特别重要的意义。60 年代以来，技术发达的国家已经开始利用核能发电，我国 80 年代也开始建设核电站。世界各国科学家从 50 年代开始，就在研究可控制热核反应。核是带正电的，要使两个核靠拢，必须克服核间巨大的库仑斥力，常用的方法是把核加热到几百万度的高温，使它们具有足够大的动能，相互碰撞而发生聚变。因此，核聚变反应又叫作热核反应。

目前，这项研究已有很大进展，一旦人类实现了跟太阳类似的可控热核反应，人类可利用的能源就更加丰富了。总之，人类对能源的开发是永无止境的。

低温技术是获得低温、利用低温的一门技术，它的上限温度是-153℃，下限接近-273℃。目前，低温技术已有了广泛的应用。在工业上，用液化气体的办法可获得高度真空，还可以把空气中的氧气和氮气分离开。氮可用来制氨，而氧的用途更加广泛，如氧焊、冶金、医疗急救、高空飞行等。在医学上，低温技术用于治癌和保存人体器官，低温外科手术既安全又能减轻患者的痛苦。1986 年，由于米勒和贝德诺贝尔茨发现了一种全新的陶瓷超导材料，在全世界掀起了一股"超导热"。

由于超导体具有零电阻性，可以通过很强的电流而不产生损耗，同时产生极强的磁场，所以，它在电力工程、电子技术、交通运输、医学、核物理、地质学、天文学、军事等方面都有重要的应用。可以预料，随着超导材料的研究工作的不断深入，有可能实现室温超导，同时，超导的应用将引发生产技术的巨大革命，这无疑会给世界的政治、经济、社会生活带来前所未有的变化。我们期待着超导世界的到来。

词语

1.	低温（名）dī wēn	تۆۋەن تېمپېراتورا
2.	地热（名）dì rè	يەر ئىسسىقلىقى
3.	焦炭（名）jiāo tàn	كوكس
4.	天然气（名）tiān rán qì	تەبئىي گاز
5.	汽油（名）qì yóu	بېنزىن
6.	煤油（名）méi yóu	كېرسىن
7.	漫长（形）màn cháng	ئۇزۇن
8.	演变（动）yǎn biàn	ئۆزگەرمەك ،ئۆزگىرىپ بارماق
9.	温差（名）wēn chā	تېمپېراتورا پەرقى
10.	现时（名）xiàn shí	ئەمەلىي
11.	蕴藏量（名）yùn cáng liàng	زاپاس ساقلىنىش مىقدارى
12.	冠（名）guàn	كىيدۇرۇپ قويماق ،يېزىپ قويماق
13.	油气（名）yóu qì	نېفت گازى
14.	沙特阿拉伯（名）shā tè ā lā bó	سەئۇدى ئەرەبىستان
15.	风力（名）fēng lì	شامال كۈچىدىن پايدىلىنىش
16.	正式（副）zhèng shì	ھەقىقى ،رەسمى
17.	太阳能灶（名）tài yáng néng zào	قۇياش ئىنېرگىيىلىك ئوچاق
18.	电池（名）diàn chí	باتارىيە
19.	输出（动）shū chū	چىقىرىش ،تارقىتىش
20.	枯竭（名）kū jié	قۇرۇپكەتمەك ،ئۇزۇلمەك ،تۈگمەك
21.	一番（数量）yì fān	مىقدار سۆز
22.	可控热核反应（组）kě kòng rè hé fǎn yìng	باشقۇرۇلدىغان ئىسسىقلىق يادرو رىئاكسىيىسى
23.	正电（名）zhèng diàn	مۇسبەت توك
24.	靠拢（动）kào lǒng	يىقىنلىشىش ،يىقىنلاشماق
25.	斥力（名）chì lì	ئىتتىرىش كۈچى ،تىپىشىش كۈچى
26.	库仑（名）kù lún	كالون
27.	碰撞（动）pèng zhuàng	ئۇرۇلۇش ،سوقۇلۇش
28.	永无止境（组）yǒng wú zhǐ jìng	چەكسىز ،تۈگۈمەس
29.	上限（名）shàng xiàn	يۇقىرى چەك
30.	下限（名）xià xiàn	تۆۋەن چەك
31.	液化（动）yè huà	گازلارنىڭ سۇيۇقلىشىشى
32.	真空（名）zhēn kōng	ھەقىقى بوشلۇق ،ۋاكۇئوم
33.	氧气（名）yǎng qì	ئوكسىگىن
34.	氮气（名）dàn qì	ئازوت

35. 氨（名）ān　　　　　　　　　　　ئاممىياك

36. 氧焊（动）yǎng hàn　　　　ئوكسگىن بىلەن كەپشەرلەش

37. 冶金（名）yě jīng　　　　　　　　مېتاللورگىيە

38. 外科（名）wài kē　　　　تاشقى كېسەللىكلەر بۆلۈمى

39. 手术（动，名）shǒu shù　　　　　　　ئوپىراتسىيە

40. 米勒（名）mǐ lè　　　　　　　　　　　مېل

41. 贝德诺贝尔茨（名）bèi dé nuò bèi ěr cì　بەننوۋۆەرتسى

42. 陶瓷（名）táo cí　　　　　　　فارفور ۋە ساپال

43. 超导（名）chāo dǎo　　　　　　　　ئۇتتىرا

44. 电阻（名）diàn zǔ　　　　　ئېلېكتېر قارشىلقى

45. 地质学（名）dì zhì xué　　　　　　گېئۇلۇگىيە

46. 天文学（名）tiān wén xué　　　　ئاستىرنۇمىيە

47. 预料（动）yù liào　　پەرەز قىلماق ،قىياس قىلماق

48. 无疑（副）wú yí　　　　شۆبھەسىز ،گۇمانسىز

49. 前所未有（组）qián suǒ wèi yǒu　ئەزەلدىن كۆرۈلۈپ باقمىغان

50. 期待（动）qī dài　　ئۈمۈد قىلماق ،ئىنتىزار بولماق

练习与作业

一、读译词组

地质演变　　　海洋温差　　　蕴藏量　　　塔里木盆地

油气资源　　　风力发电　　　太阳能灶　　　输出功率

利用核能　　　建核电站　　　永无止境　　　低温技术

超导材料　　　产生磁场　　　外科手术

二、用汉语解释下列词语

漫长　　演变　　现时　　靠拢

预料　　无疑　　期待　　前所未有

三、名词解释

一次能源　　二次能源　　热核反应　　真空　　超导　　液化　　风电

四、完成句子

1. 能够给＿＿＿＿＿＿＿＿＿＿＿＿提供＿＿＿＿＿＿＿的资源，叫作能源。

2. 地球上所用的大部分能源来自＿＿＿＿＿＿＿＿＿＿＿＿＿＿＿。

3. 新疆煤的蕴藏量为＿＿＿＿＿＿＿＿＿＿＿＿＿＿＿＿＿＿。

4. 在塔里木盆地发现了＿＿＿＿＿＿＿＿＿＿＿＿＿，可能成为

＿＿＿＿＿＿＿＿＿＿。

5. ＿＿＿＿＿＿＿＿＿＿＿＿＿＿＿＿＿人类实现了跟

＿＿＿＿＿＿＿＿的可控热核反应，人类可利用的能源＿＿＿＿＿＿＿＿＿＿。

6. 人类对能源的开发是＿＿＿＿＿＿＿＿＿＿＿＿＿＿＿＿＿的。

7. 随着＿＿＿＿＿＿＿＿＿＿的研究和深入，有可能实现

＿＿＿＿＿＿，同时＿＿＿＿＿＿＿＿＿＿＿＿＿。

五、回答问题

1. 地球上的大部分能源来自哪里?它们是怎样来的?

2. 什么叫热核反应?

3. 什么叫低温技术?它有哪些广泛的用途?

4. 什么叫超导?它的发现与使用有什么意义?

六、阅读课文

太阳能的优势与应用

太阳是距地球最近、与地球关系最密切的一颗恒星，也是能量的天然来源。地球上每一个活着的生物之所以具有发挥作用的能力，甚至于它的生存，都是由于直接或间接来自于太阳的能量。太阳能作为一种新能源，它与常规能源相比有三大优点：第一，它是人类可以利用的最丰富的能源。据估计，在过去漫长的11亿年中，太阳消耗了它本身能量的2%，可以说是取之不尽，用之不竭。第二，地球上任何地方都有太阳能，可以就地开发利用，不存在运输问题，尤其对交通不发达的农村、海岛和边远地区更具有利用的价值。第三，太阳能是一种洁净的能源，在开发和利用时不会产生废渣、废水、废气，也没有噪音，更不会影响生态平衡。我们的地球处在离太阳差不多有一亿英里的地方。它所截取的辐射能少到难以置信（大约千万分之三），这么小的一点能量，实际上比整个世界目前现有的发电能力还大十万倍。目前，全世界尤其是工业发达国家开始感到能量短缺，因此，人们开始求助于太阳能，以解决能源危机。太阳能是一种辐射能，我们无法直接利用，因此，只有将太阳光进行转换，才可加以利用。人类利用太阳能有三大技术领域，即光热转换、光电转换和光化转换，此外，还有储能技术。太阳光电转换，主要是各种规格类型的太阳电池板和供电系统。太阳电池是把太阳光直接转换成电能的一种器件。太阳电池的光电效率约为10%~18%，其产品类型主要有单晶硅、多晶硅和非晶硅。太阳电池的应用范围很广，如人造卫星、无人气象站、通讯站、电视中继站、太阳钟、电围杆、黑光灯、航标灯、铁路信号灯等。太阳光热转换技术的产品最多，如热水器、开水器、干燥器、采暖和制冷、温室与太阳房、太阳灶和高温炉、海水淡化装置、水泵、热力发电装置及太阳能医疗器具等。

风力发电技术的发展方向和特点

据报道，加拿大一家公司开创独创性的发电方式，开发了一种气球似的机器，可以在300米的空中利用风来发电。这种电线系着的涡轮机比传统的塔式涡轮机便宜，且在如此高的空中更能利用风能，甚至在地面上没什么大风的地区都能使用。安大略湖的马根电力公司想建造10千瓦的气球发电机，以便为印度、中国、巴基斯坦和非洲一些国家的偏远乡村提供其他电力资源。公司的首席执行官麦克-布朗说："我想我们将是联合解决方案中的一部分，部分柴油机、部分电池和部分风能。"此发电机为马根电力空气转动系统，简称MARS，看起来像一种软式飞艇，只是它不会自由飞行。它被电线系住，从地面升到最高处，在它中心处装有大风扇，可以随风转动。旋转的机械能经过其二端的发电机转化成电能，电流通过系着的电线传送到地面，再输送给变压器，然后直接给电池充电或输入电力网中。至于它的维护，工人压一下基地的绞盘上的一个按钮，就能让气球降落到地面。

布朗设想每一个气球每产生 1 瓦电的成本将是 2.5~5 美元的样子，相当于传输 10 千瓦电的成本。此电力足可以让乡村的各家各户点亮 1~2 个小灯泡，驱动 1~2 台抽水机，甚至还有当地学校的电视和录像机以及医院的冰箱。对于不通电的乡村来说，这是基本需求。此系统的年服务费为原价的 10%左右。机器与服务合同的费用将由政府或世界援助组织来支付。目前，全球还有 20 亿人没有通电，另外还有 10 亿人通电时间一天不到 10 小时。显然，这很需要。美国专家表示，MARS 涡轮机提供了创新解决办法。不过，此系统并非尽善尽美，高度太高意味着涡轮机得应付低空飞行的飞机，同时也更容易被紫外线和大气粒子损害。此外，高处的风可能也太大了。布朗和他公司正在另外筹备 250 万美元来完成此涡轮机的样品开发，期望在资金到位后的 9 个月内开发出样品来。

新能源知识：绿色能源也称清洁能源，它可分为狭义和广义两种概念。狭义的绿色能源是指可再生能源，如水能、生物能、太阳能、风能、地热能和海洋能等。

物理部分

第十课　电流定律

电子的定向流动形成电流。电流不但有方向，而且有强弱。并联在照明电路中不同的白炽灯泡，发光有的强，有的弱，就是因为通过它们灯丝的电流强度不同。怎样来表示电流的强弱呢?电流是由电荷的定向移动而形成的。因此，要知道电流的强弱，就需要知道电荷的多少。

电荷是有多有少的，在摩擦起电中，带电体所带电荷越多，它吸引轻小物体的能力也就越强，电荷的多少叫作电量。因为每个电子所带的电量很小，为了方便，人们常用一个比它大得多的单位——库仑作为电量的单位。

电流通过导体的时候，每秒通过导体横截面的电量有多有少。通过的电量越多，电流就越强，通过的越少就越弱，电流的强弱是用电流强度来表示的。1秒内通过导体横截面的电量，叫作电流强度。

如果用 I 表示电流强度，用 Q 表示通过的电量，t 表示通电时间，那么，可以写成公式：$I=Q/t$，在上式中，电量的单位是库仑，时间的单位是秒，电流强度的单位是安培。如果在1秒内通过导体横截面的电量是1库仑，导体中的电流强度就是1安培。安培的符号是 A。

另外，导体内有大量可以自由移动的电荷，在导体没有连入电路时导体内的这些自由电荷只做无规则的热运动，并不发生定向移动，没有形成电流。例如：一盏灯在没有和电源连通时不亮，表明这时电路没有电流；而当它和电源连通时就亮，表明这时电路里有了电流。那么，电源为什么能使导体中的自由电荷定向移动而形成电流呢?

因为电源的正极有多余的正电荷，负极有多余的负电荷，所以在连接电源两极的电路中，产生了电压。因此，电压是使自由电荷发生定向移动形成电流的原因。

带电体或导体在电路中不同部分之间的电势差，叫作电压。电压的单位是伏特。在某段电路上，每通过1库仑电量的时候，电流所做的功如果是1焦耳，这段电路两端的电压就是1伏特，伏特的符号是 V。

在一切导体中，都有阻碍电流的性质，这种性质叫作电阻。电阻的单位是欧姆，符号是 Ω。如果导体两端的电压是1伏特，通过的电流是1安培，那么这个导体的电阻是1欧姆。1欧姆=1伏特/1安培。

在19世纪初期，德国物理学家欧姆发现在导体中，电流强度、电压、电阻之间的关系是：导体中的电流强度跟这段导体两端的电压成正比，跟这段导体的电阻成反比。这就是欧姆定律。

如果用 U 表示导体两端的电压，R 表示导体的电阻，I 表示导体中的电流强度，那么，欧姆定律可以写成：I=U/R。式中的 I、U、R 的单位分别为安培、伏特、欧姆。

词语

1. 电子（名）diàn zǐ	ئېلېكترون
2. 定向（名）dìng xiàng	يۆلۈنۈش، مۇقىم، يۆلۈنۈشلۈك
3. 并联（动）bìng lián	يانداش ئۇلاش
4. 照明（名）zhào míng	يورۇتۇش
5. 电路（名）diàn lù	توك يولى
6. 白炽（名）bái chì	چوغلىنىش، چوغلانماق
7. 灯丝（名）dēng sī	ۋولفرام، لامپوچكا قىلى
8. 电流强度（名）diàn liú qiáng dù	توك كۈچى
9. 电荷（名）diàn hè	ئېلېكتىر زەرەت
10. 横截面（名）héng jié miàn	كەسمە يۈز
11. 无规则（名）wú guī zé	مۇسبەت قۇتۇپ
12. 正极（名）zhēng jí	مۇسبەت قۇتۇپ(ئانود)
13. 负极（名）fù jí	مەنپىي قۇتۇپ (كاتود)
14. 电压（名）diàn yā	ئېلېكتىر بېسمى
15. 带电体（名）dài diàn tǐ	زەرەتلىك جىسىم، توكلۇق جىسىم
16. 伏特（名）fú tè	ۋولت
17. 欧姆（名）ōu mǔ	ئوم
18. 安培（名）ān péi	ئامپېر

练习与作业

一、读译词组

定向流动	照明电路	电流强度	横截面
自由移动	热运动	自由电荷	电流的强弱

二、名词解释

并联　电流　电荷　电流强度　电压　电阻　欧姆定律

三、完成句子

1. 电子的＿＿＿＿＿＿＿＿流动形成＿＿＿＿＿＿＿＿。
2. 电流不但有＿＿＿＿＿＿＿＿，而且有＿＿＿＿＿＿＿＿。
3. 电流是＿＿＿＿＿＿＿＿＿＿＿＿形成的。
4. ＿＿＿＿＿＿＿＿叫电压，它的单位＿＿＿＿＿＿。
5. 电阻是＿＿＿＿＿＿＿＿＿＿＿＿。

四、回答问题：

1. 什么叫电流强度？
2. 我们怎样知道电流的强弱？
3. 电源为什么能使导体中的自由电荷定向移动形成电流？
4. 什么叫欧姆定律？它的公式是什么？

五、阅读课文

物理科普知识——相对论

相对论是关于物质运动与时间空间关系的理论。它是现代物理学的理论基础之一。相对论是 20 世纪初期由爱因斯坦等在总结实验事实（如迈克耳孙—莫雷实验）的基础上所建立和发展。在这以前，人们根据经典时空观（集中表现为伽利略变换）解释光的传播等问题时，导致一系列尖锐的矛盾。相对论针对这些问题，建立了物理学中新的时空现和高速物体的运动规律，对以后物理学的发展有重大作用。相对论分为狭义相对论和广义相对论两大部分。

1905 年建立了狭义相对论，其基本原理如下。

（1）在任何惯性参考系中，自然规律都相同，称为相对性原理。

（2）在任何惯性系中，真空光速 c 都相同，即光速不变原理。由此得出，时间和空间各量从一个惯性系变换到另一惯性系时，应该满足洛伦兹变换，而不是满足伽利略变换。并由此推出许多重要结论，例如：

① 两事件发生的先后或是否"同时"，在不同参照系看来是不同的（但因果律仍然成立）。

② 量度物体的长度时，将测到运动物体在其运动方向上的长度要比静止时缩短。与此相似，量度时间进程时，将看到运动的时钟要比静止的时钟进行得慢。

③ 物体质量 m 随速度 v 的增加而增大，其关系为 m_0 为静止时的质量，称为静止质量。

④ 任何物体的速度不能超过光速 c。

⑤ 物体的质量 m 与能量 E 之间满足质能关系式：$E=mc^2$。以上结论与目前的实验事实符合，但只有在高速运动时，效应才显著。在通常的情况下，相对论效应极其微小，因此经典力学可认为是相对论力学在低速情况下的近似。

在 1916 年又建立了广义相对论，其基本原理如下。

（1）广义相对论原理，即自然定律在任何参考系中都可以表示为相同的数学形式。

（2）等价原理，即在一个小体积范围内的万有引力和某一加速系统中的惯性力相互等效。按照上述的原理，万有引力的产生是由于物质的存在和一定的分布状况使时间空间性质变得不均匀（所谓时空弯曲），并由此建立了引力场理论;而狭义相对论则是广义相对论在引力场很弱时的特殊情况。

从广义相对论可以导出一些重要结论，如水星近日点的运动规律;光线在引力场中发生弯曲;较强的引力场中时钟较慢（或引力场中的光谱线向红端移动）等。这些结论和后来的观测结果基本上相符合。近年来，通过测量雷达波在太阳引力场中往返传播在时间上的延迟，以更高的精密度证实了广义相对论的结论。相对论，具有重要的历史意义，但许多问题仍有待研究。

第十一课　电磁现象

电磁学是研究电磁现象的基本规律和应用的学科，是物理学的重要组成部分。

电磁现象是一种非常普遍的自然现象，电磁学规律已成为许多学科的理论基础，电磁学已被广泛地应用在工农业生产、国防、科学技术和日常生活中。今天，以电子技术、电子计算机为标志的现代技术革命，正推动着人类生产和社会的迅速发展。

我们在本课里主要学习两个物理概念——电场强度和电势，这是电磁学的入门和基础。

我们把用头发摩擦过的钢笔杆，或用绸子摩擦过的玻璃棒，分别靠近碎纸片或鸡毛时就会发现，这些物体经过摩擦后，具有了吸引轻小物体的性质，我们就说这物体带了电或说有了电荷。我们把处于带电状态中的物体叫带电体。表示物体带有多少电荷的物理量就叫电量，常用 Q 或 q 表示，电量的国际单位是库仑，简称库，代表符号为 C。

把用毛皮摩擦过的两根橡胶棒的一根支放在针尖上，拿另一根靠近它，可以看见他们之间是互相排斥的。依照同样的方法，再拿用绸子摩擦过的两根玻璃棒做实验，可以看到它们之间也是互相排斥的。但若把上述带电的橡胶棒放在针尖上，而用带电的玻璃棒接近它，可以看到是互相吸引的。由此可以证明：自然界中存在两种电荷，一种是用丝绸摩擦过的玻璃棒上所带的电，叫作正电荷或阳电；另一种是用毛皮摩擦过的橡胶棒上所带的电荷，叫作负电或阴电。同时，我们也认识到，带同种电荷的物体总是互相排斥，带异种电荷的物体总是相互吸引；正负电荷相遇时，会互相抵消，而形成不带电状态，叫作中和。

静电荷相互间的作用力，常称为静电力，也叫作库仑力。

两个点电荷之间是怎样发生相互作用的呢?力学中已经学过，力是物体间的相互作用，两个物体可以直接接触，也可以通过别的物质作媒介而发生，两个相隔一定距离的电荷，就是通过电荷周围空间的一种特殊形式的物质而发生作用的，这种物质就叫作电场。静止电荷所产生的电场叫作静电场，所以静电力也叫电场力，任何电荷（带电体）周围都存在着电场。

为了描述电场力的性质，我们在电场中放入一个检验电荷，它是一个电量很少的点电荷（电量少到不影响原来的电场），而产生电场的那个电荷叫作场源电荷。根据实验和计算可以得知：电场中某点检验电荷所受到的电场力（库仑力）与检验电荷电量的比值，就叫作该点的电场强度，简称场强。电场强度的方向，规定为正电荷在该点所受电场力的方向，常用符号 E 表示场强，它的公式为 $E=F/q$，国际单位是牛顿 / 库仑。

词语

1. 电磁学（名）diàn cí xué　　　　ئېلكترو ماگنىت ئىلمى
2. 电场强度（名）diàn chǎng qiáng dù　ئېلكترو مەيدانىننىڭ ماگنىت كۈچى
3. 电势（名）diàn shì　　　　پوتېنسىئال
4. 钢笔杆（名）gāng bǐ gǎn　　　قەلەم سېپى

5. 绸子（名）chóu zi   تاۋار، شايى

6. 玻璃棒（名）bō li bàng   ئەينەك تاياقچە

7. 碎纸（名）suì zhǐ   قەغەز پارچىسى

8. 带电体（名）dài diàn tǐ   زەرەتلەنگەن جىسىم ،توك ئۆتكەن جىسىم

9. 毛皮（名）máo pí   مۆشۈك تېرسى

10. 橡胶棒（名）xiàng jiāo bàng   كاۋچۇك تاياقچە

11. 支放（动）zhī fàng   تەرەپ قويماق

12. 排斥（动）pái chì   بىر بىرىنى چەتكە قىقىش

13. 抵消（动）dǐ xiāo   تۈگەشمەك ،خالاس بولماق

14. 中和（动）zhōng hé   نىتراللىشىش

15. 静电场（名）jìng diàn chǎng   ئېلېكتىر ستاتىك

16. 场源（名）chǎng yuán   ماگنىت كۈچى مەنبەسى

17. 电势能（名）diàn shì néng   پوتېنسىئاللىق ،ۋاستىلىك

18. 电势差（名）diàn shì chā   پوتېنسىئال پەرقى

19. 点电荷（名）diǎn diàn hé   ئېلېكتىر مەيدانى

96

练习与作业

一、读译词组

电磁现象   电场强度   电磁学   相互排斥

同种电荷   互相抵消   点电荷

二、用汉语解释下列词语

推动   排斥   抵消   媒介

三、名词解释

电场强度   电势   中和   静电力   电势差

四、完成句子

1. 电磁学是研究＿＿＿＿＿＿＿＿＿＿＿＿＿＿＿＿＿的学科，

是＿＿＿＿＿＿＿＿＿＿＿＿＿＿＿＿。

2. 今天，以＿＿＿＿＿＿＿＿＿＿＿＿＿正推动着＿＿＿＿＿＿＿＿。

3. 我们把＿＿＿＿＿＿＿＿＿＿＿＿＿叫带电体。

4. 我们把＿＿＿＿＿＿＿＿＿＿叫电量。常用＿＿＿＿＿＿表示，它的国际

单位是＿＿＿＿＿＿＿＿＿＿＿＿。

5. 静止电荷相互间的＿＿＿＿＿＿＿＿＿力，常称为＿＿＿＿＿＿＿＿＿，

也叫作＿＿＿＿＿。

6. 任何带电荷周围都存在着＿＿＿＿＿＿＿＿＿＿＿＿＿＿。

五、回答问题

1. 什么叫正电？什么叫阴电？举例说明。

2. 两个点电荷之间是怎样发生相互作用的？

3. 什么叫电场强度？它的公式是什么？

4. 什么叫电势？什么叫电势差？

六、阅读课文

电磁波的发现和使用

麦克斯韦创立电磁理论后之，1888年，在柏林有一位叫赫兹（1857—1894）的青年实验物理学家完成了这项工作。当时，许多人虽叹服麦克斯韦对电磁波的完美描述，可就是找不见它。26岁的赫兹却另有绝招。他将两个金属小球调整到一定的位置，中间隔一小段空隙，然后给它们通电。这时，两个本来不相相连的小球间却发出吱吱的响声，并有蓝色的电火花一闪一闪地跳过。不用说，小球间产生了电场。按照麦克斯韦的方程，电场再激发磁场，磁场再激发电场，连续扩散开去，便有电磁波传递。到底有没有呢?最好有个装置能够接收它。他在离金属球4米远的地方放了一个有缺口的铜环，如果电磁波能够飞到那里，那么铜环的缺口间也应有电火花跳过，他将这些都布置好后，一按电键，果然那边的圆环缺口上蓝光闪闪，这说明发射球和接收环之间有电磁波在运动了。既然有波，就应该有波长、频率和速度。于是他又想亲自量量它的波长。其实这也很简单，他将铜环接收器向圆球发射器靠近，火花时亮时无，最亮便是波峰或波谷，不亮时便是零值。于是，他便求出了波长，接着又算出了速度为每秒30万千米，正好和光速相等，也有如光一样的反射、折射性。麦克斯韦的理论彻底得到了证实，从法拉第到麦克斯韦再到赫兹，两位实验物理学家与一位理论物理学家巧妙的配合终于完成了这个伟大的发现。

赫兹何以有这样的成就?原因可以有很多，但追溯到他的学生时代，有两条却极为重要。第一，他从小养成了亲自动手的好习惯，十分爱好学习技术和技能。他在课余时间还拜了一位木工为师，锯、刨、斧、凿已使得极为纯熟，同时，他还学了一门车工技术。后来，赫兹的车工师傅听说他成了大学教授还对他母亲惋惜地说："唉，真可惜!他本是一个难得的车工啊!"欲话说，心灵手巧，只有手脚并用从不偷懒，才能聪明。第二，赫兹小时候学习兴趣相当广泛，他学了英语、法语、意大利语，特别是在阿拉伯语方面表现了惊人的才能，以至于教师向他的父亲郑重地建议他去选学东方学。他爱美术，素描画得很好，这又训练了他的形象思维。他爱数学，常参加数学比赛，这又训练了他的逻辑思维能力。他想当建筑师，曾专攻过建筑，后来又当过兵，这使他得到了吃苦耐劳、紧张有序的锻炼，他给父母写信说："惰性从我的身上真正被取缔了。"读者中一定有不少是渴望成才的青年，此处略叙几笔，希望对诸君能有一点启迪。

赫兹发现了电磁波就如当年牛顿发现了万有引力，戴维电解出钾、钠之时，都是才刚刚二十几岁的年纪，正是宏图初展，前途无限之时。但从1893年开始，他就患一种齿龈脓肿的病，虽不是大病但却很顽固，多次手术只能缓解痛苦而不能去根，后来连情绪也甚觉忧郁伤感，他已自觉到将不久于人世。1893年12月4日夜，他秉烛展纸，强忍眼泪向父母写了一封既是安慰又是预告的信："假若我真发生了什么事情的话，你们不应当悲伤，但你们要感到几分自豪，并想到我属于那些生命虽然短促但仍算有充分成就的优秀人物。我不想遭遇，也没有选择这样的命运，但是既然这种命运降临到我的头上，我也应感到满意。"这世界上有很多不公平，赫兹在1894年1月，以37岁的轻轻年纪猝然谢世。这在当时欧洲物理学界着实引起了好一阵悲哀。在他死去的第二天，意大利帕多瓦大学门口贴出了这样一张讣告：

"波恩大学赫兹教授不幸于昨日去世，物理学界的一颗明星突然殒落，这是全欧洲的损失。"

第十二课　光的基本知识

在人类的所有感觉中，最主要的也许就是视觉了。有关世界周围的大部分信息，都是人们通过视觉直接观察、读书和查阅图书等获得的；照相机、望远镜、电视机等，都是为改进光信息的传递和视觉而设计的；在生产技术、科学研究上，不论是宏观世界还是微观领域，光都是我们的重要工具。

光学是一门古老的学科，我国古代人民对光的研究，有着当时世界首屈一指的成就；光学又是一门新兴的活跃学科，如激光、光纤通信等，为科学技术的进步展示了美好的前景。

下面我们主要学习一些光的基本知识。

用几何的方法研究光在透明媒质（如空气、水、玻璃等）中的传播规律，就叫作几何光学。能够自行发光的物体叫作光源，太阳是一个巨大的天然光源；蜡烛、电灯、激光器等是人造光源。从光源发出的光，在均匀透明媒质中是沿直线传播的，光的直线传播原理，是几何光学的基础。光的传播路线叫光线，通常用带箭头的直线来表示，箭头所指的方向就是光的传播方向。

17 世纪以前，人们不知道光速的数值，甚至有人认为光的传播是不要时间的，后来伽利略也进行了计算，但没成功。1676 年，丹麦天文学家罗麦（1644—1710）利用天文方法，首次测出光每秒传播的距离是地球赤道长度的七倍半，现代用激光测得真空中光速的精确值为 c=299792458 米／秒。

光在同一种均匀介质（媒质）中是沿着直线传播的；但当光从一种均匀介质（媒质）传播到另一种均匀介质（媒质）中时，在两种介质的分界面上一部分光线返回原来的介质，另一部分光线折入另一介质，如下图所示。前一种情况叫作光的反射，后一情况就叫作光的折射，通过入射点 o 并与分界面垂直的线叫法线；入射光线（简称入射线）

与法线之间的夹角 θ_1 叫入射角；反射光线与法线间夹角 θ_1'

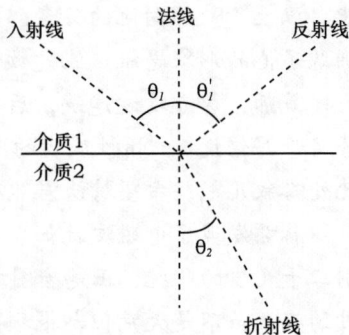

叫作反射角；折线光线与法线间的夹角叫作折射角 θ_2。

折射现象是由于光在不同媒质中的传播速度不同而产生的。从实验可以看出：光从真空（空气）射入某种媒质时，光在这种媒质中的传播速度越快，光线的偏折程度就越小，光的传播速度越慢，线的偏折程度就越大。为了描述各种媒质对光线的偏折程度，我们引入折射率这个物理概念，并规定：光从真空射入某种媒质时，入射角的正弦与折射角的正弦之比，叫作这种媒质的折射率。用 n 表示。

即：

$$n = \frac{\sin a_1 (真空)}{\sin a_2 (媒质)} = \frac{C（真空中的光速）}{V（媒质中的光速）}$$

词语

1. 感觉（动，名）gǎn jué　　　هىس قىلىش ،سزىش
2. 视觉（名）shì jué　　　كۆرۈش سزىمى
3. 信息（名）xìng xī　　　خەۋەر ، ئۇچۇر
4. 查阅（动）chá yuè　　　ئاقتۇرۇپ كۆرمەك ،كۆرمەك
5. 图片（名）tú piàn　　　رەسىم ،سۈرئەت ،كارتىنا
6. 望远镜（名）wàng yuǎn jìng　　　دۇربۇن
7. 宏观（名）hóng guān　　　ماكروسكوپىيە
8. 微观（名）wēi guān　　　مىكرو
9. 光学（名）guāng xué　　　ئوپتىكا
10. 首屈一指（组）shǒu qū yī zhǐ　　　ئالدىنقى قاتاردا تۇرماق
11. 活跃（形）huó yuè　　　جانلىق ،ھەركەتچان ،تىتىك
12. 光纤通信（名）guāng xiān tōng xìn　　　ئوپتىك خەۋەرلىشىش
13. 展示（动）zhǎn shì　　　كۆرۈنمەك ،نامايەن بولماق
14. 透明（形）tòu míng　　　سۈزۈك ،تىنىق
15. 激光器（名）jī guāng qì　　　قوزغاتقۇچ نۇر
16. 光速（名）guāng sù　　　يورۇقلۇق تىزلىكى
17. 天文（名）tiān wén　　　ئاسترونومىيە
18. 分界面（名）fēn jiè miàn　　　ئايرىلىش يۈزى
19. 折入（动）zhé rù　　　يورۇقلۇقنىڭ سۇنۇپ كىرىشى
20. 反射（动）fǎn shè　　　ئوپىنكىدا قايتىش
21. 法线（名）fǎ xiàn　　　نورمال ،نورمال سىزىق
22. 夹角（名）jiā jiǎo　　　ئارا بۇلۇڭ
23. 偏折程度（名）piān zhé chéng dù　　　سۇنۇش دەرىجىسى
24. 折射率（名）zhé shè lǜ　　　سۇندۇرۇش كۆرسەتكۈچى(كوئىفىنسىنتى)

练习与作业

一、读译词组

查阅资料　　宏观世界　　微观世界　　首屈一指
新兴学科　　光纤通信　　美好前景　　传播规律
精确值　　　折射现角　　偏折程度　　折射率

二、用汉语解释下列词语

感觉　　查阅　　宏观　　微观　　首屈一指　　新兴

三、名词解释

光纤通信　　光源　　反射　　折射　　折射率　　折射现象

四、完成句子

1. 我们周围大部分信息，是＿＿＿＿＿＿＿＿＿＿＿＿＿＿＿获得的。
2. 光学是＿＿＿＿＿＿＿＿＿＿＿＿＿＿＿＿＿＿＿＿＿学科。

3. _____ 叫光源。

4. 光的传播路线叫_____，通常用_____来表示。

5. 光的直线传播原理是_____的基础。

6. 太阳是_____能源。

7. _____是人造能源。

五、回答问题

1. 什么叫几何光学？

2. 什么叫反射？什么叫折射？什么叫法线？

3. 什么叫入射角？什么叫反射角？什么叫折射角？

4. 折射现象是怎样产生的？光的传播速度与偏折程度有什么关系？

5. 什么叫折射率？

六、阅读课文

计算错误还是物理革命——"超光速中微子"引发广泛争议

比光跑得还快的中微子！意大利研究人员报告的这个消息一旦验证，爱因斯坦的相对论乃至整个现代物理的基石都将遭到严峻挑战。

然而，对这一"颠覆性发现"，包括英国著名物理学家史蒂芬·霍金、诺贝尔物理学奖得主丁肇中等在内的大多数科学家持谨慎怀疑态度。一些科学家认为，相关研究出现了误差或计算错误，也有人认为可能忽略了某些因素。

所谓中微子，是指一种不带电的基本粒子。它具有最强的穿透力，可以像"幽灵"一样穿透任何物质。由于中微子难以捕捉和探测，因而也被称为宇宙间的"隐身人"。它是目前科学界了解最晚、最少的基本粒子。

英国《自然》杂志 22 日报道说，意大利格兰萨索国家实验室下属的一个名为"OPERA"的实验装置接收了来自著名的欧洲核子研究中心的中微子，两地相距 730 千米，中微子跑过这段距离的时间比光速还快了 60 纳秒（1 纳秒等于十亿分之一秒）。

这个消息虽然引起轰动，但科学家透露，类似的现象并非首次出现。英国伦敦大学学院教授珍妮·托马斯教授对英国《每日电讯报》说，在美国费米实验室进行的国际合作项目"MINOS"实验早在 2007 年就观测到了类似的"中微子超光速"现象。

"当我听到欧洲核子研究中心的实验结果时，我的第一反应也是他们错了，可能存在某些他们还没有考虑到的事情，"托马斯教授表示。托马斯是"MINOS"项目的发言人，而"MINOS"是世界上少数几个有能力重复欧洲本次实验的地方之一。

托马斯说，"MINOS"项目科学家几年前观测到类似现象时，认为可能是由于某些方面的误差引起，而宣布本次研究结果的科学家应该认真细致地考虑了各种因素，但仍然可能存在他们还没有考虑到的地方。她说，"MINOS"可能会在 6 个月内进行相关实验，看能否验证这一现象。

"难以发现的系统性错误？"

中微子超光速的消息引起学界震动，多数科学家对该发现表示怀疑，并认为欧洲核子研究中心的实验可能出现了计算错误。英国著名物理学家霍金说："目前对中微子发表评论言之过早，还须进行更多的实验及澄清工作。"

诺贝尔物理学奖得主、麻省理工学院教授丁肇中常年在欧洲核子研究中心从事磁谱仪数据分析工作。他对新华社记者说："这是一个极其困难的实验，只有经过很多不同的方法重复这个实验，才能使人对这个实验有信心。这种困难的实验，外人很难看出和了解它的细节。"

诺贝尔物理学奖得主、得克萨斯大学奥斯汀分校理论物理学家史蒂芬·温伯格对《科学美国人》说："我还没有看到任何科学文章描述这项工作。令我困扰的是——大量证据表明各种各样的其他粒子的速度从未超越过光速，而观测中微子极为困难。这就好比一些人说他家花园下面有小精灵而只能在雾蒙蒙的黑夜才能看到。"

德国电子同步加速器研究中心研究人员克里斯蒂安·施皮林曾说，发现超光速中微子的消息公布时，他正和大约一百名中微子专家一同开会，"我的同事十分怀疑这一结论，毕竟相对论已在无数实验中得到证实。"

施皮林解释说，他并不是说相对论就一定对，"但我非常、非常、非常确信，测量数据里存在迄今尚未发现的系统性错误。"

一些物理学家甚至认为"OPERA"项目研究人员不应过早地公布测量数据，而是应该先自查疏漏，因为轻易公开不确凿的数据可能损害物理学界的信用。

美国亚利桑那州立大学理论物理学家劳伦斯·克劳斯认为这是件"令人尴尬之事"。他说，提交一项有关无法解释结果的论文并非不合理，"不过，在论文提交前就这项极不可能正确的结果举行新闻发布会，对欧洲核子研究中心、对科学都很不幸。如果被证明是错误的，每个人都会失去信用。"

"本世纪物理学的革命？"

不过，如果中微子超光速现象最终得到验证，整个物理学理论体系或许会因之重建。

美国威斯康星大学麦迪逊分校中微子物理学家卡斯滕·黑格说："我们很多人可以说都被震惊了。这是非同寻常的结果，如果结果正确的话，我们甚至不能想出其所有意义。我们所知和教育的现代物理都基于爱因斯坦的狭义和广义相对论。如果意大利研究人员的成果是真实的，那么我认为这将是本世纪物理学的革命。"

对外界的种种争议，欧洲核子研究中心中微子项目研究小组成员、日本名古屋大学副教授小松雅宏 26 日在为此召开的记者会上说，实验的目的本来是为了测量中微子的质量，而不是中微子的速度，此次成果不过是一个副产品。

"如果因为（测量结果）与常识不一致，就不公布结果，不是研究人员应有的正确态度。"他说："一直尝试采取各种手段，想否定这一结果，但是最后无论如何都会有 60 纳秒的时间差。"

同样参加了研究小组的名古屋大学副教授中村光宏也表示，"一开始认为肯定是搞错了"，因此他们从今年 3 月开始，约半年时间里重复进行了实验。他说："思考相对论时，确实应该如临深渊，不过也有让人纠结的地方，但是我相信此次成果是正确的。"

附录 1：20 世纪 30 年代，科学家发现原子核在衰变前后的能量不一致。物理学家泡利对此提出假设，有种粒子"窃走了"能量。这一假说在 25 年后终被证实，这个窃走能量的"小偷"就是中微子。

中微子是一种非常小的基本粒子，广泛存在于宇宙中。它可以自由穿过地球，很难与任何物质发生作用，难以捕捉和探测，被称为宇宙间的"隐身人"。曾有科学家打比方说：

"即便用我们整个太阳系那么大的一块铅，也不可能把一个宇宙中微子拦下。"

在自然界里，中微子产生于太阳内的放射性衰变过程或者宇宙射线中，它可以揭示宇宙质量及浩瀚太空中各种星体的许多奥秘。这种粒子与宇宙发展和"暗物质"的存在有直接关系，有可能成为人类打开新物理学之门的钥匙。除理论研究外，中微子的特性还有可能被应用于通讯、地球断层扫描等领域。

中微子是近年来物理研究中的一个热点。2002 年，美国和日本物理学家因"宇宙中微子探测"方面的成就摘得当年的诺贝尔物理学奖。

附录2：新华网布鲁塞尔 9 月 29 日电（记者姜岩）欧洲科学家日前宣布发现"超光速中微子"之后，这个高深的基础科学问题迅速演变成一个公众事件——有否认者，有质疑者，有审慎支持者，有用各种假说解释者，还有声称"时光旅行即将实现"等充满科幻想法的人……

由于超光速现象与相对论的基础不符，科学界的主流声音是说"不"。他们解释说，要么实验有误差，要么计算有错误，要么实验设计有问题，否则不会出现超光速现象。甚至有科学家打赌说如果这是真的，自己就把内裤吃下去。

但与此同时，也有科学家对超光速现象表示支持——他们要么基于现有理论试图加以解释，要么提出新的假说。

比如有人提出，一种有关"费米点"的量子理论认为，中微子在能量为零的"费米点"上会表现出超常特征，超光速可能是其中之一；还有人根据量子引力理论认为，实验中的中微子穿过地壳，而地壳中存在大量物质使空间轻微变形，在不均匀的时空环境下，中微子速度可超光速；甚至还有人说，在普通的时空四维之外可能还存在其他维度，让中微子"抄了近道"，在普通的四维时空观测，其速度就超过光速了。

其实，实验结果与理论冲突的现象是科学界的好事。早在 19 世纪末期就曾有两个颠覆传统理论的实验结果，即光速不变和能量的不连续性。它们当时被称为"物理学天空上的两朵乌云"，结果一个催生了相对论，一个催生了量子论，在 20 世纪改变了人类社会。

但面对可能的重大发现，格外审慎的态度是必须采取的。正如英国著名物理学家霍金所说："目前对中微子发表评论言之过早，还需进行更多实验及澄清工作。"一旦这一结果被验证，在理论的权威性和事实面前，毫无疑问要尊重事实，修改或创新理论。

不论验证结果如何，有一点可以肯定，这一事件对探索新的科研方式、普及科学知识都有正面意义。在全球化和信息化时代，人们既可以整合全世界的人力、物力和财力共同参与重大科研项目，又可以利用这一引发广泛关注的事件做好科学知识的普及。

此外，在尚无定论的实验结果面前，全球科学界表现出的严谨态度和媒体的客观报道，都十分值得赞赏。目前为止，无论是支持这一结果的"正方"还是持否定态度的"反方"，科学家们的探讨都在合理的科学范畴之内，并没有太多主观倾向和科学之外的纷争。而主流媒体对这秉持客观和理智，也使公众保持了适当的关注度。

计算机部分

第一课　计算机概述

世界上第一台数字式电子计算机是由美国宾夕法尼亚大学的物理学家约翰·莫克利（John Mauchly）和工程师普雷斯伯·埃克特（Presper Eckert）领导研制的、取名为 ENIAC（Electronic Numerical Integrator and Calculator）的计算机。

1942 年，在宾夕法尼亚大学任教的约翰·莫克利提出了用电子管组成计算机的设想，这一方案得到了美国陆军弹道研究所的高尔斯特丹（Goldstine）的关注。当时正值第二次世界大战之际，新武器研制中的弹道问题涉及许多复杂的计算，单靠手工计算已远远满足不了要求，急需能自动计算的机器。于是，在美国陆军部的资助下，1943 年开始了 ENIAC 的研制，并于 1946 年完成。当时它的功能确实出类拔萃，例如，它可以在一秒内进行 5000 次加法运算，3 毫秒便可进行一次乘法运算，与手工计算相比运算速度大大加快了，60 秒射程的弹道计算时间由原来的 20 分钟缩短到 30 秒。

从第一台计算机的诞生到现在，计算机已走过 70 多年的发展历程。在这期间，计算机的系统结构不断变化，应用领域也在不断拓宽。人们根据计算机所用逻辑元件的种类对计算机的发展阶段进行了划分，习惯上分为四个阶段，如下图所示。

元件 或 指令 名称 ＼ 阶段 数	第一代 （1946~1955 年）	第二代 （1956~1963 年）	第三代 （1964~1971 年）	第四代 （1972~至今）
主机电子器件	电子管	晶体管	中小规模集成电路	大规模、超大规模集成电路
内存	汞延迟线	磁芯存储器	半导体存储器	半导体存储器
外存储器	穿孔卡片、纸带	磁带	磁带、磁盘	磁盘、光盘等大容量存储器
处理速度 （指令数/秒）	几千条	几百万条	几千万条	数亿条以上

从第一台计算机的出现直至 20 世纪 50 年代后期，这一时期的计算机属于第一代计算机，其主要特点是采用电子管作为基本物理器件。它的体积大、能耗高、速度慢、容量小、价格昂贵，应用也仅限于科学计算和军事目的。

20 世纪 50 年代后期到 60 年代中期出现的第二代计算机采用晶体管作为基本物理器件，并采用了监控程序，这是操作系统（OS）的雏形。在这一期间，适用于事务处理的 COBOL 语言也得到了广泛应用，这意味着计算机的应用范围已从科学计算扩展到了事务处理领域。

与第一代计算机相比，晶体管计算机体积小、成本低、功能强、可靠性高。这时期计算机不仅应用于军事与尖端技术上，而且也被用于工程设计、数据处理、事务管理等方面。

1964 年 4 月，IBM 公司推出了采用新概念设计的 IBM 360 计算机，宣布了第三代计算机的诞生。正像它名字中的数字所表示的那样，IBM 360 有 360°全方位的应用范围。它分为大、中、小型等六个型号，具有通用化、系列化、标准化的特点。通用化即兼顾了科学计算、数据处理、实时控制等多方面的应用，机器指令丰富。系列化即在指令系统、数据格式、字符编码、中断系统、输入/输出方式、控制方式等方面保持统一，使用户在低档机上编写的程序可以不加修改地运行在以后性能更好的高档机上，实现了程序的兼容。标准化即采用标准的输入/输出接口，这样各机型的外部设备都是通用的。

第四代计算机始于 20 世纪 60 年代末期~70 年代初期，其特征是以大规模集成电路 VLSI 为计算机的主要功能部件，用 16 KB、64 KB 或集成度更高的半导体存储器作为主存储器，计算速度可达每秒几百万次甚至上亿次。这一时期在系统结构方面发展了并行处理技术、分布式计算机系统和计算机网络等；在软件方面发展了数据库系统、分布式操作系统、高效而可靠的高级语言以及软件工程标准化等，并逐渐形成软件产业部门。

从第一台计算机的诞生到今天，计算机的体积不断变小，但性能、速度却在不断提高。然而，人类的追求是无止境的，科学家们一刻也没有停止研究更好、更快、功能更强的计算机。科学家们预言，21 世纪将是量子计算机、生物计算机、光学计算机和情感计算机的时代，就像电子计算机对 20 世纪产生了重大影响一样，各种新颖的计算机也必将对 21 世纪产生重大影响。

词语

1. 电子管（名）diàn zǐ guǎn　　　　ئېلېكترون لامپا
2. 系统（名）xì tǒng　　　　سىستېما
3. 拓宽（动）tuò kuān　　　　كېڭەيتمەك
4. 逻辑（名）luó jí　　　　لوگىكا
5. 元件（名）yuán jiàn　　　　دېتال
6. 容量（名）róng liàng　　　　سىغىم
7. 晶体管（名）jīng tǐ guǎn　　　　كرىستال لامپا
8. 监控（名）jiān kòng　　　　نازارەت قىلىش
9. 程序（名）chéng xù　　　　پروگرامما
10. 雏形（名）chú xíng　　　　ئىپتىدائى شەكىل
11. 数据（名）shù jù　　　　سانلىق مەلۇمات
12. 处理（动）chǔ lǐ　　　　بىر تەرەپ قىلماق
13. 兼顾（动）jiān gù　　　　تەڭ ئېتىبار بەرمەك
14. 输入（动）shū rù　　　　كىرگۈزۈش
15. 输出（动）shū chū　　　　چىقىرىش
16. 兼容（动）jiān róng　　　　ماسلىشىش
17. 通用（形）tōng yòng　　　　ئۇنۇۋېرسال، ھەممىباب
18. 集成（动）jí chéng　　　　توپلاشتۇرۇش، توپلاشتۇرۇلغان
19. 电路（名）diàn lù　　　　توك يولى

20. 存储器（名）cún chǔ qì
21. 软件（名）ruǎn jiàn
22. 操作（动）cāo zuò

ساقلىغۇچ
يۇمشاق ماتېرىيال
مەشغۇلات

练习与作业

一、读译词组

自动计算	操作系统	晶体管计算机	数据处理
指令	程序的兼容	集成电路	软件

二、用汉语解释下列词语

拓宽　　兼容　　兼顾　　处理　　具有　　性能

三、名词解释

第一代计算机　　晶体管计算机　　通用化　　系列化　　标准化

四、完成下列句子

1. 1942 年，在宾夕法尼亚大学任教的约翰·莫克利提出了_____ _____的设想。

2. 在这期间，计算机的系统结构_____，应用领域也在_____。

3. 这一时期的计算机属于第一代计算机，其主要特点是_____。

4. 20 世纪 50 年代后期到 60 年代中期出现的第二代计算机采用_____。

5. 与第一代计算机相比，晶体管计算机_____，_____，_____，_____。

6. 通用化即_____、_____等多方面的应用，机器指令丰富。

7. 系列化即在指_____、_____、_____、_____、_____、_____等方面保持统一。

8. 标准化即采用_____，这样_____都是通用的。

9. 从第一台计算机的诞生到今天，计算机的体积_____，_____、_____却在不断提高。

10. 科学家们预言，21 世纪将是_____、_____、_____和_____的时代。

五、回答下列问题

1. 第一台计算机是怎样诞生的？它有哪些特点？

2. 我们习惯把计算机的发展分为几个阶段？举例说明。

3. 具有通用化、系列化、标准化是指什么意思？

4. 科学家们预言，未来 21 世纪的计算机将会如何发展？

六、课外阅读

计 算 机

计算机（Computer）俗称电脑，是一种能够自行按照已设定的程序进行数据处理的电子设备。通常我们所说的计算机是指个人计算机，它由 CPU、主板、内存、电源、机箱、显卡等多个部件组成。

计算机的学名为电子计算机，是由早期的电子管计算器发展而来的。1946 年 2 月，世界上出现了第一台电子数字计算机"ENIAC"，用于计算弹道，是由美国宾夕法尼亚大学莫尔电工学院制造的。但它的体积庞大，占地面积170多平方米，重量约30吨，消耗近100千瓦的电力。显然，这样的计算机成本很高，使用不便。1956年，晶体管电子计算机诞生了，这是第二代电子计算机。只要几个大一点的柜子就可将它容下，运算速度也大大地提高了。1959年出现的是第三代集成电路计算机。最初的计算机由约翰·冯·诺依曼发明（那时电脑的计算能力相当于现在的计算器），有三间库房那么大，后逐步发展而成。从20世纪70年代开始，这是计算机发展的最新阶段。到1976年，由大规模集成电路和超大规模集成电路制成的"克雷一号"，使计算机进入了第四代。超大规模集成电路的发明，使电子计算机不断向着 小型化、微型化、低功耗、智能化、系统化的方向更新换代。20世纪90年代，计算机向"智能"方向发展，制造出与人脑相似的计算机，可以进行思维、学习、记忆、网络通信等工作。

进入21世纪，计算机更是笔记本化、微型化和专业化，每秒运算速度超过100万次，不但操作简易、价格便宜，而且可以代替人们的部分脑力劳动，甚至在某些方面扩展了人的智能。于是，今天的微型电子计算机就被形象地称作电脑了。世界上第一台个人计算机由IBM于1981年推出。

计算机的原理构成

不论何种计算机，它们都是由硬件和软件所组成。

1. 硬件

计算机系统中所使用的电子线路和物理设备，是看得见、摸得着的实体，如中央处理器（CPU）、存储器、外部设备（输入输出设备、I／O设备）及总线等。个人计算机（PC：Personal Computer）的主要硬件有，主机：主板、CPU（中央处理器）、主要储存器（内存）、扩充卡（显示卡、声卡、网卡等有些主板可以整合这些）、电源供应器、光驱、次要储存器（硬盘）；外设：显示器、键盘、鼠标（音箱、摄像头，外置调制解调器Modem等）。下图所示为计算机的显卡。

2. 软件

软件是对能使计算机硬件系统顺利和有效工作的程序集合的总称。程序总是要通过某种物理介质来存储和表示的，它们是磁盘、磁带、程序纸、穿孔卡等。软件并不是指这些物理介质，而是指那些看不见、摸不着的程序本身。可靠的计算机硬件如同一个人的强壮体魄，有效的软件如同一个人的聪颖思维。计算机的软件系统可分为系统软件和应用软件两部分。系统软件是负责对整个计算机系统资源的管理、调度、监视和服务。应用软件是指各个不同领域的用户为各自的需要而开发的各种应用程序。计算机软件系统包括以下几种。

① 操作系统：系统软件的核心，它负责对计算机系统内各种软、硬资源的管理、控制

和监视。

　② 数据库管理系统：负责对计算机系统内全部文件、资料和数据的管理和共享。

　③ 编译系统：负责把用户用高级语言所编写的源程序编译成机器所能理解和执行的机器语言。

　④ 网络系统：负责对计算机系统的网络资源进行组织和管理，使得在多台独立的计算机间能进行相互的资源共享和通信。

　⑤ 标准程序库：按标准格式所编写的一些程序的集合。标准程序包括求解初等函数、线性方程组、常微分方程、数值积分等计算程序。

　⑥ 服务性程序：也称实用程序为增强计算机系统的服务功能而提供的各种程序，包括对用户程序的装置、连接、编辑、查错、纠错、诊断等功能。为了使计算机能算得快和准、记得多和牢，数十年来，对提高单机中的中央处理器的处理速度和精度，对提高存储器的存取速度和容量做了许多改进。

第二课　计算机病毒

随着计算机的普及，几乎所有的计算机用户都已知道"计算机病毒"这一名词。对于大多数计算机用户来说，一谈到"计算机病毒"，似乎觉得它深不可测，无法琢磨。有些人谈"毒"色变，因害怕染上病毒以至于连一些正常的信息交换都不敢做。其实病毒并不可怕，只要了解它的特点和原理就可以很好地防治它。下面我们就介绍一些有关病毒的基本常识。

一、病毒的历史

自从 1946 年第一台冯·诺依曼型计算机 ENIAC 面世以来，计算机已被应用到人类社会的各个领域。然而，1988 年发生在美国的"蠕虫病毒"事件，给计算机技术的发展罩上了一层阴影。在国内，最初引起人们注意的病毒是 20 世纪 80 年代末出现的"黑色星期五"、"米病毒"、"小球病毒"等。后来出现的 Word 宏病毒及 Windows 95 下的 CIH 病毒，使人们对病毒的认识更加深了一步。

二、病毒的定义

在 20 世纪 70 年代，美国作家雷恩出版的《P1 的青春》一书中构思了一种能够自我复制、利用通信进行传播的计算机程序，并称之为计算机病毒。

计算机病毒与医学上的"病毒"不同，它不是天然存在的，而是某些人利用计算机软、硬件所固有的脆弱性编制的具有特殊功能的程序，它与生物医学上的"病毒"同样有传染和破坏的特性，是由生物医学上的"病毒"概念引申而来的。从广义上定义，凡能够引起计算机故障、破坏计算机数据的程序统称为计算机病毒。依据此定义，诸如逻辑炸弹、蠕虫等均可称为计算机病毒。

1994 年 2 月 18 日，我国正式颁布实施了《中华人民共和国计算机信息系统安全保护条例》。该条例第二十八条中明确指出："计算机病毒，是指编制或者在计算机程序中插入的破坏计算机功能或者毁坏数据，影响计算机使用，并能自我复制的一组计算机指令或者程序代码。"此定义具有法律性和权威性。

三、病毒的产生

病毒的产生过程可分为：程序设计→传播→潜伏→触发→运行→实行攻击。究其产生的原因，不外乎以下几种：

（1）开个玩笑、搞一个恶作剧；

（2）产生于个别人的报复心理；

（3）用于版权保护；

（4）用于特殊目的。

四、病毒的特征

1. 传染性

传染性是病毒的基本特征。当计算机病毒程序代码进入某台计算机并得以执行时，它会搜寻其他符合其传染条件的文件，确定目标后将自身代码插入其中，达到自我繁殖的目的，而被感染的文件又成了新的传染源。计算机病毒也会通过各种渠道（特别是网络）从已被感染的计算机扩散到未被感染的计算机。只要一台计算机染毒，如不及时处理，病毒就有可能扩散到其他机器上。

2. 未经授权而执行

病毒隐藏在正常程序中，当用户调用正常程序时，它会窃取到系统的控制权，先于正常程序执行。病毒的动作、目的对用户是未知的，是未经用户允许的。

3. 隐蔽性

病毒一般是短小精悍的程序，通常附着在正常程序或磁盘中较隐蔽的地方。也有个别的病毒以隐含文件形式出现，目的是不让用户发现它的存在。如果不经过代码分析，病毒程序与正常程序是不容易区别开来的。如果病毒在传染到计算机上之后，机器马上无法正常运行，那么它本身便无法继续进行传染了。正是由于隐蔽性，计算机病毒才得以在用户没有察觉的情况下繁殖和扩散。

4. 潜伏性

大部分病毒感染系统之后一般不会马上发作，它可长期隐藏在系统中，只在满足特定条件时才启动其表现（破坏）模块，只有这样，它才可进行广泛的传播。例如，PETER-2在每年2月27日会提三个问题，答错后会将硬盘加密。著名的"黑色星期五"在逢13号的星期五发作。国内的"上海一号"会在每年3、6、9月的13日发作。当然，最令人痛恨的便是26日发作的CIH。这些病毒在平时会隐藏得很好，只有在发作日才会露出其本来面目。

5. 破坏性

计算机病毒的种类很多，其破坏性的表现方式也很多。我们可大致按照破坏方式和破坏力的大小将病毒分为良性病毒、恶性病毒和毁灭性病毒等。良性病毒的发作表现往往是显示信息，奏乐，发出声响。恶性病毒则有明确的破坏目的，如破坏系统配置、删除文件（包括系统文件）、加密磁盘、格式化磁盘、干扰计算机运行、使系统变慢、造成死机等。毁灭性病毒的危害是最严重的，它通过破坏硬盘分区表、FAT区等行为使用户的数据受损，如果没有做好数据备份的话，损失将无法挽回。

6. 病毒防治

杀毒、防毒的措施主要有：

（1）最简单、最有效的一条是使用正版杀毒软件经常检查和清除病毒，并且要及时更新病毒特征库。

（2）运行病毒防火墙，实时监视病毒的入侵和感染。

（3）不要运行来路不明的软件，盗版软件是没有任何保障的，很可能隐藏病毒。

（4）遇见来历不明的邮件不要打开，应立即将其删除。

（5）定期备份重要的系统数据和用户数据。一旦被病毒破坏，可以迅速恢复，将损失减到最小。

计算机病毒的危害是巨大的。例如，1988 年 11 月 2 日发生在美国网络上的计算机病毒攻击事件，一夜之间使全国三百所大学、私人公司、研究中心、军事基地和国防部研究机构的约 6200 台 VAX 系列小型机及 Sun 工作站染上了病毒，造成的直接经济损失达数百万美元，对各大研究中心研究工作的影响则难以用美元来估算。

在我国，1999 年 CIH 病毒就造成几亿元人民币的损失。这一切使人们开始认识到计算机系统的安全性与共享性是一对矛盾。如何有效抵御病毒入侵已经提到计算机用户的议事日程上来。这一切将促使计算机安全的研究进入一个崭新的阶段。

词语

1.	深不可测（组）shēn bù kě cè	تېگى يوق
2.	琢磨（动）zhuó mó	ئويلىماق، ئويلاپ كۆرمەك
3.	计算机病毒（名）jì suàn jī bìng dú	كومپييۇتېر ۋىرۇسى
4.	故障（名）gù zhàng	كاشىلا
5.	不外乎（连）bú wài hū	ئىبھىتمائللىق
6.	版权（名）bǎn quán	نەشر ھوقۇقى
7.	程序代码（名）chéng xù dài mǎ	پروگراما كود
8.	传染源（名）chuán rǎn yuán	يۇقۇملىنىش مەنبەسى
9.	窃取（动）qiè qǔ	تارتىۋالماق، ئېگىللىۋالماق، ئوغۇرلىۋالماق
10.	用户（名）yòng hù	ئىشلەتكۈچى، خېرىدار، ئابۇنىت
11.	短小精悍（组）duǎn xiǎo jīng hàn	چاققان، ئەپچىل، ئىخچام
12.	隐含文件（名）yǐn hán wén jiàn	يوشۇرۇن ھۆججەت
13.	硬盘加密（动）yìng pán jiā mì	شىفىرلاشتۇرۇلغان قاتتىق دېسكا
14.	系统配置（名）xì tǒng pèi zhì	سېستىما سەپلىمەش
15.	格式化磁盘（动）gé shì huà cí pán	ماگنىتلىق دېسكىنى فورماتلاش
16.	死机（动）sǐ jī	كومپييۇتېر قېتىپ قېلىش
17.	硬盘分区表（名）yìng pán fēn qū biǎo	قاتتىق دېسكىنى رايونلارغا بۆلۈش
18.	数据备份（动）shù jù bèi fèn	سانلىق مەلۇماتنى ساقلاش
19.	杀毒软件（名）shā dú ruǎn jiàn	ۋىرۇس ئۆلتۈرۈش يۇمشاق دېتالى
20.	防火墙（名）fáng huǒ qiáng	مۇداپىئەلىنىش تېمى

111
计算机部分

练习与作业

一、用汉语解释下列词语

谈"毒"色变　自我复制　潜伏　触发　版权保护　染毒　扩散　隐蔽性

二、名词解释

计算机病毒　　计算机染毒　　毁灭性病毒　　究其　　附着

三、完成下列句子

1. 随着计算机的普及，几乎所有的计算机用户都已知道_____。
2. 计算机病毒与_____不同，它不是_____。
3. 计算机病毒，是指_____，_____，并能自我复制的一组计算机指令或者程序代码。

 4. 病毒的产生过程可分为：＿＿＿＿＿＿＿。究其产生的原因，不外乎以下几种。

 5. 只要＿＿＿＿＿＿，＿＿＿＿＿＿，病毒就有可能扩散到其他机器。

 6. 病毒一般是＿＿＿＿＿＿，通常附着在＿＿＿＿＿＿的地方。

 7. 计算机病毒的＿＿＿＿＿＿，其破坏性的表现＿＿＿＿＿＿。

 8. 我们可大致按照＿＿＿＿＿＿将病毒分为＿＿＿＿＿＿、＿＿＿＿＿＿和＿＿＿＿＿＿等。

 9. 最简单、最有效的一条是＿＿＿＿＿＿，并且要＿＿＿＿＿＿。

 10. 遇见来历不明的邮件＿＿＿＿＿＿，应＿＿＿＿＿＿。

四、回答下列问题

1. 计算机病毒与医学上的"病毒"有什么区别？

2. 我国是如何给计算机病毒下定义的？

3. 计算机病毒有哪些危害？请举例说明。

4. 如何防治计算机病毒？

五、课外阅读

计算机病毒

  计算机病毒（Computer Virus）在《中华人民共和国计算机信息系统安全保护条例》中被明确定义，病毒指"编制者在计算机程序中插入的破坏计算机功能或者破坏数据，影响计算机使用并且能够自我复制的一组计算机指令或者程序代码"。图所示为熊猫烧香病毒（尼姆亚病毒变种）与医学上的"病毒"不同，计算机病毒不是天然存在的，是某些人利用计算机软件和硬件所固有的脆弱性编制的一组指令集或程序代码。它能通过某种途径潜伏在计算机的存储介质（或程序）里，当达到某种条件时即被激活，通过修改其他程序的方法将自己的精确复制或者可能演化的形式放入其他程序中。从而感染其他程序，对计算机资源进行破坏，所谓的病毒就是人为造成的，对其他用户的危害性很大！

熊猫烧香病毒（尼姆亚病毒变种）

1. 产生

病毒不是来源于突发的原因。计算机病毒的制造却来自于一次偶然的事件。那时的研究人员为了计算出当时因特网的在线人数，然而它却自己"繁殖"了起来导致了整个服务器的崩溃和堵塞。有时，一次突发的停电和偶然的错误，会在计算机的磁盘和内存中产生一些乱码和随机指令。但这些代码是无序和混乱的，病毒则是一种比较完美的，精巧严谨的代码，按照严格的秩序组织起来，与所在的系统网络环境相适应和配合起来。病毒不会偶然形成，并且需要有一定的长度，这个基本的长度从概率上来讲是不可能通过随机代码产生的。现在流行的病毒是由人为故意编写的，多数病毒可以找到作者和产地信息。从大量的统计分析来看，病毒作者主要情况和目的是：一些天才的程序员为了表现自己和证明自己的能力，出于对上司的不满，为了好奇，为了报复，为了祝贺和求爱，为了得到控制口令等。当然，也有因政治、军事、宗教、民族、专利等方面的需求而专门编写的，其中，也包括一些病毒研究机构和黑客的测试病毒。

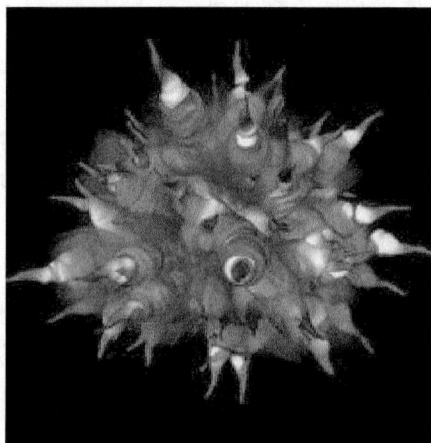

2. 预防计算机病毒

提高系统的安全性是防病毒的一个重要方面，但完美的系统是不存在的。过于强调提高系统的安全性将使系统多数时间用于病毒检查，系统失去了可用性、实用性和易用性。另一方面，信息保密的要求让人们在泄密和抓住病毒之间无法选择。为了加强内部网络管理人员及使用人员的安全意识，很多计算机系统常用口令来控制对系统资源的访问，这是防病毒进程中，最容易和最经济的方法之一。另外，安装杀毒软件并定期更新也是预防病毒的重中之重。

第三课　计算机网络基础

一、计算机网络的产生

计算机能长久存储大量信息，并且能有效地组织和处理信息，通过通信技术还能实现文字、语音、图形和图像的传输。因此，将计算机技术与通信技术有机地结合起来，势必成为从信息产生到利用全过程中的重要组成部分。社会的需要要求计算机技术与通信技术相结合，而科学发展的水平，特别是微电子技术的发展，为计算机技术和通信技术的结合提供了可能。因此，计算机技术与通信技术相结合的产物——计算机网络便应运而生了，并随着社会的发展、科技的进步而不断完善和提高，从而出现了目前计算机网络空前普及和应用的局面。

在计算机网络出现的初期，计算机的功能不很强，计算机的应用主要是科学计算。为了方便用户的应用，需要将用户使用的终端通过通信系统与远地的计算机互连起来，从而出现了面向终端的联机系统。

二、计算机网络的发展趋势

ARPA 网经过 20 年的变化和发展，已逐渐发展成了众所周知的国际因特网 Internet。目前，这个网络覆盖了世界上 180 多个国家和地区，连接着上亿台计算机，成为有数亿用户使用的一个国际性的因特网络。所有入网的计算机按照一个灵活而有效的 TCP/IP 协议相互连接起来。由于这种协议对不同计算机和网络互连的有效性，因而获得广泛应用，并已成为事实上的网络协议标准。

随着数字技术的发展，使得将各种信息变换成数字信号成为可能。这些数字信号在同一网络中传输，从而实现了各种业务的综合；光纤技术的发展提供了高品质带宽的传输媒介，为高品质、高速率的信息传输提供了有力的保障；多媒体技术和网络技术的发展，为数据、语音和图像在网络上的应用开辟了一个全新的境地。

近年来，局域网的用途也很广，并且其信息传输速率也取得了高速的发展。应用最为广泛的以太网已突破传统以太网 10 Mbit/s 和 100 Mbit/s 的传输速率，达到了 1000 Mbit/s 的传输速率。可以看到，更快、更高的网络信息高速公路已经为我们铺就了一条通往真正的数字化信息社会的阳光大道，网络应用的又一个新时代即将到来。

采用 TCP/IP 协议将各种网络互相连接起来，从而组成一个遍布世界的国际因特网Internet，这是近几年人们关注的网络发展的重点。特别是近年来将国际因特网技术应用于局域网，构成了以 Web 服务为中心的企业内部网 Intranet，给局域网的发展和应用提供了新的技术动力，受到广大用户的普遍欢迎。一个将原有局域网改型或组建新的企业网Intranet 的高潮已经到来。

三、计算机网络的功能

计算机网络的主要功能有四个方面：数据通信、资源共享、提高计算机可靠性和可用性、易于进行分布式处理。

1. 数据通信

数据通信或数据传送是计算机网络最基本的功能之一，用以实现计算机之间各种信息的传送。这一功能可使地理位置分散的部门和计算机通过网络连接起来，以便进行集中的控制和管理。

2. 资源共享

计算机资源主要指计算机硬件资源、软件资源和数据资源。通过资源共享，可使网络中各单位的资源互通有无、分工协作，从而大大提高办公效率和系统资源利用率。

3. 提高计算机可靠性和可用性

通过网络，各台计算机可彼此互为后备机。当某台计算机出现故障时，其任务可由其他计算机代理，避免了系统瘫痪，提高了可靠性。同样，当网络中某台计算机负担过重时，可将其任务的一部分转交给较空闲的计算机完成，从而提高了每台计算机的可用性。

4. 易于进行分布式处理

把待处理的任务按一定的算法分散到网络中的各台计算机上，并利用网络环境进行分布处理和建立分布式数据库系统，达到均衡使用网络资源、实现分布式处理的目的。

计算机部分

词语

1. 微电子技术（名）wēi diàn zǐ jì shù   مىكرو ئېلېكترون تېخنىكىسى
2. 应运而生（组）yìng yùn ér shēng

ۋەزىيەت ئېهتىياجى بىلەن بارلىققا كەلمەك

3. 普及（形）pǔ jí   ئومۇملاشتۇرماق
4. 国际因特网（名）guó jì hù lián wǎng   خلقئارالىق تور
5. 光纤技术（名）guāng xiān jì shù   ئوپتىك تالا تېخنىكىسى
6. 传输媒介（名）chuán shū méi jiè   يوللاش ۋاستىسى
7. 传输速率（名）chuán shū sù lù   تارقىتىش سۈرئىتى
8. 局域网（名）jú yù wǎng   تار دائىرىلىك تور
9. 后备机（名）hòu bèi jī   زاپاس ماشىنا
10. 均衡（形）jūn héng   تەڭپۇڭ، مۇۋازىننەت

练习与作业

一、用汉语解释下列词语

传输　势必　终端　触发　联机　境地　铺就　系统瘫痪

二、名词解释

通信技术　计算机网络　计算机资源　数据通信　资源共享

三、完成下列句子

1. 通过通信技术还能实现＿＿＿＿＿＿＿＿＿＿＿＿＿＿＿的传输。
2. 因此，＿＿＿＿＿＿＿＿＿＿＿＿＿的产物——计算机网络便应运而生了。
3. 所有入网的计算机按照＿＿＿＿＿＿＿＿＿＿＿＿＿相互连接起来。
4. 随着数字技术的发展，使得＿＿＿＿＿＿＿＿＿＿＿＿＿＿成为可能。

5. 光纤技术的发展提供了＿＿＿＿＿＿＿＿＿＿＿＿，为＿＿＿＿＿＿＿＿＿＿提供了有力的保障。

6. 多媒体技术和网络技术的发展，为＿＿＿＿＿＿＿开辟了一个全新的境地。

7. 计算机网络的主要功能有四个方面：＿＿＿＿＿＿＿＿＿＿＿＿＿＿＿＿＿。

8. ＿＿＿＿＿＿＿＿＿＿＿＿＿＿＿＿＿＿＿＿＿是计算机网络最基本的功能之一，用以实现＿＿＿＿＿＿＿＿＿＿＿＿＿＿。

9. 计算机资源主要指＿＿＿＿＿＿＿＿＿＿＿＿＿＿＿＿＿＿＿＿。

10. 把待处理的任务＿＿＿＿＿＿＿＿＿＿＿＿＿＿＿＿＿＿＿＿＿＿，并利用网络环境进行＿＿＿＿＿＿＿＿＿＿＿＿＿。

四、回答下列问题

1. 计算机网络是如何出现的？

2. 目前，局域网的发展情况是怎样的？

3. 说说数字技术的发展对网络发展的影响有哪些方面？

4. 计算机网络的功能有哪几点？

五、课外阅读

计算机网络基础

计算机网络基础，是指将地理位置不同的、具有独立功能的、多台计算机及其外部设备，通过通信线路连接起来，在网络操作系统、网络管理软件及网络通信协议的管理和协调下，实现资源共享和信息传递的计算机系统。

计算机网络的拓扑结构

当我们组建计算机网络时，要考虑网络的布线方式，这也就涉及了网络拓扑结构的内容。网络拓扑结构指网路中计算机线缆，以及其他组件的物理布局。局域网常用的拓扑结构有：总线型结构、环型结构、星型结构、树型结构。拓扑结构影响着整个网络的设计、功能、可靠性和通信费用等许多方面，是决定局域网性能优劣的重要因素之一。

1. 总线型拓扑结构

总线型拓扑结构是指：网络上的所有计算机都通过一条电缆相互连接起来总线上的通信。在总线上，任何一台计算机在发送信息时，其他计算机必须等待。而且，计算机发送的信息会沿着总线向两端扩散，从而使网络中所有计算机都会收到这个信息；但是否接收，还取决于信息的目标

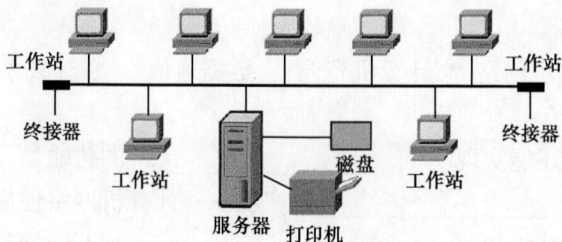

总线型拓扑结构示意图

地址是否与网络主机地址相一致：若一致，则接受；若不一致，则不接收。

信号反射和终结器：在总线型网络中，信号会沿着网线发送到整个网络。当信号到达线缆的端点时，将产生反射信号，这种发射信号会与后续信号发送冲突，从而使通信中断。为了防止通信中断，必须在线缆的两端安装终结器，以吸收端点信号，防止信号反弹。

特点：其中不需要插入任何其他的连接设备。网络中任何一台计算机发送的信号都沿一条共同的总线传播，而且能被其他所有计算机接收。有时又称这种网络结构为点对点拓扑结构。

优点：连接简单、易于安装、成本费用低。

缺点：① 传送数据的速度缓慢——共享一条电缆，只能有其中一台计算机发送信息，其他接收。② 维护困难——因为网络一旦出现断点，整个网络将瘫痪，而且故障点很难查找。

2. 星型拓扑结构

每个结点都由一个单独的通信线路连接到中心结点上。中心结点控制全网的通信，任何两台计算机之间的通信都要通过中心结点来转接。因为中心结点是网络的瓶颈，所以这种拓扑结构又称为集中控制式网络结构。这种拓扑结构是目前使用最普遍的拓扑结构，处于中心的网络设备跨越式集线器（hub）也可以是交换机。

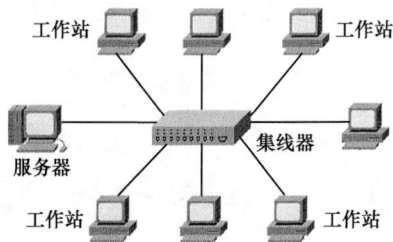

星型拓扑结构示意图

优点：结构简单、便于维护和管理。当中某台计算机或头条线缆出现问题时，不会影响其他计算机的正常通信，维护比较容易。

缺点：通信线路专用，电缆成本高；中心结点是全网络的可靠瓶颈，中心结点出现故障会导致网络的瘫痪。

3. 环型拓扑结构

环型拓扑结构是以一个共享的环型信道连接所有设备，称为令牌环。在环型拓扑中，信号会沿着环型信道按一个方向传播，并通过每台计算机。而且，每台计算机会对信号进行放大后，传给下一台计算机。同时，在网络中有一种特殊的信号称为令牌。令牌按顺时针方向传输。当某台计算机要发送信息时，必须先捕获令牌，再发送信息。发送信息后再释放令牌。环型结构有两种类型，即单环结构和双环结构。令牌环（Token Ring）是单环结构的典型代表，光纤分布式数据接口（FDDI）是双环结构的典型代表。环型结构的显著特点是每个结点用户都与两个相邻结点用户相连。

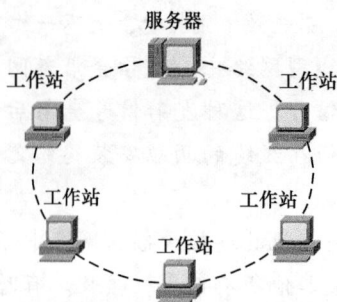

环型拓扑结构示意图

优点：电缆长度短——环型拓扑网络所需的电缆长度和总线拓扑网络相似，但比星型拓扑结构要短得多。增加或减少工作站时，仅需简单地连接。可使用光纤——它的传输速度很高，十分适用一环型拓扑的单向传输。传输信息的时间是固定的，从而便于实时控制。

缺点：结点过多时，影响传输效率。环某处断开会导致整个系统的失效，结点的加入和撤出过程复杂。检测故障困难——因为不是集中控制，故障检测需在网络各个结点进行，故障的检测就不容易。

4. 树型拓扑结构

树型结构是星型结构的扩展，它由根结点和分支结点所构成，如图所示。

优点：结构比较简单，成本低。扩充结点方便灵活。

缺点：对根结点的依赖性大，一旦根结点出现故障，将导致全网不能工作；电缆成本高。

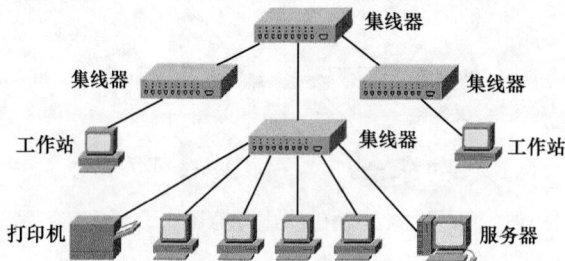

树型拓扑结构示意图

5. 网状结构与混合型结构

网状结构是指将各网络结点与通信线路连接成不规则的形状，每个结点至少与其他两个结点相连，或者说每个结点至少有两条链路与其他结点相连。

混合型结构是由以上几种拓扑结构混合而成的，如环星型结构，它是令牌环网和FDDI网常用的结构。再如总线型和星型的混合结构等。

第四课　计算机网络的分类及网络设备

一、计算机网络的分类

从不同的角度对计算机网络进行分类，可有不同的结果。较普遍的方法是按其地理覆盖范围来划分，一般可将网络分为局域网、广域网和城域网三类。但是，由于组网技术的变化，网络的划分也有相应的改变。

1. 局域网 LAN（Local Area Network）

通过网卡、网线把多台计算机连接起来就构成了一个局域网。通常，它分布在一栋大楼里或相距不远的几栋建筑物内，也可能分布在一个校园或一个企业之内。这种网络通常具有如下四个特点。

（1）地理覆盖范围的直径大约在几千米之内。

（2）信息传输的速率高，一般从几兆位每秒到几百兆位每秒。

（3）信息的传播一般采用广播方式。

（4）可靠性好，结构简单，建网容易，布局灵活，便于扩展。

（5）网络属一个单位所有，安全性较好。

2. 广域网 WAN（Wide Area Network）

（1）地理覆盖范围大，可以从几十千米至上万千米。

（2）信息传输速度较低，一般从几千位每秒到几兆位每秒。

（3）信息传输采用点到点的方式。在这种方式下，信息从一台计算机到另一台计算机接力似地传输。

（4）网络属多个单位所共有。

3. 城域网 MAN（Metropolitan Area Network）

城域网即城市区域网。从地理范围看，它介于局域网与广域网之间，但它采用的是局域网技术，其目标是在一个较大的地理范围内提供数据、声音和图像的集成服务。MAN 的信息传输速率较高，一般在 1 Mb/s 以上，覆盖范围为几千米到几十千米。

二、计算机网络设备

这里的网络设备是指单机连入网络及网络与网络连接时通常必须使用的设备。

（1）中继器（Repeater）。中继器的作用是接收、复制和传送电路上的信号，从物理上连接两个或多个网段，用于延伸局域网的物理作用范围。例如，可以用几个中继器将粗缆局域网扩展到 2.5 千米，或将细缆局域网延伸到 1 千米。

（2）集线器（hub）。集线器是在局域网上广为使用的网络设备，可以用来将若干计算机通过双绞线连到集线器上，从而构成一个局域网；也可以通过级联的方式扩展局域网的物理作用范围。

（3）收发器（Transceiver）。收发器有多种类型，用来将计算机连接到不同的传输介质上。常用的收发器有粗缆收发器、细缆收发器、双绞线收发器、光纤收发器等。

（4）网卡（Network Adapter 或 Network Controller）。网卡是插在计算机中的网络接口设备，是最基本的网络设备之一，作为网络工作站与服务器之间或不同工作站之间信息交换的接口。一块网卡可能会有三种接口，即 AUI（粗缆）接口、BNC（细缆）接口和 RJ-45（双绞线）接口，应根据网络所用传输介质来决定用哪一种接口。现在的网卡一般都有 RJ-45 接口。

（5）调制解调器（Modem）。调制解调器是一种特殊的信号转换设备，它将计算机发出的数字信号转换（调制）成可以在电话线上传送的模拟信号（音频信号），从电话线的这一端传送到另一端，另一端的调制解调器再把模拟信号还原（解调）成数字信号，送到网络上去，从而使用户可以通过电话线使用网络。随着计算机进入普通百姓的家庭，通过调制解调器上网并接入 Internet 就变得越来越普及和流行了。

（6）网桥（Bridge）。网桥用于连接两个或几个局域网，局域网之间的通信经网桥传送，而局域网内部的通信被网桥隔离，从而达到隔离子网的目的。网桥也是一种用于延伸局域网的物理设备。

（7）路由器（Router）。路由器是一种通信设备，它能在不同路径的复杂网络中自动进行线路选择，在网络的结点之间对通信信息进行存储转发。可以认为路由器也是一个网络服务器，具有网络管理功能。

（8）网关（Gateway）。网关又称信关，是不同网络之间实现协议转换并进行路由选择的专用网络通信设备。

词语

1. 覆盖（动）fù gài		قاپلاش، يېپىش
2. 网卡（名）wǎng kǎ		تور كارتىسى
3. 粗缆（名）cū lǎn		توم كابېل
4. 级联（名）jí lián		بوغۇملۇق باغلىنىش
5. 双绞线（名）shuāng jiǎo xiàn		قوش ئۆرۈملۈك سىم

练习与作业

一、用汉语解释下列词语

组网技术 接力 集成服务 网段 接口 模拟信号 子网网关 系统瘫痪

二、名词解释

局域网 城域网 网络拓扑结构 网卡 路由器 网关

三、完成下列句子

1. 通过_____就构成了一个局域网。

2. 因此，城域网即_____，从地理范围看，它介于_____之间。

3. 网络拓扑结构是指_____。

4. 信息传输采用_____。在这种方式下，信息从_____地传输。

5. 常见的网络拓扑结构有_____五种。

6. 中继器的作用是_____的信号。

7. 网卡是_____，是_____网络设备之一。

8. 调制解调器是一种特殊的信号转换设备，它将_____转换（调制）成_____。

9. 网桥用于_____，_____经网桥传送。

10. 路由器是_____，它能在_____选择，在_____进行存储转发。

四、回答下列问题

1. 按照地理覆盖范围来划分，计算机网络的可以分为哪几类？

2. 局域网有哪些特点？

3. 常见的网络拓扑结构有哪些结构？

4. 计算机网络设备有哪些？

五、课外阅读

计算机网络的分类

由于计算机网络自身的特点，其分类方法有多种。根据不同的分类原则，可以得到不同类型的计算机网络。

一、按覆盖范围分类

按网络所覆盖的地理范围的不同，计算机网络可分为局域网（LAN）、城域网（MAN）、广域网（WAN）。

1. 局域网（Local Area Network，LAN）

局域网是将较小地理区域内的计算机或数据终端设备连接在一起的通信网络。局域网覆盖的地理范围比较小，一般在几十米到几千米之间。它常用于组建一个办公室、一栋楼、一个楼群、一个校园或一个企业的计算机网络。局域网主要用于实现短距离的资源共享。图所示的是一个由几台计算机和打印机组成的典型局域网。

局域网的特点是分布距离近、传输速率高、数据传输可靠等。

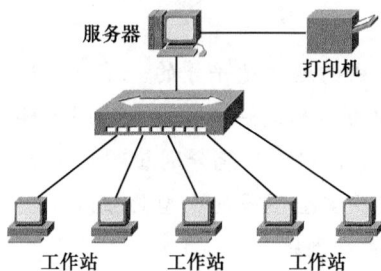

局域网连接示意图

2. 城域网（Wide Area Network，WAN）

城域网是一种大型的 LAN，它的覆盖范围介于局域网和广域网之间，一般为几千米至几万米。城域网的覆盖范围在一个城市内，它将位于一个城市之内不同地点的多个计算机局域网连接起来实现资源共享。城域网所使用的通信设备和网络设备的功能要求比局域网高，以便有效地覆盖整个城市的地理范围。一般在一个大型城市中，城域网可以将多个学校、企事业单位、公司和医院的局域网连接起来共享资源。图所示的是不同建筑物内的局域网组成的城域网。

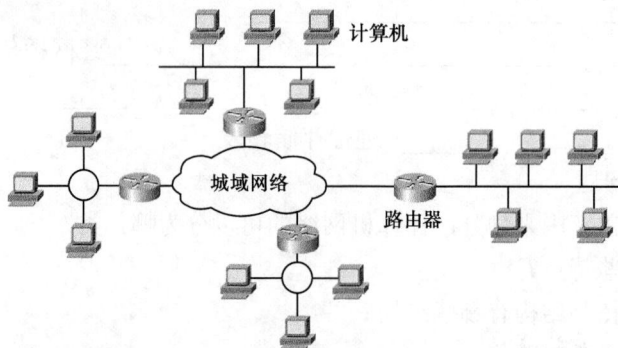

城域网连接示意图

3. 广域网（Wide Area Network，WAN）

广域网是在一个广阔的地理区域内进行数据、语音、图像信息传输的计算机网络。由于远距离数据传输的带宽有限，因此广域网的数据传输速率比局域网要慢得多。广域网可以覆盖一个城市、一个国家甚至于全球。因特网（Internet）是广域网的一种，但它不是一种具体独立性的网络，它将同类或不同类的物理网络（局域网、广域网与城域网）互联，并通过高层协议实现不同类网络间的通信。图所示的是一个简单的广域网。

按照网络中计算机所处的地位的不同，可以将计算机网络分为对等网和基于客服机、服务器模式的网络。

广域网连接示意图

1. 对等网

在对等网中，所有的计算机的地位是平等的，没有专用的服务器。每台计算机即作为服务器，又作为客户机——即为别人提供服务，也从别人那里获得服务。由于对等网没有专用的服务器，因此在管理对等网时，只能分别管理，不能统一管理，管理起来很不方便。对等网一般应用于计算机较少、安全不高的小型局域网。

2. 基于客户机/服务器模式的网络

在这种网络中，两种角色的计算机，一种是服务器，一种是客户机。

（1）服务器：服务器一方面负责保存网络的配置信息，另一方面也负责为客户机提供各种各样的服务。因为整个网络的关键配置都保存在服务器中，所以管理员在管理网络时只需要修改服务器的配置，就可以实现对整个网络的管理了。同时，客户机需要获得某种服务时，会向服务器发送请求，服务器接到请求后，会向客户机提供相应服务。服务器的种类很多，有邮件服务器、web 服务器、目录服务器等，不同的服务器可以为客户提供不同的服务。我们在构建网络时，一般选择配置较好的计算机，在其上安装相关服务，它就成了服务器。

（2）户机：主要用于向服务器发送请求，获得相关服务。如客户机向打印服务器请求打印服务，向 web 服务器请求 web 页面等。

三、按传播方式分类

按照传播方式不同，可将计算机网络分为"广播网络"和"点−点网络"两大类。

1. 广播式网络

广播式网络是指网络中的计算机或者设备使用一个共享的通信介质进行数据传播，网络中的所有结点都能收到任一结点发出的数据信息。

目前，在广播式网络中的传输方式有三种。

单播：采用一对一的发送形式将数据发送给网络所有目的结点。

组播：采用一对一组的发送形式，将数据发送给网络中的某一组主机。

广播：采用一对所有的发送形式，将数据发送给网络中所有目的结点。

2. "点—点"网络（Point-to-point Network）

"点—点"式网络是两个结点之间的通信方式是点对点的。如果两台计算机之间没有直接连接的线路，那么它们之间的分组传输就要通过中间结点的接收、存储、转发，直至目的结点。

"点—点"传播方式主要应用于 WAN 中，通常采用的拓扑结构有：星型、环型、树型、网状型。

四、按传输介质分类

1. 有线网（Wired Network）

（1）双绞线：其特点是比较经济、安装方便、传输率和抗干扰能力一般，广泛应用于局域网中。

（2）同轴电缆：俗称细缆，现在逐渐淘汰。

（3）光纤电缆：特点是光纤传输距离长、传输效率高、抗干扰性强，是高安全性网络的理想选择。

2. 无线网（Wireless Network）

（1）无线电话网：是一种很有发展前途的连网方式。

（2）语音广播网：价格低廉、使用方便，但安全性差。

（3）无线电视网：普及率高，但无法在一个频道上和用户进行实时交互。

（4）微波通信网：通信保密性和安全性较好。

（5）卫星通信网：能进行远距离通信，但价格昂贵。

第五课　计算机键盘基础知识

计算机键盘是向计算机输入数据的主要设备，它由排列成阵列的按键组成。目前，普遍使用的是 101 键或 104 键的通用扩展键盘，如下图所示。

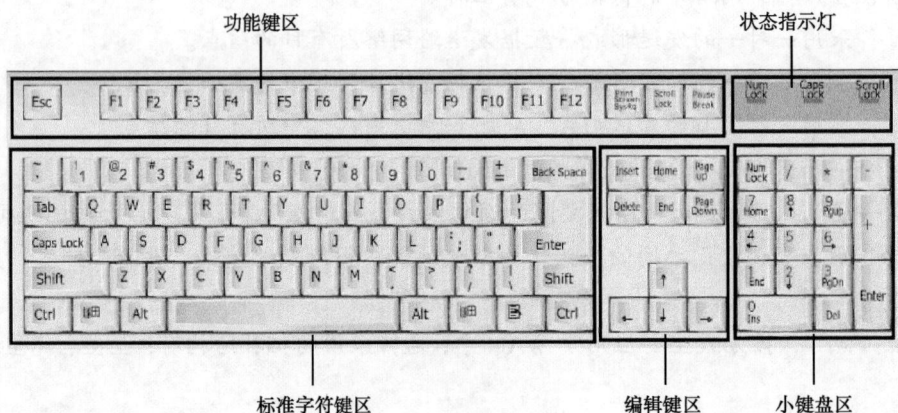

图 5-1

一、标准字符键区

标准字符键区位于键盘中央偏左的大片区域，是使用键盘的主要区域，如下图所示。各种字母、数字、符号及汉字等信息都是通过操作该区的键输入到计算机中的。当然，数字及运算符也可以通过小键盘输入。

图 5-2

1. 字母键

标准计算机键盘共有 26 个字母键。这 26 个字母键的排列位置是根据其使用频率安排的，使用频率较高的键放在中间，而使用频率较低的放在两侧，这种安排方式与人们手指的击键灵活性有关。食指、中指的灵活性和力度好，击键速度也相应较快，所以食指和中指负责的字母键都是使用频率最高的。

在字母键位上，每个键可输入大小写两种字母，大小写的转换用上挡键 Shift 或 Caps

Lock 键来实现。Shift 键左右各一个，用于大小写字母的临时转换。

2. 数字键与符号键

数字键位于字母键的上方。每个键面上都有上下两种符号，也称双字符键，上面的符号称为上挡符号（如@、#、$、%、^、&、*等），下面的符号称为下挡符号，包括数字、运算符号（如-、=、\等）。可以通过 Shift 键进行上、下挡符号的转换。另外，在输入汉字时，数字键还常常用于重码的选择。

3. 空格键

空格键位于标准字符键区的最下方，是一个空白长条键。当输入的位置需要是空白时，可用空白字符代替，每击一下该键，便产生一个空格。在插入状态，如果光标上有字，不管是一个还是右边一串，都一起向右移，可以用它来使该行字往右移动。另外，在输入中文时，如果提示行中出现了多个字或词组，击一次空格键，就表示要选用提示行的第一个字或词组。

4. 上挡键 Shift

上挡键 Shift 位于主键盘区左下角和右下角的倒数第二个位置，两个键实际上等于一个，无论按哪个，都产生同样的效果。上挡键主要用于辅助输入上挡字符。在输入上挡字符时，先按住上挡键不放，然后再击打上挡字符键即可。

例如，如果要输入数字 2，直接击数字键 2 即可；如果要输入字符"@"，则需先按下 Shift 键，再击打数字键 2，这时字符"@"就出现在文档中了。

又如，如果要输入小写字母 a，一般情况下直接击 A 键即可；如果要输入大写字母 A，则需先按下 Shift 键，再击字母键 A，这时大写字母 A 就出现在文档中了。

5. 回车键 Enter

回车键 Enter 位于标准字符键区的右边，是键盘上唯一的直角形的键。一般情况下，当用户向计算机输入命令后，计算机并不马上执行，直到按下此键后才去执行，所以也称为执行键。在输入信息、资料时，按此键光标将换到下一行开头，所以又称为回车键、换行键。不管是执行，还是换行、回车，口语中统称为回车。当说到"回车"时，表示的就是击一下该键。

计算机上的任何输入，如发一个命令、输入一个标题或输入文章中的一个自然段等，结束时都需要输入回车键，以表明命令行、标题或一个自然段的结束。

6. 退格键←Back Space

退格键←Back Space 位于标准字符键的右上角。击该键一次，屏幕上的光标在现有位置退回一格（一格为一个字符位置），并抹去退回的那一格内容（一个字符），相当于删去刚输入的字符。

7. 控制键 Ctrl

控制键 Ctrl 位于标准字符键区的左下角和右下角，两边各一个，作用相同。此键与其他键位组合在一起操作，起到某种控制作用。这种组合键称为组合控制键。

8. 转换键 Alt

转换键 Alt 位于空格键的两边，主要用于组合转换键的定义与操作。该键的操作与 Shift 键、Ctrl 键类似，必须按住不放，再击打其他键位才起作用，单独使用没有意义。

二、功能键区

功能键区位于键盘的最上一行，如下图 5-3 所示。功能键又分为操作功能键和控制功能键。

图 5-3

1. 操作功能键

操作功能键为 F1～F12。操作功能键区的每一个键位具体表示什么操作由应用程序而定，不同的程序可以对它们有不同的操作功能定义。

2. 退出键 Esc

退出键 Esc 位于键盘左上角第一个位置，主要作用是取消指令。有时用户输入指令后又觉得不需要执行，击一下该键，就可以取消该操作。

3. 控制功能键

控制功能键（简称控制键）排列在键盘的右上角。通过对这些键位的操作来产生某种控制作用。这里仅介绍常用的两种控制键。暂停键 Pause：击一下该键，暂停程序的执行，需要继续往下执行时，击任意一个字符键即可。

屏幕打印控制键 Print Screen：在 Windows 下，按 Print Screen 键可将整个屏幕内容复制到剪贴板，按 Alt+Print Screen 键可将活动窗口内容复制到剪贴板。

词语

1. 键盘（名）jiàn pán		كۇنۇپكا تاختىسى
2. 字母键（名）zì mǔ jiàn		ھەرپ كۇنۇپكىسى
3. 数字键（名）shù zì jiàn		رەقەم كۇنۇپكىسى
4. 符号键（名）fú hào jiàn		بەلگە كۇنۇپكىسى
5. 空格键（名）kōng gé jiàn		بوش كاتەك كۇنۇپكىسى
6. 长条键（名）cháng tiáo jiàn		ئۇزۇن كاتەك كۇنۇپكىسى
7. 执行键（名）zhí xíng jiàn		ئىجرا قىلىش كۇنۇپكىسى
8. 回车键（名）huí chē jiàn		قايتۇرۇش كۇنۇپكىسى
9. 退格键（名）tuì gé jiàn		كاتەكچە بويىچە چېكىنىش كۇنۇپكىسى
10. 控制键（名）kòng zhì jiàn		كونترول قىلىش كۇنۇپكىسى
11. 转换键（名）zhuǎn huàn jiàn		ئالماشتۇرۇش كۇنۇپكىسى
12. 退出键（名）tuì chū jiàn		چېكىنىپ چىقىش كۇنۇپكىسى
13. 运算符（名）yùn suàn fú		ئەمەل بەلگىسى

练习与作业

一、读译词组

标准字符　　重码　　双字符键　　光标

二、用汉语解释下列词语

区域　　击键　　抹去　　小键盘　　上挡字符

三、名词解释

计算机键盘　标准字符键区　屏幕打印　功能键区

四、完成下列句子

1. 标准计算机键盘共有_____。_____是根据其使用频率安排的。

2. 计算机键盘是_____，它由排列成阵列的按键组成。目前，普遍使用的是_____。

3. 标准字符键区位于_____，是_____的主要区域。

4. 退格键←Back Space 位于_____。击该键一次，屏幕上的光标_____（一格为一个字符位置）。

5. 控制键 Ctrl 位于_____，两边各一个，_____。

6. 转换键 Alt 位于_____，主要用于_____。

7. 功能键区位于_____。功能键又分为_____。

8. 操作功能键为_____。操作功能键区的每一个键位具体表示_____。

9. 退出键 Esc 位于_____，主要作用_____。

10. 屏幕打印控制键 Print Screen：在 Windows 下，按_____复制到剪贴板，按_____可将活动窗口内容复制到剪贴板。

五、回答下列问题

1. 标准字符键有哪些键组成？

2. 功能键区由那几个键组成？

3. 退出键 Esc 位于键盘的什么位置？它有什么作用？

六、课外阅读

键　　盘

键盘是最常见的计算机输入设备，它广泛应用于微型计算机和各种终端设备上。计算机操作者通过键盘向计算机输入各种指令、数据指挥计算机的工作。计算机的运行情况输出到显示器，操作者可以很方便地利用键盘和显示器与计算机对话，对程序进行修改、编辑、控制和观察计算机的运行。

PC XT/AT 时代的键盘主要以 83 键为主，并且延续了相当长的一段时间。但随着视窗系统近几年的流行已经淘汰，如 HP、联想等品牌机都率先采用了这类键盘，受到广泛的好评，并曾一度被视为品牌机的特色。随着时间的推移，渐渐地，市场上也出现独立的具有各种快捷功能的产品单独出售，并带有专用的驱动和设定软件，在兼容机上也能实现个性化的操作。

随着笔记本电脑的兴起，人们对便携性要求越来越高，一种便携型新原理键盘诞生，这就是四节输入法键盘。该键盘进一步提高了操作简便性和输入性能，并将鼠标功能融合在键盘按键中，还有对长时间面对计算机的人的身体有好处的人体键盘。

一、键盘构造

键盘外壳，有的键盘采用塑料暗钩的技术固定键盘面板和底座两部分，实现无金属螺丝化的设计。所以分解时要小心以免损坏。外壳为了适应不同用户的需要。

常规键盘具有 CapsLock（字母大小写锁定）、NumLock（数字小键盘锁定）、ScrollLock 三个指示灯，标志键盘的当前状态。这些指示灯一般位于键盘的右上角，不过，有一些键盘如 ACER 的 Ergonomic KB 和 HP 原装键盘采用键帽内置指示灯，这种设计可以更容易的判断键盘当前状态，但工艺相对复杂，所以大部分普通键盘均未采用此项设计。

不管键盘形式如何变化基本的按键排列还是保持基本不变，可以分为主键盘区、数字辅助键盘区、F 键功能键盘区、控制键区，对于多功能键盘还增添了快捷键区。

键盘电路板是整个键盘的控制核心，它位于键盘的内部，主要担任按键扫描识别、编码和传输接口的工作。

键帽的反面可见都是键柱塞，直接关系到键盘的寿命，其摩擦系数直接关系到按键的手感。

一般键帽的印刷有四种技术：油墨印刷技术、激光蚀刻技术、二次成型技术和热升华印刷技术。

二、键盘分类

一般台式机键盘的分类可以根据击键数、按键工作原理、键盘外形等分类。

1. 一般分类

键盘的种类很多，一般可分为触点式和无触点式两大类。前者借助于金属把两个触点接通或断开以输入信号，后者借助于霍尔效应开关（利用磁场变化）和电容开关（利用电流和电压变化）产生输入信号。

2. 按编码分类

从编码的功能上，键盘又可以分成全编码键盘和非编码键盘两种。

全编码键盘是由硬件完成键盘识别功能的，它通过识别键是否按下以及所按下键的位置，由全编码电路产生一个唯一对应的编码信息（如 ASCII 码）。非编码键盘是由软件完成键盘识别功能的，它利用简单的硬件和一套专用键盘编码程序来识别按键的位置，然后由 CPU 将位置码通过查表程序转换成相应的编码信息。非编码键盘的速度较低，但结构简单的，并且通过软件能为某些键的重定义提供很大的方便。

3. 按应用分类

按照应用可以分为台式机键盘、笔记本电脑键盘、工控机键盘、速录机键盘、双控键盘、超薄键盘、手机键盘七大类。

4. 按码元性质分类

按码元性质可以分为字母键盘和数字键盘两大类。

双 USB 控制键盘，可以一个键盘控制两台计算机，一键 2 秒切换快捷方便。

5. 按工作原理分类

（1）机械键盘（Mechanical）采用类似金属接触式开关，工作原理是使触点导通或断开，具有工艺简单、噪音大、易维护、打字时节奏感强、长期使用手感不会改变等特点。

（2）塑料薄膜式键盘（Membrane）键盘内部共分四层，实现了无机械磨损。其特点是低价格、低噪音和低成本，但是长期使用后由于材质问题手感会发生变化，已占领市场绝大部分份额。

（3）导电橡胶式键盘（Conductive Rubber）触点的结构是通过导电橡胶相连。键盘内部有一层凸起带电的导电橡胶，每个按键都对应一个凸起，按下时把下面的触点接通。这种类型键盘是市场由机械键盘向薄膜键盘的过渡产品。

（4）无接点静电电容键盘（Capacitives）使用类似电容式开关的原理，通过按键改变电极间的距离引起电容容量改变从而驱动编码器。特点是无磨损且密封性较好。

第六课 计算机键盘的操作

一、注意事项

在键盘输入时，要注意以下几点：

（1）显示器放在键盘的正后方，输入原稿的前面，先将键盘右移 5 cm，再将原稿紧靠键盘左侧放置，方便阅读。

（2）身体保持笔直、放松，稍偏于键盘右方，腰背不要弯曲。

（3）两肘轻松地靠在身体两侧，手腕平直，双手手指自然弯曲，轻放在规定的基本键位上。人与键盘的距离，可移动椅子或键盘的位置来调节，以人能保持正确的击键姿势为好。

（4）臀部尽量靠在坐椅后部，双膝平行，两脚平放在地面上，使全身的重心都落在椅子上。

二、 键盘指法

键盘上的基准键位与手指的对应关系如下图所示。

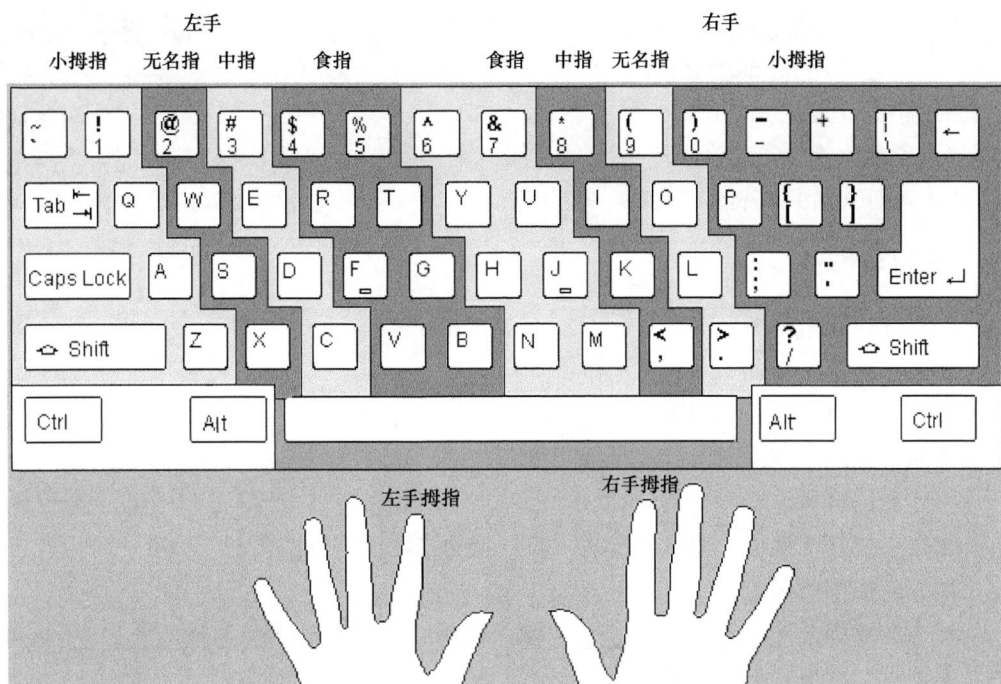

1. 基准键位

基准键位是键盘上第 3 排的 8 个键位（A、S、D、F、J、K、L 及；）。击键时，手指均从基准键位上伸出，击键完毕，手指必须返回到相应的基准键位上。

上挡字符的操作指法：若输入左手管辖的上挡字符，则由右手小指按下 Shift 键，用左手规定的手指击打相应的上挡字符；若输入右手管辖的上挡字符，则由左手小指按下 Shift 键，用右手规定的手指击打相应的上挡字符。

2. 字键的击法

击键时，手腕要平直，手臂要保持静止，全部动作仅限于手指部分，上身其他部位不要接触工作台或键盘。手指要保持弯曲，稍微拱起，指尖后的第一关节微曲成弧形，分别轻轻地放在键的中央。输入时，手抬起，只有要击键的手指才可伸出击键。击毕立即缩回，不可用触摸手法，也不可停留在已击的键上。输入过程中，要用相同的节拍轻轻地击键，不可用力过猛。

3. 空格的击法

需要输入空格时，将手从基准键上迅速垂直上抬 1～2 cm，大拇指横着向下击打一下并立即回归，每击一次输入一个空格。

4. 换行键的击法

需要换行时，用右手小指击一次 Enter 键，击后右手立即退回到原基准键位，在手回归过程中小指弯曲，以免把分号"；"带入。

词语

1. 已击（动）yǐ jī　　　　　　　　　　　　　ئۇرۇلغان
2. 击毕（动）jī bì　　　　　　　　　　　　　زەربە

3. 拱起（动）gǒng qǐ
4. 管辖（动）guǎn xiá
5. 腰背（名）yāo bèi
6. 原稿（名）yuán gǎo
7. 两肘（名）liǎng zhǒu

قوش قول كۆتۈرۈش
باشقۇرۇش تەۋەسى
دۇمبە ۋە بەل
ئەسلى ئارگىنال
جەينەك

练习与作业

一、读译词组

臀部　键位　弯曲　双膝　尽量

二、用汉语解释下列词语

紧靠　指法　兼顾　击键　小指　重心

三、名词解释

键盘　　基准键位　空格的击法　换行键的击法　字键的击法　标准化

四、完成下列句子

1. 显示器放在＿＿＿＿＿＿＿＿，输入原稿的前面，先将＿＿＿＿＿＿＿＿，再将原稿紧靠键盘左侧放置，方便阅读。

2. 身体保持＿＿＿＿，＿＿＿＿，＿＿＿＿＿＿＿＿，腰背不要弯曲。

3. 两肘轻松地＿＿＿＿＿＿＿＿，手腕平直，双手＿＿＿＿＿＿＿＿，轻放在＿＿＿＿＿＿＿＿。

4. 臀部尽量＿＿＿＿＿＿＿＿，双膝平行，＿＿＿＿＿＿＿＿，使全身的重心＿＿＿＿＿＿＿＿。

5. 基准键位是＿＿＿＿＿＿＿＿＿＿＿＿＿＿＿＿＿＿＿＿＿＿＿＿。

6. 若输入左手管辖的上挡字符，则＿＿＿＿＿＿＿＿＿＿＿＿＿＿＿＿，用左手规定的手指击打＿＿＿＿＿＿＿＿。

7. 击键时，＿＿＿＿＿＿＿＿，＿＿＿＿＿＿＿＿，全部动作仅限于手指部分，上身其他部位＿＿＿＿＿＿＿＿。

8. 需要输入空格时，将手从＿＿＿＿＿＿＿＿＿＿＿＿＿＿＿＿上抬 1～2 cm，大拇指＿＿＿＿＿＿＿＿＿＿＿＿＿＿＿＿，每击一次输入一个空格。

9. 需要换行时，＿＿＿＿＿＿＿＿＿＿＿＿＿＿＿＿，击后右手立即＿＿＿＿＿＿＿＿，在手回归过程中小指弯曲，以免把分号";"带入。

10. 输入过程中，要用＿＿＿＿＿＿＿＿＿＿＿＿＿＿＿＿，不可用力过猛。击毕＿＿＿＿＿＿＿＿＿＿＿＿＿＿＿＿，不可用触摸手法，也不可停留在已击的键上。

五、回答下列问题

1. 在键盘输入时，应该注意哪几点？

2. 空格的击法是怎么样的？

六、课外阅读

键盘操作

1. 各个手指的分工

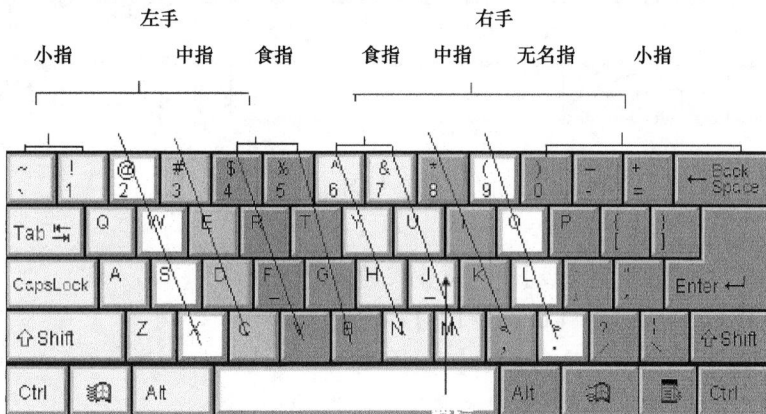

2. 注意击键手法

- 准备打字时，双手拇指放在空格键，其余8个手指垂放在各自的基准键上，如图所示。
- 击键时，手指自然弯曲并向上略微拱起，手指的第一关节呈微弧型，手指放在按键中央。
- 非击键的手仍自然地停留在基准键上，两手同时击键时除外。
- 击键完毕，手指应立即回到基准键上。

3. 主键盘区字母的指法练习

（1）基准键练习。

在主键盘区中间有【A】、【S】、【D】、【F】、【J】、【K】、【L】和【；】字符键，其对应的8个键是双手食指、中指、无名指和小指的初始位置，因此，称为基准键，如下图所示。

（2）【G】、【H】键与基准键的混合练习。

（3）【E】、【I】键的练习。

（4）【R】、【T】、【U】、【Y】键的练习。

（5）【Q】、【W】、【O】、【P】键的练习。

（6）【V】、【B】、【M】、【N】键练习。

（7）【Z】、【X】、【C】键的练习。

（8）大写字母的练习。

4. 指法训练小结

指法训练的难点主要有以下几个方面：

（1）无名指和小指的控制，尤其是无名指；

（2）打字姿势；

（3）盲打；

（4）手指必须放在基准键上；

（5）眼睛的注意力。

第七课　中文 Word 文字处理

一、Word 的启动

启动 Word 时，用户可以在"开始"菜单的"程序"菜单项中选择"Microsoft Word"选项，打开下图所示的 Word 应用程序窗口。

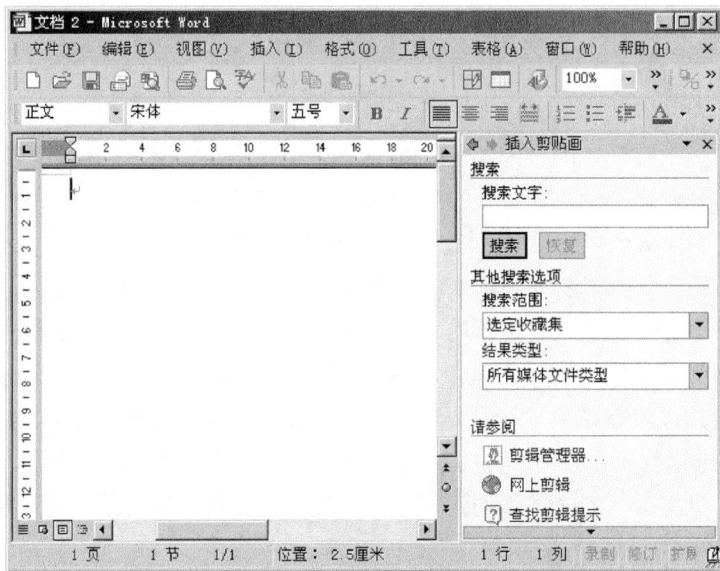

图 7-1

二、Word 2003 的窗口界面

从图中可以看出，Word 的窗口界面安排还是比较有规律的，而且很合理。最上面是标题栏，列有文件名（临时文档名：文档 2）和应用程序名（Microsoft Word）；标题栏的下面是菜单栏，里面列有 Word 能实现的主要功能；菜单栏的下面是工具栏，里面提供了许多常用功能的快捷按钮；中间的空白区域是正文编辑区，也就是输入和编辑文字的地方；编辑区的右边是任务窗格，这也是 Word 2003 新添加的一个功能区域，可以显示几类常用的任务；窗口下方是状态栏，里面显示了当前文档的一些信息；正文编辑区的右边是垂直滚动条，下边是水平滚动条，利用它们可以使正文页面上下、左右移动。菜单、工具栏和滚动条等的用法和 Windows 资源管理器的基本一样。

三、Word 的基本使用方法

下面通过制作一份通知的实例来说明 Word 的基本使用方法。

1. 文字的输入

首先输入通知的文字，如下图所示。

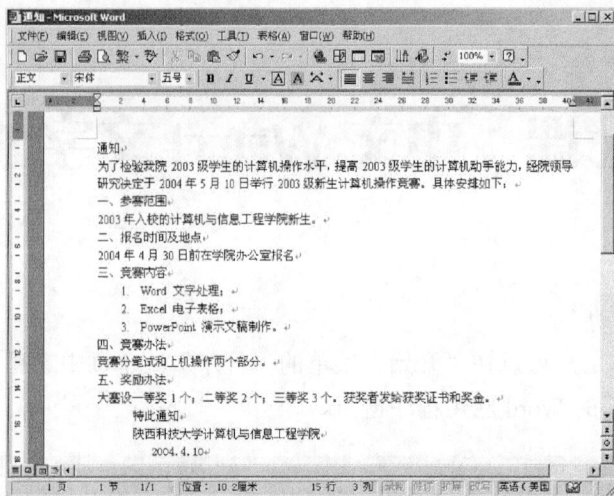

图 7-2

在正文编辑区中有个一闪一闪的小竖线——那是光标，它所在的位置称为插入点，输入的文字会从这里开始插入。首先按"Ctrl+空格"组合键打开中文输入法，输入"通知"，这时，光标也移到了这两个字的后面。按一下 Enter 键，光标移到下一行的起始位置，而在"通知"的右边留下了一个"↵"标记，这个标记称为硬回车符，是文章的段落标记，它表示 Word 段落就此结束，另起一行输入新段落内容。就像平常用笔在纸上写文章另起一行分段一样。接着可以输入通知的正文内容，在每个段落结束时按一下 Enter 键。输入过程中，用户可以看到，在某个自然段没有结束，而且是在没有按 Enter 键的情况下，文字另起一行，这是因为 Word 会自动进行判断，如果一行的字数达到了默认每行规定的最大字数，Word 会自动增加一个软回车，且将余下的文字移动到下一行。最后，输入通知的落款和日期。

2. 简单的排版

以上输入的文字是按照 Word 默认的宋体 5 号字设置的，看起来不大美观下面将介绍简单的排版方法。

首先将标题的文字变大。选中"通知"两个字，将光标移到"通"字的前面，按下鼠标左键向右拖动，使"通知"两个字变成黑底白字，也就是反白显示，表示这两个字已被选中。

单击"格式"工具栏中"字号"栏右边向下的箭头，弹出下图（左）所示的下拉列表，其中列出了一些可以选择的字号。若选择"初号"，"通知"两个字即可变大，标题就变得醒目了。如果按照常规将标题性的文字字体设置为黑体的话，标题就会更加醒目。

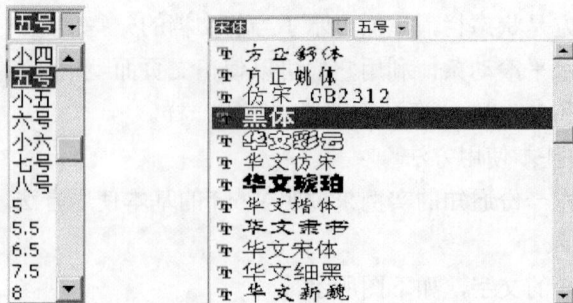

图 7-3

单击"格式"工具栏中"字体"栏右边向下的箭头，弹出下图（右）所示的下拉列表，其中列出了本计算机系统中所安装的全部字体，而且每种字体的字样和它的真实字体相同。用户可从中选择"黑体"选项，这时"通知"两个字就变成了黑体字了。

同样，用户可以选中正文文字，将字体大小设置为"四号"。

下面再设置一下段落的对齐方式。首先选中"通知"或将光标移至该行，单击"格式"工具栏上的"▤"按钮，标题文字即可居中对齐。

同样，将光标分别定位在落款和日期所在的行，单击"格式"工具栏上的"▤"按钮，使其右对齐。

用户平时写文章都喜欢在每个段落前空两格，现在就来调整中间的这些段落。把光标定位到第一自然段的开始处，向右拖动标尺上边的小三角"▱"，它的下面会出现一条竖直虚线，当虚线移到第三个字的前面时，释放鼠标左键，段落首行开始处就出现了两个空格。其余各自然段可用同样方法排版。

水平标尺上的这个小三角"▱"是首行缩进标记，它表示段落中第一行文字的开始位置。

用户刚才把它拖到了第三个字的前面，就是表示想让这个段落中的第一行文字从第三个字的位置开始。最后，用户可以把落款和上面的文字之间的距离也变大一些。排版后的效果如下图所示。

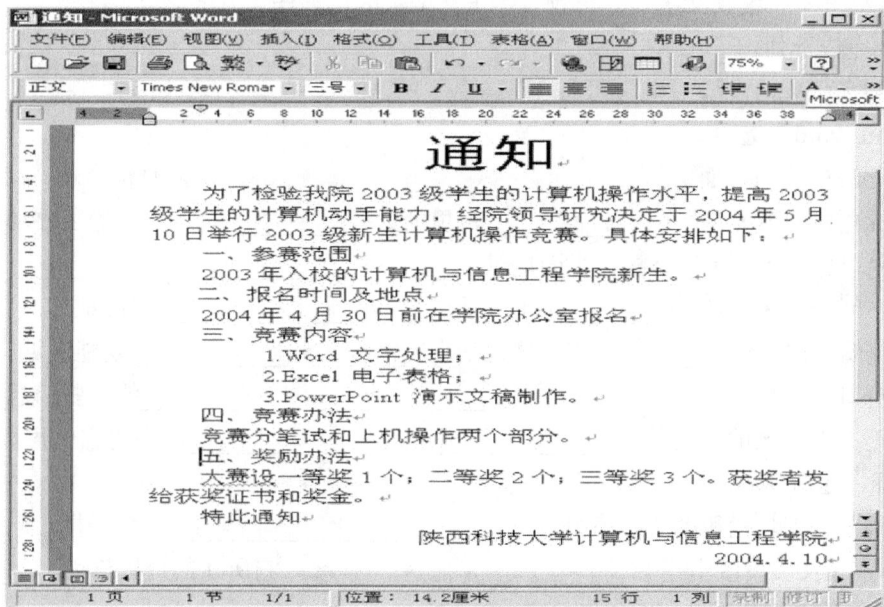

图 7-4

3. 存盘

文档编辑过程中或编辑完成后，要记得存盘，这个动作很重要。

词语

1. 添加（动）tiān jiā　　　　　قوشماق، كۆپەيتمەك
2. 美观（形）měi guān　　　　كۆركەم، سالاپەتلىك

3. 编辑（动）biān jí   تەھرىرلەش، مۇھەررىر

4. 醒目（形）xǐng mù   كۆزگە تاشلىنىپ تۇرماق

5. 菜单栏（名）cài dān lán   تىزىملىك ئۈستونى

6. 标题栏（名）biāo tí lán   ماۋزۇ ئۈستونى

7. 操作（动）cāo zuò   مەشغۇلات

8. 常规（名）cháng guī   ئادەتتىكى قائىدە

9. 标记（名）biāo jì   بەلگە،بەلگە قويۇش

10. 另起（动）lìng qǐ   باشقىدىن باشلاش

11. 竖线（名）shù xiàn   تىك توك سىزى

练习与作业

一、读译词组

垂直滚动条   水平滚动条   资源管理器

工具栏   光标   快捷按钮

二、用汉语解释下列词语

状态栏   黑体   插入点   默认   落款

三、名词解释

文字处理   编辑文字   排版   正文编辑区   任务窗格

四、完成下列句子

1. 启动 Word 时，用户可以在 _____ 选择 "Microsoft Word" 选项。

2. Word 的窗口界面_____，而且很合理。

3. 标题栏的下面是_____，里面列有_____的主要功能。

4. 菜单栏的下面是工具栏，里面提供了_____。

5. 中间空白区域是_____，也就是_____的地方。

6. 编辑区的右边是_____，这也是_____功能区域。

7. 窗口下方是_____，里面_____的一些信息。

8. 正文编辑区的右边是_____，下边是_____，利用它们可以使正文页面上下、左右移动。

9. 菜单、工具栏和滚动条等的用法_____一样。

10. 在正文编辑区中有个_____，那是_____，它所在的位置称为_____。

五、回答下列问题

1. Word 程序如何启动？

2. Word 的窗口界面是怎样安排的？

3. 请举例说明 Word 的基本使用方法？

六、课外阅读

文字处理软件 Word

Word 在英文中是 "单词" 的意思，而在软件中，Word 指微软公司的一个文字处理应用程序 Microsoft Word。

简介

Word 是由 Microsoft 公司出版的一个文字处理器应用程序。它最初是由 RichardBrodie 为了运行 DOS 的 IBM 计算机而在 1983 年编写的。随后的版本可运行于 AppleMacintosh（1984年），SCOUNIX 和 Microsoft Windows（1989 年），并成为了 Microsoft Office 的一部分。目前，Word 的最新版本是 Word 2013，于 2010 年 6 月 18 日上市。

功能与特点

1. 所见即所得

用户用 Word 软件编排文档，可以使打印效果在屏幕上一目了然。

2. 直观的操作界面

Word 软件界面友好，提供了丰富多彩的工具，利用鼠标就可以完成选择，排版等操作。

3. 多媒体混排

用 Word 软件可以编辑文字图形、图像、声音、动画，还可以插入其他软件制作的信息，也可以用 Word 软件提供的绘图工具制作图形、编辑艺术字、绘制数学公式等，能够满足用户的各种文档处理要求。

4. 强大的制表功能

Word 软件提供了强大的制表功能，不仅可以自动制表，还可以手动制表。Word 的表格线自动保护，表格中的数据可以自动计算，表格还可以进行各种修饰。在 Word 软件中，还可以直接插入电子表格。用 Word 软件制作表格，既轻松又美观，既快捷又方便。

5. 自动功能

Word 软件提供了拼写和语法检查功能，提高了英文文章编辑的正确率，如果发现语法错误或拼写错误，Word 软件还提供修正的建议。当用 Word 软件编辑好文档后，Word 可以帮助用户自动编写摘要，为用户节省了大量的时间。自动更正功能为用户输入同样的字符，提供了很好的帮助，用户可以自己定义字符的输入。当用户要输入同样的若干字符时，可以定义一个字母来代替，尤其在汉字输入时，该功能使用户的输入速度大大提高。

6. 模板与向导功能

Word 软件提供了大量且丰富的模板，使用户在编辑某一类文档时，能很快建立相应的格式。而且，Word 软件允许用户自己定义模板，为用户建立特殊需要的文档提供了高效而快捷的方法。

7. 丰富的帮助功能

Word 软件的帮助功能详细而丰富。Word 软件提供了形象而方便的帮助，使用户在遇到问题时，能够找到解决问题的方法，为用户自学提供了方便。

8. web 工具支持

因特网（Internet）是当今计算机应用最广泛、最普及的一个方面。Word 软件提供了 web 的支持，用户根据 web 页向导，可以快捷而方便地制作出 web 页（通常称为网页），还可以用 Word 软件的 web 工具栏，迅速地打开，查找或浏览包括 web 页和 web 文档在内的各种文档。

9. 超强兼容性

Word 软件可以支持许多种格式的文档，也可以将 Word 编辑的文档以其他格式的文件存盘，这为 Word 软件和其他软件的信息交换提供了极大的方便。用 Word 可以编辑邮件、信封、备忘录、报告、网页等。

10. 打印功能

Word 软件提供了打印预览功能，对打印机参数具有强大的支持性和配置性。

作用

使用 Microsoft Office Word 可以创建和编辑信件、报告、网页或电子邮件中的文本和图形。MS-DOS 计算机开发的 Word 的第一代于 1983 年底发行，但是反响并不好，销售落后于 Word Perfect 等对手产品。尽管如此，在 Macintosh 系统中，Word 在 1985 年发布以后赢得了广泛的接受，尤其是对于在两年以后第二次大型发布的 Word 3.01 forMacintosh（Word 3.00 由于有严重 bug 而很快下线）。与其他 Mac 软件一样，Word for Mac 是一个真正的（所见即所得）编辑器。

由于 MS-DOS 是一个字符界面系统，Word for DOS 是为 IBMPC 研发的第一个文本编辑器，在编辑的时候屏幕上直接显示的是"黑体"、"斜体"等字体标识符，而不是"所见即所得"。其他的 DOS 文本编辑器，如 Word Star 和 Word Perfect 等，在屏幕显示时使用的是简单文本显示加上标识代码，或者加以颜色区别。

尽管如此，和大多数 DOS 软件一样，程序为了执行特定的功能，都有自己特殊的，而且往往是复杂的命令组需要使用者去记忆。（如在 Word for DOS 中，保存文件需要依次执行 Escape-T-S），而大部分秘书们已经知道如何使用 Word Perfect，公司就不大愿意更换成对手产品，何况对手产品提供的新优点有限。

第八课　中文 Excel 电子表格基础知识与基本操作

Windows 操作系统启动后，有多种方法可以进入 Excel 2002，常用的有以下三种。

方法 1：从"开始"菜单中启动。单击"开始"按钮，选择"程序"菜单，单击"Microsoft Excel"选项。

方法 2：双击桌面上的 Microsoft Excel 快捷方式图标（在已建立了快捷方式的情况下）。

方法 3：在"资源管理器"中，双击已存在的电子表格文件（扩展名为 .xls 的文件）启动 Excel 2003，并打开该文件。

启动 Excel 2003 后可看到它的主界面如图 8-1 所示。

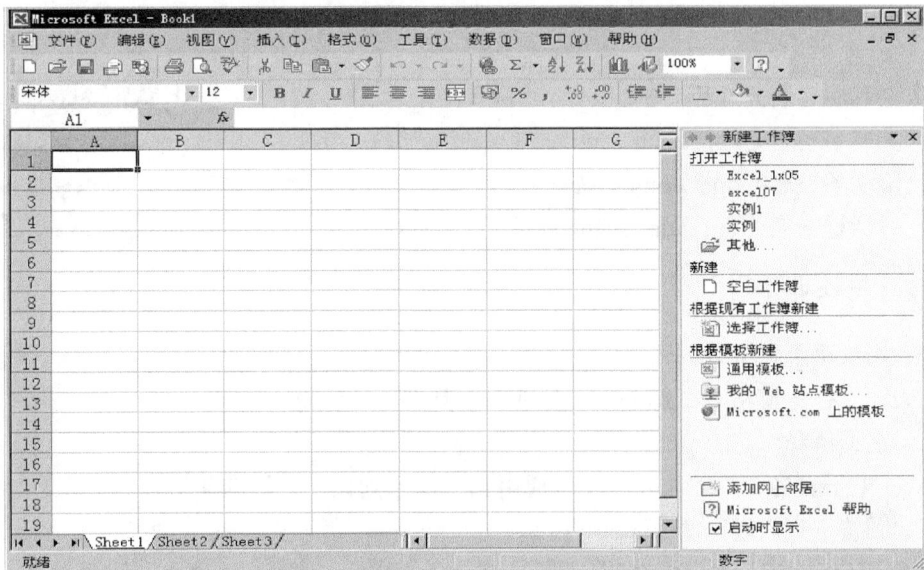

图 8-1

Excel 2003 主界面最上端的蓝色横条是标题栏。标题栏最左边是 Excel 的控制图标"![图标]"，该图标左侧显示的是应用程序名称（Microsoft Excel）和当前正在编辑的工作簿名称（Book1）。标题栏最右边分别是最小化按钮"![按钮]"、最大化按钮"![按钮]"或恢复按钮"![按钮]"、关闭按钮"![按钮]"，一般的 Windows 应用程序都有这些按钮。标题栏的下面是菜单栏，Excel 2003 的菜单栏与 Word 2003 的菜单栏的形式和使用方法完全相同。菜单栏下面是常用工具栏和格式工具栏，熟练使用工具栏中的按钮可以提高工作效率。

Excel 2003 主界面中间最大的区域是 Excel 的工作表区，也就是放置表格内容的地方。

工作表区上端的 A、B、C 等字母是列标，单击列标可以选中相应的列；左边的 1、2、3 等数字是行标，单击行标可以选中相应的行。工作表区的右边是新建和重排窗口。

工作表区的左下方设置有工作表标签。一个 Excel 文档称为一个工作簿，在一个工作簿中可以包含很多工作表，Excel 默认有三个工作表：Sheet1、Sheet2 和 Sheet3。工作表标签中白底黑字的标签所表示的工作表是当前工作表。工作表组成了工作簿，就好像账本，每一页是一个工作表，而一个账本就是一个工作簿。单击标签即可转到相应的工作表中，例如，单击"Sheet2"就可以转到 Sheet2 表中。工作表标签左边的"⏮ ◀ ▶ ⏭"按钮是标签滚动按钮。

说明：工作表默认是由 65 536 行和 256 列所构成的电子表格。工作表中的行从上到下编号，其行号分别为 1，2，……，65 536；列从左到右编号，其列号分别为 A，B，……，IV。

当将一个工作簿中不同工作表的内容对照使用时，无法使用拆分功能，但可以在"窗口"菜单中选择"新建窗口"选项，为当前工作簿新建一个窗口。需要注意的是，新建工作表标题栏的文件名后面就多了一个"：2"，表示现在打开的是一个工作簿的第二个窗口。

在"窗口"菜单中选择"重排窗口"选项，弹出"重排窗口"对话框，选择一个窗口排列的方式。例如，选择"水平并排"，然后选中"当前活动工作簿的窗口"前的复选框，单击"确定"按钮，看到重排窗口的效果。这个工作簿的两个窗口并排显示，在两个窗口中可以选择不同的工作表进行对比查看。

词语

1. 主界面（名）zhǔ jiè miàn　　　　باش بەت، باش ئېكران
2. 扩展名（名）kuò zhǎn míng　　　　كېڭەيتىلگەن ئىسم
3. 滚动条（名）gǔn dòng tiáo　　　　ئايلانما تالچە
4. 对话框（名）duì huà kuàng　　　　ديالوگ رامكىسى

练习与作业

一、用汉语解释下列词语

列表　　任务窗格　　拆分　　处理　　具有　　性能

二、名词解释

Excel 电子表格　　工作表区　　通用化　　系列化　　标准化

三、回答下列问题

1. 如何启动进入 Microsoft Excel？
2. Microsoft Excel 主界面有几部分组成？

四、课外阅读

表格处理软件

Microsoft Excel 是微软公司的办公软件 Microsoft office 的组件之一，是由 Microsoft 为 Windows 和 Apple Macintosh 操作系统的计算机而编写和运行的一款试算表软件。Excel 是微软办公套装软件的一个重要的组成部分，它可以进行各种数据的处理、统计分析和辅助决策操作，广泛地应用于管理、统计财经、金融等众多领域。

软件简介

Excel 中大量的公式函数可以应用选择。使用 Microsoft Excel 可以执行计算、分析信息并管理电子表格或网页中的数据信息列表，可以实现许多方便的功能，带给使用者方便。

与其配套组合的有：Word、PowerPoint、Access、InfoPath、Outlook 及 Publisher

现在，Excel 版本众多，如 2010、2007 和 2003 较为多见，Excel 2002 版本用的不是很多。2000 以前的版本现在已经很少见了。最新的版本增添了许多功能，使 Excel 功能更为强大。

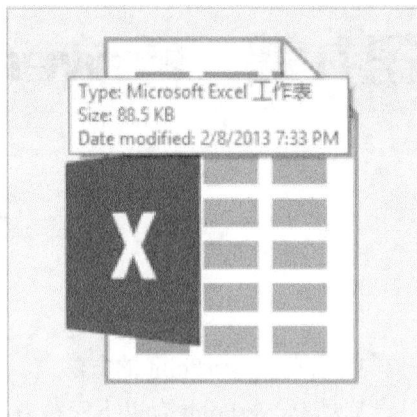

Excel2003 支持 VBA 编程（VBA 是 Visual Basic For Application 的简写形式），VBA 的使用可以达成执行特定功能或是重复性高的操作。

微软 Office 简介

微软的 Office 是目前最为流行的办公软件，目前主要有 Office 2010 和 Office 2007 两个版本。Office 2000 是第三代办公处理软件的代表产品，可以作为办公和管理的平台，以提高使用者的工作效率和决策能力。Office 2000 中文版有四种不同的版本：标准版、中小企业版、中文专业版和企业版。

在 Office 2000 中，各个组件仍有着比较明确的分工：一般说来，Word 主要用来进行文本的输入、编辑、排版、打印等工作；Excel 主要用来进行有繁重计算任务的预算、财务、数据汇总等工作；PowerPoint 主要用来制作演示文稿和幻灯片及投影片等；Access 是一个桌面数据库系统及数据库应用程序；Outlook 是一个桌面信息管理的应用程序；FrontPage 主要用来制作和发布因特网的 web 页面。

Microsoft Office XP 是微软有史以来所发行的 Office 版本中最重要的版本，而且也被认为是迄今为止功能最强大、最易于使用的 Office 产品。新版 Office 放弃了以往以产品发布年命名的惯例——产品名称中的 XP，是英文 Experience（体验）的缩写，代表着新版 Office 在包容覆盖广泛设备的 web 服务之后，将给用户带来丰富的、充分扩展的全新体验。

除核心的 Office XP 程序——Microsoft Word、Excel、Outlook 和 PowerPoint 之外，Office XP 专业版 中还包含 Microsoft Access 2002，它是 Office XP 数据库解决方案，可帮助用户存储、访问和分析数据。

要使用 Microsoft Office XP，推荐的系统配置为 Microsoft Windows 2000 Professional，计算机的硬件配置为 Pentium III 处理器和 128 MB 的 RAM。

近来，在中国市场上出现了金山公司的 WPS office。和微软 Office 的功能非常相似，而且是免费软件，受到了中国广大用户的喜爱。

第九课　PowerPoint 2003 的基本操作及其应用

1. 启动 PowerPoint 的方法

启动 PowerPoint 有以下三种方法。

（1）单击"开始"菜单中"程序"菜单项的"Microsoft PowerPoint"选项。

（2）单击"开始"菜单的"新建 Office 文档"菜单项。

（3）单击"开始"菜单的"打开 Office 文档"菜单项。

不论采用哪种方法，一旦 PowerPoint 2003 被启动，都会在屏幕上显示一个类似于下图所示的启动窗口。

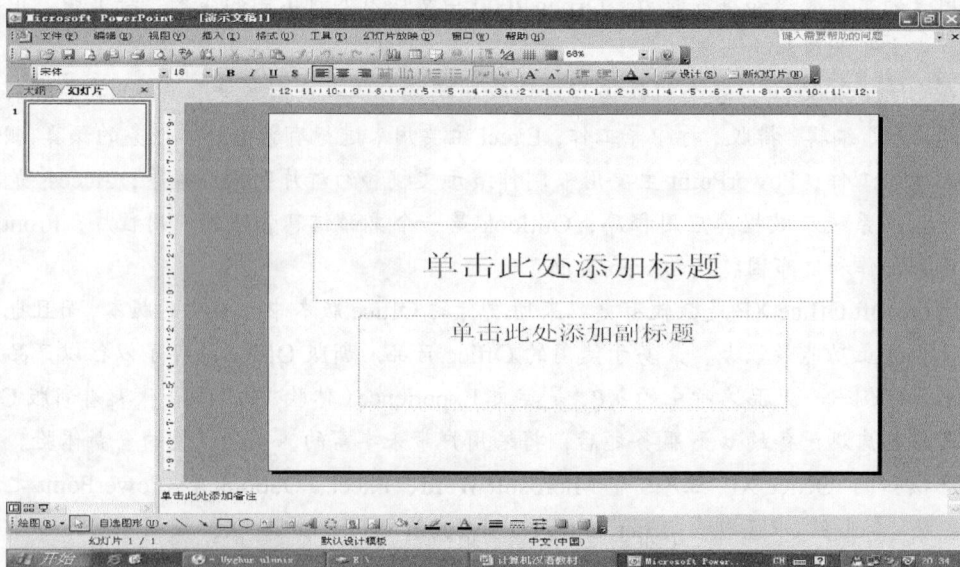

图 9-1

2. PowerPoint 2003 窗口

PowerPoint 2003 窗口和其他 Office 应用软件窗口一样，由标题栏、菜单栏、工具栏、演示文稿窗口、任务窗格和状态栏组成。

标题栏位于窗口顶端，其中有控制菜单按钮、程序名称、演示文稿名称、最小化按钮" **_** "、最大化（还原）按钮" **□**（**🗗**）"和关闭按钮" **✖** "。

菜单栏位于标题栏下方，包括 PowerPoint 操作过程中的各种命令。在菜单栏内有 9 个菜单项：文件、编辑、视图、插入、格式、工具、幻灯片放映、窗口、帮助。每个菜单项都对应一个下拉菜单，用户可打开下拉菜单，从中选择并执行相应的命令。

位于菜单栏下方的是工具栏。工具栏中的命令按钮是经过组织的菜单命令，它用形象的图形表示 PowerPoint 的常用菜单命令，为用户提供了一种比较简单的操作方式。使用工具栏时，用鼠标单击某个工具按钮即可选择对应的命令。

工具栏下方是演示文稿窗口。默认情况下，刚打开 PowerPoint 时进入演示文稿的普通视图。在该视图中，演示文稿窗口包括大纲区、幻灯片区、备注区，可分别按不同方式加工演示文稿。在大纲区可以编辑加工演示文稿的大纲，组织和输入演示文稿的文本内容，包括重新组织幻灯片顺序、排列项目符号等。在幻灯片区可以对幻灯片进行全面的编辑加工，查看单张幻灯片的整体外观。备注区可用于输入编作者的备注信息。

在演示文稿窗口的右边是任务窗格，它随着操作命令的不同会出现不同的任务选项。下图所示为"新建演示文稿"任务窗格。

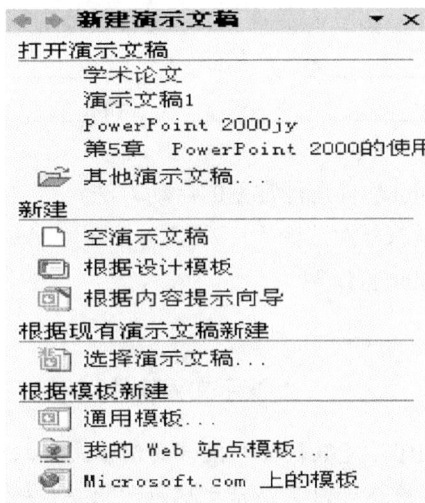

图 9-2

在演示文稿窗口的左下角有一组按钮"□□□"，这是视图切换按钮，用于在各中视图之间进行切换，单击其中任意一个按钮即可进入不同的视图。

状态栏位于 PowerPoint 窗口的最下方。状态栏左边显示演示文稿当前的视图名称。当演示文稿处于幻灯片视图时，还显示当前演示文稿中的幻灯片总数及当前幻灯片的编号。状态栏右边显示当前演示文稿所采用的模板的名字。

3.退出 PowerPoint 2003 的方法

若想退出 PowerPoint 2003，则返回到 Windows 桌面，选用以下方法中的一种。

（1）单击 PowerPoint 窗口右上角的"✖"按钮。

（2）按 "Alt+F4"组合键。

（3）选择"文件"菜单中的"退出"命令。

（4）双击 PowerPoint 标题栏左上角的控制菜单按钮。

词语

1. 大纲区（名）dà gāng qū   رايونى تىزسى

2. 幻灯片（名）huàn dēng piàn
3. 幻灯片区（名）huàn dēng piàn qū
4. 组合键（名）zǔ hé jiàn
5. 模板（名）mó bǎn

پروٸىكسسىه پىلىونكسى
پروٸىكسسىه پىلىونكا رايۇنى
بىرىكمه كۇنۇپكا
قېلىپ

练习与作业

一、名词解释

PowerPoint　　演示文稿　　大纲区　　幻灯片区　　普通视图　　备注区

二、完成下列句子

1. 位于菜单栏下方的是_____。工具栏中的命令按钮是_____的菜单命令。

2. 使用工具栏时，用_____的命令。

3. 演示文稿窗口包括_____，可分别按不同方式加工演示文稿。

4. 在大纲区可以_____，组织_____的文本内容。

5. 在幻灯片区可以_____，查看_____。

三、回答下列问题

1. 如何启动 PowerPoint？有几种常见的启动方法？

2. PowerPoint 窗口是怎样组成的？

3. 怎样退出 PowerPoint 窗口？

四、课外阅读

演示文稿软件

　　"Powerpoint" 简称 PPT，是微软公司设计的演示文稿软件。用户不仅可以在投影仪或者计算机上演示 PPT 文件，还可以将演示文稿打印出来，制作成胶片，以便应用到更广泛的领域中。利用 Powerpoint 不仅可以创建演示文稿，还可以在因特网上召开面对面会议、远程会议，在网上为观众展示演示文稿。利用 Powerpoint 做出来的东西叫演示文稿，它是一个文件，其格式 ".ppt"。演示文稿中的每一页就叫幻灯片，每张幻灯片都是演示文稿中既相互独立又相互关联的内容。

　　一套完整的 PPT 文件一般包含：片头动画、PPT 封面、前言、目录、过渡页、图表页、图片页、文字页、封底、片尾动画等。PPT 所采用的素材有：文字、图片、图表、动画、声音、影片等。近年来，中国的 PPT 应用水平逐步提高，应用领域越来越广。PPT 正成为人们工作生活的重要组成部分，在工作汇报、企业宣传、产品推介、婚礼庆典、项目竞标、管理咨询等领域。

　　制作相册

　　（1）启动 PPT，新建一个空白演示文稿。依次单击"插入"菜单中的"图片"，选择"新建相册"命令，弹出"相册"对话框。

　　（2）相册的图片可以选择磁盘中的图片文件（单击"文件/磁盘"按钮），也可以选择

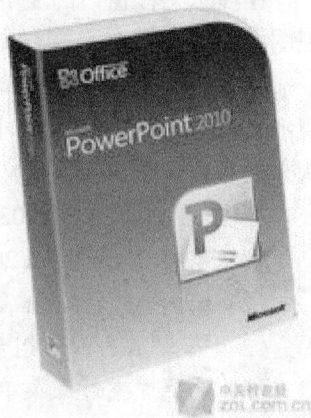

来自扫描仪和数码相机等外设中的图片（单击"扫描仪/照相机"按钮）。通常情况下，单击"文件/磁盘"按钮选择磁盘中已有的图片文件。

打开插入图片文件的对话框，可按住 Shift 键（连续的）或 Ctrl 键（不连续的）选择图片文件，选好后，单击"插入"按钮，返回相册对话框。如果需要选择其他文件夹中的图片文件，再次单击该按钮即可。

（3）所有被选择插入的图片文件都出现在相册对话框的"相册中的图片"文件列表中，单击图片名称可在预览框中看到相应的效果。单击图片文件列表下方的"↑"、"↓"按钮可改变图片出现的先后顺序，单击"删除"按钮可删除被加入的图片文件。通过图片"预览"框下方提供的六个按钮，还可以旋转选中的图片，改变图片的亮度和对比度等。

（4）接下来，我们来看看相册的版式设计。单击"图片版式"右侧的下拉列表，可以指定每张幻灯片中图片的数量和是否显示图片标题。单击"相框形状"右侧的下拉列表可以为相册中的每一个图片指定相框的形状，但功能必须在"图片版式"不使用"适应幻灯片尺寸"选项时才有效。假设可以选择"圆角矩形"，这可是需要用专业图像工具才能达到的效果。最后，还可以为幻灯片指定一个合适的模板。单击"设计模式"框右侧的"浏览"按钮，即可进行相应的设置。

在制作过程中还有一个技巧，如果图片文件的文件名能适当地反映图片的内容，可勾选对话框中的"标题在所有图片下面"复选项，相册生成后，图片下面会自动加上文字说明（即为该图片的文件名），该功能也只有在"图片版式"不使用"适应幻灯片尺寸"选项时才有效。

以上操作完成之后，单击对话框中的"创建"按钮，PPT 就会自动生成一个电子相册。

到此，一个简单的电子相册已经生成了。当然了，如果需要进一步对相册效果进行美化，还可以对幻灯片辅以一些文字说明，设置背景音乐、过渡效果和切换效果。相信大家看完本文后，就能自己亲自动手，制作出一个更精美的个性化的电子相册了。制作完成后，记得将你的相册打包或刻录成光盘，送给你的亲朋好友一起欣赏。

第十课　Internet 基础知识

一、Internet

1. Internet 的起源与现状

Internet 网络是目前世界上最大的计算机因特网络，它的原型是由美国国防部高级研究计划署（Advanced Research Projects Agency）在 1969 年资助建成的 ARPA 网。最初的 ARPA 网只连接了美国西部四所大学的计算机，使用分散在广域地区内的计算机来构成网络。1972 年，有 50 余所大学和研究所参与了该网络的连接。当时，ARPA 网的一个主要目标是研究用于军事目的的分布式计算机系统。

2. 谁在控制 Internet

从 Internet 的发展历程可以看到，它由数以万计的子网自愿互联而成，因此，没有任何机构和政府完全拥有 Internet。不过，为了促进全球信息交流，监督和管理 Internet 标准的建立、发布和更新，由相关的社会团体、政府机构、企业、个人等自愿组织成立了一个 Internet 学会（ISOC）。ISOC（网址为 http：//www.isoc.org）每年都召开一次年会，来自世界各国、各地区的专家们聚集一堂，共商 Internet 发展大计。

同时，每个连入 Internet 的网络一般都建立有自己的网络运行中心（NOC）和网络信息中心（NIC），以保证各自网络的正常运行、建立和维护网上的信息资源。Internet 总的 NOC 和 NIC 设在美国，称为 Internet NOC 和 Internet NIC（网址为 http：//www.internic.net）。亚太地区网络信息中心 APNIC 总部设在日本东京大学，其网址为 http：//www.apnic.net。

3. Internet 在中国

作为认识世界的一种方式，我国目前在接入 Internet 网络基础设施上已进行了大规模的投资。例如，中国公用分组交换数据网 CHINAPAC 和中国公用数字数据网 CHINADDN；覆盖全国范围的数据通信网络已初具规模，为 Internet 在我国普及打下了良好的基础。

Internet 在中国的发展可分为两个阶段。

第一阶段：1987～1993 年，我国的一些科研部门开展和 Internet 连网的科学研究和技术合作，通过拨号（X.25 协议）实现了电子邮件转发系统的连接，并在小范围内为国内单位提供 Internet 电子邮件服务（即 E-mail 功能）。

第二阶段：1994 年开始，实现了和 Internet 的 TCP/IP 连接，从而开通了 Internet 的全功能服务。目前，我国 Internet 的网络构成如下图所示。

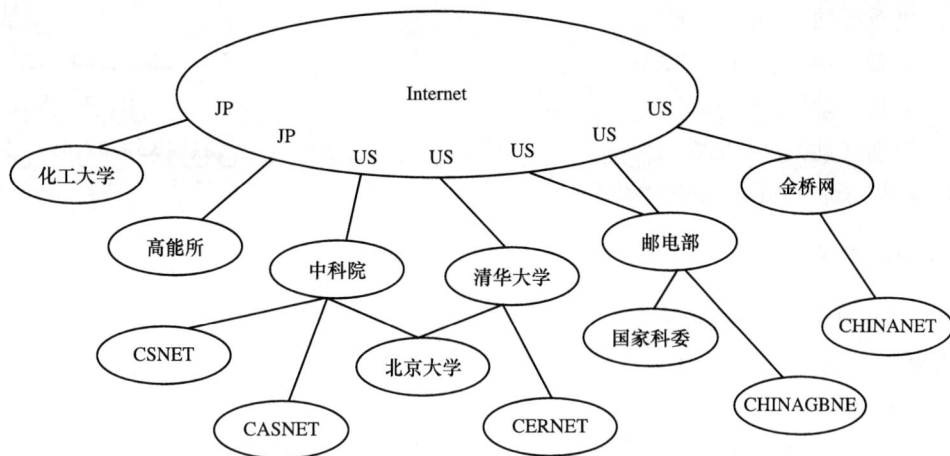

二、万维网 WWW

1. 什么是 WWW

WWW 是英文 World Wide Web 的缩写，直译为"遍布世界的网"，被译为全球信息网、万维网，简写为 web。WWW 是建立在 Internet 上的使用超文本方式组织起来的多媒体信息系统。这些信息资源分布在全球数以万计的 WWW 服务器（或称 web 站点）上，并由提供信息的专门机构进行管理和更新。用户通过一种称为 web 浏览器的软件就可浏览 web 上的信息，并可单击标记为"链接"的文本或图形，随心所欲地转换到世界各地的其他 web 站点，访问其上丰富的信息资源。

2. Internet 地址

Internet 是成千上万台计算机互联组成的，要能正确访问 Internet 上的某台主机（在网络中，具有独立工作能力的计算机称为主机），必须通过唯一标识该计算机的一个编号来进行，这个编号就是 IP 地址（之所以称作 IP 地址，是因为在 Internet 网中寻找要访问的计算机地址的任务是由 TCP/IP 协议中的网际协议 IP 负责的）。如同电话系统中电话是靠电话号码来识别的一样，在 Internet 中，IP 地址是网上的通信地址，是计算机、服务器、路由器的端口地址，每一个 IP 地址在全球是唯一的，是运行 TCP/IP 协议的唯一标识。

IP 地址用一个 32 位的二进制数表示，书写时分成 4 个十进制数字段，表示成 W.X.Y.Z 的形式，每个字段数字在 0～255 之间，中间用圆点隔开。例如：

中国教育科研网 WWW 服务器的 IP 地址为 202.112.0.36；

网易网 WWW 服务器的 IP 地址为 202.106.36.153；

北京大学 WWW 服务器的 IP 地址为 162.105.129.12。

IP 地址包括两部分内容：一部分为网络标识，另一部分为主机标识。其格式为：

IP 地址 = 网络地址 + 主机地址 = NETid + HOSTid。

词语

1. 现状（名）xiàn zhuàng   هازىرقى ھالەت
2. 原型（名）yuán xíng   ئەسلي تىپ
3. 分布式（名）fēn bù shì   تەقسىملەنمە

4. 更新（动）gēng xīn

5. 共商（名）gòng shāng

6. 初具（动）chū jù

7. 识别（动）shí bié

8. 标识（名）biāo zhì

يېڭىلاش

بىرلىكتە مەسلىھەتلىشىش

دەسلەپكى قورال

تونۇش، پەرقلەندۈرۈش

پەرقلەندۈرۈش

练习与作业

一、用汉语解释下列词语

拓宽　兼容　兼顾　处理　具有　性能

二、名词解释

Internet　　ARPA 网　　万维网 WWW　　IP 地址　主机

三、完成下列句子

1. 当时，ARPA 网的一个主要目标是_____。

2. 每个连入 Internet 的网络_____，以保证各自网络的正常运行、建立和维护网上的信息资源。

3. 用户通过_____的信息。

4. WWW 是建立在 Internet 上的_____信息系统。

5. WWW 是_____，直译为_____。

6. Internet 是_____组成的，要能_____，必须通过唯一标识该计算机的一个编号来进行。

7. 之所以称作 IP 地址，是因为_____。

8. 在 Internet 中，IP 地址是网上的通信地址，是_____，每一个 IP 地址在全球是唯一的。

9. IP 地址用一个 32 位的二进制数表示，_____，表示成_____的形式。

10. IP 地址包括两部分内容_____。

四、回答下列问题

1. Internet 是怎样起源的？

2. Internet 在中国的发展可分为几个阶段？

3. 什么是 WWW？

4. 什么是 IP 地址？IP 地址的格式是什么？

五、课外阅读

互 联 网

互联网（Internet），是由一些使用公用语言互相通信的计算机连接而成的全球网络，即广域网、局域网及单机按照一定的通信协议组成的国际计算机网络。互联网是一种公用信息的载体，这种大众传媒比以往的任何一种通信媒体都要快。

1. 互联网互通

互联网是全球性的。这就意味着不管是谁发明了我们使用的这个网络，它都是属于全人类的。这种"全球性"并不是一个空洞的政治口号，而是有其技术保证的。互联网的结构是按照"包交换"的方式连接的分布式网络。因此，在技术的层面上，互联网绝对不存在中央控制的问题。也就是说，不可能存在某一个国家或者某一个利益集团通过某种技术手段来控制互联网的问题。反过来，也无法把互联网封闭在一个国家之内——除非建立的不是互联网。与此同时，这样一个全球性的网络，必须要有某种方式来确定联入其中的每一台主机。在互联网上，绝对不能出现类似两个人同名的现象。这样，就要有一个固定的机构来为每一台主机确定名字，由此确定这台主机在互联网上的"地址"。然而，这仅仅是"命名权"，这种确定地址的权力并不意味着控制的权力。负责命名的机构除了命名之外，并不能做更多的事情。

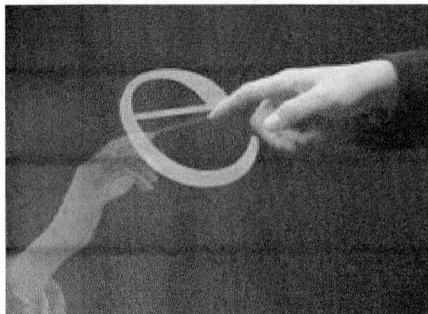

同样，这个全球性的网络也需要有一个机构来制定所有主机都必须遵守的交往规则（协议），否则就不可能建立起全球所有不同的计算机、不同的操作系统都能够通用的互联网。下一代 TCP/IP 协议将对网络上的信息等级进行分类，以加快传输速度（例如，优先传送浏览信息，而不是电子邮件信息），就是这种机构提供的服务的例证。同样，这种制定共同遵守的"协议"的权力，并不意味着控制的权力。毫无疑问，互联网的所有这些技术特征都说明对于互联网的管理完全与"服务"有关，而与"控制"无关。

事实上，互联网还远远不是我们经常说到的"信息高速公路"。这不仅因互联网的传输速度不够，更重要的是互联网还没有定型，还一直在发展、变化。因此，任何对互联网的技术定义也只能是当下的、现时的。

与此同时，在越来越多的人加入到互联网中、越来越多地使用互联网的过程中，也会不断地从社会、文化的角度对互联网的意义、价值和本质提出新的理解。

2. 经济影响

今后五年，G20 中的发达国家互联网年增长 8%，对 G20GDP 贡献率将达 5.3%，发展中国家增长率高达 18%。2010 年~2016 年，G20 的互联网经济将近翻番，增加 3200 万个就业机会。

3. 网络就是传媒

正如前面看到的那样，互联网的出现是人类通信技术的一次革命。然而，仅仅从技术的角度来理解互联网的意义显然远远不够。互联网的发展早已超越了当初 ARPANET 的军事和技术目的，几乎从一开始就是为人类的交流服务的。即使是在 ARPANET 的创建初期，

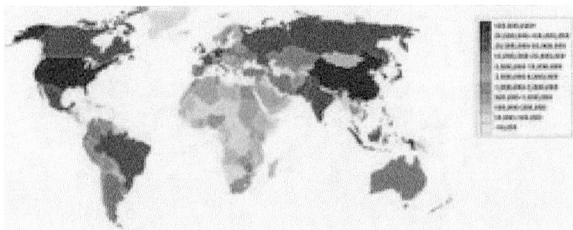

美国国防高级研究计划署指令与控制研究办公室（CCR）主任利克里德尔就已经强调计算机和计算机网络的根本作用是为人们的交流服务，而不单纯是用来计算。

后来，麻省理工学院计算机科学实验室的高级研究员 DavidClark 也曾经写道："把网络看成是计算机之间的连接是不对的。相反，网络把使用计算机的人连接起来了。互联网的最大成功不在于技术层面，而在于对人的影响。电子邮件对于计算机科学来说也许不是什么重要的进展，然而对于人们的交流来说则是一种全新的方法。互联网的持续发展对所有人都是一个技术上的挑战，可是我们永远不能忘记我们来自哪里，不能忘记我们给更大的计算机群体带来的巨大变化，也不能忘记我们为将来的变化所拥有的潜力。"很明显，从互联网迄今的发展过程看，网络就是传媒（Communication）。

英文的"Communication"是个不太容易翻译的词。当我们谈到消息、新闻的时候，这个词指的是传播和传达；当我们说起运输的时候，这个词指的是交通；而当我们讨论人际关系的时候，这个词又和交往和交流有关。当年利克里德尔强调计算机的作用在于"交流"，就是用的就是这个词。

有趣的是，"计算机"（Computer）和"交流"（Communication），都有一个共同的词根："com"（共、全、合、与等）。古英语的"Communicate"，就有"参与"的意思。

4. 多功能互动

互联网就是一个能够相互交流、相互沟通、相互参与的互动平台。

在美国大学里，一般学习的不是新闻学，而是大众传播学（masscommunication）。在这个意义上，"communicate"与宣传和被宣传无关，而是和大家共同"参与"的"交流"紧密相关。我在这里强调"网络就是传媒"，也是为了强调网络在人类交流和传播中的重要作用。

互联网迄今为止的发展，完全证明了网络的传媒特性。一方面，作为一种狭义的小范围的、私人之间的传媒，互联网是私人之间通信的极好工具。在互联网中，电子邮件始终是使用最为广泛也最受重视的一项功能。由于电子邮件的出现，人与人的交流更加方便、更加普遍了。

另一方面，作为一种广义的、宽泛的、公开的、对大多数人有效的传媒，互联网通过大量的、每天至少有几千人乃至几十万人访问的网站，实现了真正的大众传媒的作用。互联网可以比任何一种方式都更快、更经济、更直观、更有效地把一个思想或信息传播开来。而互联网的出现，电子邮件（伊妹儿）和环球网的使用，正好为人们的交流提供了良好的工具。

第十一课　电子邮件及网络安全知识

一、电子邮件

在因特网提供的基本信息服务中，电子邮件（E-mail）使用得最为广泛。每天，全世界有几千万人次在发送电子邮件，绝大多数的用户对因特网的认识都是从收发电子邮件开始的。电子邮件和我们通过邮局收发的信件从功能上讲没有什么不同，它们都是一种信息载体，是用来帮助人们进行沟通的工具，只是实现方式有所不同。电子邮件是在计算机上编写，并通过因特网发送的信件。与普通信件相比，电子邮件不仅传递迅速，而且可靠性高。多媒体电子邮件不仅可以传送文本信息，而且可以传送声音、视频等多种类型的文件。

使用电子邮件的首要条件是要拥有一个电子邮箱，它是由提供电子邮件服务的机构建立的。实际上，电子邮箱就是指因特网上的某台计算机为用户分配的专用于存放往来信件的磁盘存储区域，但这个区域是由电子邮件系统软件负责管理和存取的。

目前电子邮件系统都具有以下几种功能。

（1）邮件制作与编辑。

（2）信件发送（可发送给一个用户或同时发送给多个用户）。

（3）收信通知（随时提示用户有信件）。

（4）信件阅读与检索（可按发信人、收信时间或信件标题检索已收到的信件，并可反复阅读来信）。

（5）信件回复与转发。

（6）信件管理（对收到的信件可以转存、分类归档或删除）。

1. 认识电子邮件地址

由于 E-mail 是直接寻址到用户的，而不是仅仅到计算机，所以个人的名字或有关说明也要编入 E-mail 地址中。Internet 的电子邮箱地址组成如下：

用户名@电子邮件服务器名

它表示：以用户名命名的信箱是建立在符号"@"后所说明的电子邮件服务器上的，该服务器就是向用户提供电子邮件服务的"邮局"机。一个具体的 E-mail 例子如下：

ranchs@sust-edu.net

2. 电子邮件服务器

在因特网上有很多处理电子邮件的计算机，它们就像是一个个邮局，采用存储转发方式为用户传递电子邮件。从用户计算机发出的邮件要经过多个这样的"邮局"中转，才能到达最终目的地。这些因特网的"邮局"称作电子邮件服务器。

与用户最直接相关的电子邮件服务器有两种类型：发送邮件服务器（SMTP 服务器）和接收邮件服务器（POP3 服务器）。发送邮件服务器遵循的是 SMTP（Simple Message Transfer Protocol，简单邮件传输协议），其作用是将用户编写的电子邮件转交到收件人手中。接收邮件服务器采用 POP3 协议，可将其他人发送给用户的电子邮件暂时寄存起来，直到用户从服务器上将邮件取到本地机上阅读。E-mail 地址中"@"后跟的电子邮件服务器就是一个 POP3 服务器名称。

通常，同一台电子邮件服务器既能完成发送邮件的任务，又能让用户从它那里接收邮件，这时 SMTP 服务器和 POP3 服务器的名称是相同的。但从根本上看，这两个服务器没有什么对应关系，可以在使用中设置成不同的。

二、网络安全

1. 网络安全概述

网络安全的主要目标是保护网络上的计算机资源免受毁坏、替换、盗窃和丢失。这些计算机资源包括计算机设备、存储介质、软件和数据信息等。

网络安全可以被粗略地分为保密、鉴别、反拒认以及完整性控制四个相互交织的部分。保密是指保证只有授权用户才可以访问数据，从而限制其他人非法访问数据。鉴别主要指在查看、获取某些重要信息或在进行事务处理前，要先确认对方的身份。

反拒认主要与签名有关，例如，当某客户下了一份以 18 元的价格购进 5 000 件棉毛针织衫的订单，事后宣称其定购价格为 12 元，如何证明他原先答应的价格是 18 元即属于反拒认问题。数据完整性控制用于确保自己收到的信息是最初发送的那条信息，途中未被他人恶意篡改或伪造。

2. 危害网络通信安全的因素

因特网上的安全问题主要来自两个方面：一是 TCP/IP 协议本身就存在很大的安全缺陷，包括建立在其上的很多服务；二是人为因素和自然因素造成的破坏。

3. 网络本身存在的安全缺陷

（1）因特网上的标准协议 TCP/IP 为获得高效的运行效率，并没有充分考虑安全因素；而且该协议也是公开的，了解它的人越多，被人破坏的可能性就越大。

（2）因特网上数据的传送采用网络路由方式，且大多数信息是没有加密的，因此很容易被窃听和欺骗。合法用户的身份账号和口令很容易被监听和劫持。

（3）很多基于 TCP/IP 的应用服务都在不同程度上存在着安全问题，这很容易被一些对 TCP/IP 十分了解的人利用。

（4）缺乏安全策略。许多站点在防火墙配置上无意识地扩大了访问权限，忽视了这些权限可能会被内部人员滥用。

（5）访问控制配置的复杂性容易导致配置错误，从而给他人以可乘之机。

4. 来自人为因素和自然因素的威胁

（1）自然因素的威胁包括硬件故障、软件错误、火灾、水灾等，它们共同的特点是具有突发性，人们很难防止此类威胁，减小损失的最好方法是备份数据和设置冗余。

（2）人为因素的威胁主要来自黑客。黑客不仅是一些想显示自己计算机水平的好奇的大学生，更有一些专职的商业间谍。这类威胁的隐蔽性很强，但危害性却很大。

除了直接入侵外，各种病毒程序也是因特网上的巨大危险。这些病毒会随着电子邮件、下载的软件进入到个人计算机或公司内部网络中。

5. 安全措施

安全措施有很多种形式，如给门加上锁或设置报警系统以防设备被偷窃的物理安全形式，以及为计算机设置开机密码、记录和查阅日志信息等形式。在安全环境中，许多类型的安全措施相互加强，如果一种措施失败，则另一种将继续工作，最大限度地减少损害。以下是一些常见的安全防范措施。

（1）用备份和镜像技术提高数据完整性。备份技术是最常用的提高数据完整性的措施，它是指对需要保护的数据在另一个地方制作一个备份，若失去原件还能使用数据备份。镜像技术是指两个设备执行完全相同的工作，若其中一个系统出现故障，另一个系统仍可以继续工作。

（2）病毒检查。安装防毒软件，对插入的软盘或下载的软件和文档进行病毒检查。防毒软件只能查出已知的病毒，因此，应及时更新防毒软件的版本。

（3）构筑因特网防火墙。这是一种很有效的防御措施。防火墙不能防止来自内部的攻击，只能挡住已知的病毒。

（4）仔细阅读日志。仔细阅读日志可以帮助人们发现被入侵的痕迹，以便及时采取弥补措施或追踪入侵者。

（5）数据加密。数据加密在网络上的作用就是为了防止有价值的信息在传输过程中被他人拦截和窃取。

数据加密的基本过程包括对原来可读信息（明文）利用密钥（Key）函数进行翻译，输出不易读的信息（密文）。该过程的逆过程为解密，即将该信息转化为其原来的可读形式的过程。解密过程必须要有正确的密钥。

（6）补丁程序。及时安装各种安全补丁程序，不给入侵者提供系统漏洞可钻。

（7）提防虚假安全的。虚假的安全经常被错认为是安全的。它的安全是靠别人知道甚少得以暂时保全。典型的例子就是一个家庭在大门附近藏匿了一把钥匙，防止窃贼从大门进入房屋的唯一方法是窃贼不知道有一把隐藏的钥匙或不知道藏匿的位置。

（8）加强物理安全措施。

词语

1. 载体（名）zǎi tǐ		توشۇغۇچى
2. 密钥（名）mì yào		شىفىرلىق ئاچقۇچ
3. 检索（动）jiǎn suǒ		ئىزدەپ تېپىش
4. 寻址（动）xún zhǐ		ئادرىس ئىزدەش
5. 寄存（动）jì cún		ساقلاش
6. 鉴别（动）jiàn bié		ئايرىش، پەرقلەندۈرۈش
7. 监听（动）jiān tīng		يوشۇرۇنچە ئاڭلىماق
8. 滥用（动）làn yòng		كەلسە-كەلمەس ئىشلەتمەك
9. 弥补（动）mí bǔ		تولدۇرماق، تولۇقلىماق
10. 补丁程序（名）bǔ dīng chéng xù		تولۇقلىغۇچى پرگرامما
11. 藏匿（动）cáng nì		يوشۇرۇپ قويماق
12. 篡改（动）cuàn gǎi		بۇرمىلىماق، ئۆزگەرتمەك

练习与作业

一、读译词组

存储介质　　　　　电子邮箱　　　　　可乘之机

突发性　　　　　　伪造　　　　　　　遵循

二、用汉语解释下列词语

冗余　　口令　　存取　　处理　　归档　　免受

三、名词解释

电子邮件　　网络安全　　电子邮件服务器　　POP3 协议　　反拒认

四、完成下列句子

1. 多媒体电子邮件不仅＿＿＿＿＿＿＿＿＿＿，而且＿＿＿＿＿＿＿＿＿＿等多种类型的文件。

2. 实际上，电子邮箱就是指＿＿＿＿＿＿＿＿＿＿＿＿＿＿的磁盘存储区域。

3. 从用户计算机发出的邮件＿＿＿＿＿＿＿＿＿＿＿＿＿＿＿＿＿＿＿＿，才能＿＿＿＿＿＿＿＿＿。

4. 和用户最直接相关的电子邮件服务器有两种类型：＿＿＿＿＿＿＿＿＿＿和＿＿＿＿＿＿＿＿＿。

5. 接收邮件服务器采用＿＿＿＿＿＿＿＿，可将＿＿＿＿＿＿＿＿＿＿寄存起来。

6. 通常，同一台电子邮件服务器既＿＿＿＿＿＿＿＿＿＿＿＿＿＿，又能＿＿＿＿＿＿＿＿＿。

7. 网络安全的主要目标是＿＿＿＿＿＿＿＿＿＿＿＿＿＿和丢失。

8. 网络安全可以被粗略地分为＿＿＿＿＿＿＿＿＿＿＿＿＿＿的部分。

9. 保密是指＿＿＿＿＿＿＿＿＿＿＿，从而限制＿＿＿＿＿＿＿＿。

10. 数据完整性控制用于＿＿＿＿＿＿＿＿＿＿＿＿＿＿＿＿。

五、回答下列问题

1. 电子邮件系统都具有几种功能？分别是什么功能？

2. Internet 的电子邮箱地址是怎么组成的？有什么含义？

3. 网络安全的主要目标是什么？

4. 网络本身存在有哪些安全缺陷？

六、课外阅读

电 子 邮 件

电子邮件（electronic mail，简称 E-mail，标志为@，也被大家称为"伊妹儿"），又称电子信箱、电子邮政，它是一种用电子手段提供信息交换的通信方式，是 Internet 应用最广的服务，通过网络的电子邮件系统，用户可以用非常低廉的价格（不管发送到哪里，都只需负担电话费和网费即可），以非常快速的方式（几秒钟之内可以发送到世界上任何你指定的目的地），与世界上任何一个角落的网络用户联系，这些电子邮件可以是文字、图像、声音等各种方式。同时，用户可以得到大量免费的新闻、专题邮件，并实现轻松的信息搜索。

1. 电子邮件的发送和接收

电子邮件在Internet上发送和接收的原理可以很形象地用我们日常生活中的邮寄包裹来形容：当我们要寄一个包裹时，首先要找到任何一个有这项业务的邮局，在填写完收件人姓名、地址等之后，包裹就寄到了收件人所在地的邮局，对方取包裹的时候就必须去这个邮局才能取出。同样的，当我们发送电子邮件时，这封邮件是由邮件发送服务器（任何一个都可以）发出，并根据收信人的地址判断对方的邮件接收服务器而将这封信发送到该服务器上，收信人要收取邮件也只能访问这个服务器才能完成。

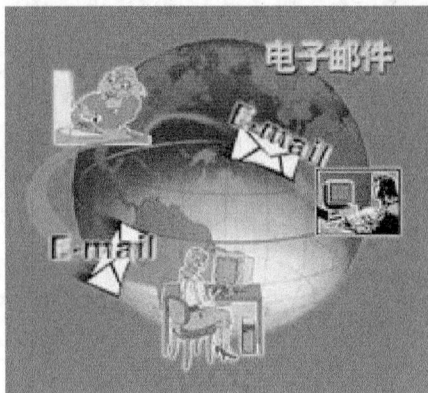

2. 电子邮件地址的构成

电子邮件地址的格式由三部分组成。第一部分"USER"代表用户信箱的账号，对于同一个邮件接收服务器来说，这个账号必须是唯一的；第二部分的"@"是分隔符；第三部分是用户信箱的邮件接收服务器域名，用以标志其所在的位置。

3. 电子邮件的特点

电子邮件是整个网络间以至所有其他网络系统中直接面向人与人之间信息交流的系统，它的数据发送方和接收方都是人，所以极大地满足了大量存在的人与人之间的通信需求。

电子邮件指用电子手段传送信件、单据、资料等信息的通信方法。电子邮件综合了电话通信和邮政信件的特点，它传送信息的速度和电话一样快，又能像信件一样使收信者在接收端收到文字记录。电子邮件系统又称基于计算机的邮件报文系统。它参与了从邮件进入系统到邮件到达目的地为止的全部处理过程。电子邮件不仅可利用电话网络，而且可利用其他任何通信网传送。在利用电话网络时，还可在其非高峰期间传送信息，这对于商业邮件具有特殊价值。由中央计算机和小型计算机控制的面向有限用户的电子系统可以看作是一种计算机会议系统。电子邮件采用储存-转发方式在网络上逐步传递信息，不像电话那样直接、及时，但费用低廉。

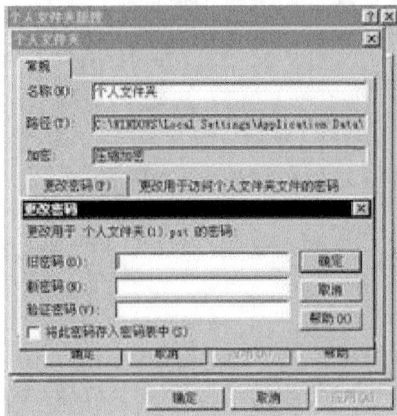

4. 电子邮件的起源

对于世界上第一封电子邮件（E-mail），根据资料，有以下两种说法。

第一种说法

1969年10月，世界上的第一封电子邮件是由计算机科学家 Leonard K.教授发给他的同事的一条简短消息。

据《因特网周刊》报道世界上的第一封电子邮件是由计算机科学家 Leonard K.教授发给他的同事的一条简短消息（时间应该是1969年10月），这条消息只有两个字母："LO"。Leonard K.教授因此被称为电子邮件之父。

Leonard K.教授解释说："当年我试图通过一台位于加利福尼亚大学的计算机和另一台

位于旧金山附近斯坦福研究中心的计算机联系。我们所做的事情就是从一台计算机登录到另一台计算机。当时登录的办法就是输入 L-O-G。于是我方输入 L，然后问对方：'收到 L 了吗？'对方回答：'收到了。'然后依次键入 O 和 G。还未收到对方收到 G 的确认回答，系统就瘫痪了。所以，第一条网上信息就是'LO'，意思是'你好！'"

第二种说法

1971 年，美国国防部资助的阿帕网正在如火如荼的进行当中，一个非常尖锐的问题出现了：参加此项目的科学家们在不同的地方做着不同的工作，但是却不能很好地分享各自的研究成果。原因很简单，因为大家使用的是不同的计算机，每个人的工作对别人来说都是没有用的。他们迫切需要一种能够借助于网络在不同的计算机之间传送数据的方法。在阿帕网工作的麻省理工大学博士 Raytomlinson 把一个可以在不同的计算机网络之间进行复制的软件和一个仅用于单机的通信软件进行了功能合并，命名为 SNDMSG（即 Send Message）。为了测试，他使用这个软件在阿帕网上发送了第一封电子邮件，收件人是另外一台计算机上的自己。尽管这封邮件的内容连 Tomlinson 本人也记不起来了，但那一刻仍然具备了十足的历史意义：电子邮件诞生了。Tomlinson 选择"@"符号作为用户名与地址的间隔，因为这个符号比较生僻，不会出现在任何一个人的名字当中，而且这个符号的读音也有着"在"的含义。阿帕网的科学家们以极大的热情欢迎了这个石破天惊般的创新。他们天才的想法及研究成果，现在可以用最快的（快得难以觉察）速度来与同事共享了。许多人回想起来，都觉得阿帕网所获得的巨大成功当中，电子邮件功不可没（这个说法也是较为广泛流传的）。

第十二课　计算机安全知识

一、计算机安全概述

常见的计算机安全（Computer Security）的定义有下面两种。

国际标准化组织（ISO）的定义是：为数据处理系统建立和采取的技术上和管理上的安全保护，保护计算机硬件、软件不因偶然的或恶意的原因而遭破坏、更改和暴露。

国务院于 1994 年 2 月 18 日颁布的《中华人民共和国计算机信息系统安全保护条例》第一章第三条的定义是：计算机信息的安全保护，应当保障计算机及其相关的配套设备设施（含网络）的安全，运行环境的安全，保障信息的安全，保障计算机功能的正常发挥，以维护计算机信息系统的安全运行。

由上述定义可知，计算机安全的范围应包括计算机实体安全、软件安全、数据安全及运行安全等几个方面。

1. 实体安全

实体安全是指计算机系统设备及相关的设施运行正常，系统服务适时，包括环境、建筑、设备、电磁辐射、数据介质、灾害报警等。

2. 软件安全

软件安全是指保证软件完整，即保证操作系统软件、数据库管理软件、网络软件、应用软件及相关资料的完整，包括软件的开发、软件安全保密测试、软件的修改与复制等。

3. 数据安全

数据安全是指系统拥有的和产生的数据或信息完整、有效、使用合法。要保证数据不被破坏或泄露，包括输入、输出、识别用户、存取控制、加密、审计与追踪、备份与恢复等。

4. 运行安全

运行安全是指系统资源和信息资源使用合法，包括电源、环境（含空调）、人事、机房管理、出入控制、数据及介质管理、运行管理等。

计算机安全自 20 世纪 60 年代末期至今，一直是人们所关心的一个社会问题。特别是最近几年，随着时代信息化步伐的加快，计算机通信被广泛应用，人们对计算机软、硬件的功能和组成以及各种开发、维护工具的了解，对信息重要性的认识，都已达到了相当高的水平。与此同时，各种计算机犯罪和计算机系统被病毒感染事件也频频发生。因此，计算机安全已经成为各国政府和军队、机关、企事业单位关注的热点。

二、计算机信息安全

1. 计算机信息安全的要素

计算机信息安全包括五个基本要素：机密性、完整性、可用性、可控性与可审查性。

（1）机密性：确保信息不暴露给未授权的实体或进程。

（2）完整性：只有得到允许的人才能修改数据，并且能够判别出数据是否已被篡改。

（3）可用性：得到授权的实体在需要时可访问数据，即攻击者不能占用所有的资源而阻碍授权者的工作。

（4）可控性：可以控制授权范围内的信息流向及行为方式。

（5）可审查性：对出现的网络安全问题提供调查的依据和手段。

因此，一个现代信息系统若不包含有效的信息安全技术措施，就不能被认为是完整的和可信的。

2. 网络安全

网络安全是指网络系统的硬件、软件及其系统中的数据受到保护，不会由于偶然或恶意的原因而遭到破坏、更改、泄露，系统能连续、可靠和正常地运行，网络服务不中断。

计算机网络是计算机系统的一个特例。一方面，它具有信息安全的特点；另一方面，它又与主机系统式的计算机系统不同。计算机网络必须增加对通信过程的控制，加强网络环境下的身份认证，由统一的网络操作系统贯彻其安全策略，提高网络上各结点的整体安全性。

3. 安全威胁

安全威胁是指某个人、物、事件或概念对某一资源的机密性、完整性、可用性或合法性所造成的危害。某种攻击就是某种威胁的具体实现。

安全威胁可分为故意的（如黑客渗透）和偶然的（如信息被发往错误的地址）两类。常见的典型安全威胁有下面几种。

（1）授权侵犯：为某一特定的授权使用一个系统的人却将该系统用作其他未授权的目的。

（2）窃听：信息从被监视的通信过程中泄露出去。

（3）人员因素：一个授权的人为了金钱、利益或由于粗心将信息泄露给未被授权的人。

（4）物理入侵：入侵者绕过物理控制而获得对系统的访问。

（5）资源耗尽：某一资源被故意超负荷使用，导致其他用户的服务中断。

（6）特洛伊木马：被复制到计算机中的、具有隐蔽性和潜伏性的程序，被入侵者用来侵入系统。

4. 安全管理

面对网络安全的脆弱性，除了在网络设计上增加安全服务功能、完善系统的安全保密措施外，还必须花大力气加强网络的安全管理。

信息系统的安全管理部门应根据管理原则和系统数据处理的保密性，制定相应的管理制度或采用相应的规范，具体应注意以下几个方面。

（1）根据工作性质，确定系统的安全等级，并根据安全等级确定安全管理的范围。

（2）制定相应的机房出入管理制度，对于安全等级较高的系统应实行分区控制，限制一般人员出入与自己工作无关的区域。

（3）定期更改系统重要密码，且密码设置应具有一定的复杂程度（包括数字、字母和特殊字符，长度在6位以上）。使用的密码严禁采用自己的姓名、单位名称、电话、生日等数据。

（4）经常检查系统日志，监视对重要网络资源的访问情况。

（5）经常注意产品提供商或有关计算机安全网站发布的安全信息，及时了解安全动态，及时进行系统升级，堵塞各种已知漏洞。

（6）制定完备的系统维护制度，对系统进行维护时，应采取数据保护措施，如数据异地备份等。操作过程要有详细的记录。

（7）制定应急措施，在出现紧急情况时能快速恢复，使损失减少到最小。

词语

1. 配套（动）pèi tào　　　　　يۇرۇشلەشتۇرمەك
2. 介质（名）jiè zhì　　　　　مۇھىت
3. 窃听（动）qiè tīng　　　　مەخپىي تىڭشىماق
4. 耗尽（动）hào jìn　　　سەرپ بولۇپ تۈگۈمەك ،خوراپ تۈگۈمەك
5. 超负荷（形）chāo fù hè　　　يۈك ئېشىپ كەتمەك
6. 堵塞（动）dǔ sè　　　ئەتمەك ،توسۇپ قويماق
7. 漏洞（名）lòu dòng　　　يوچۇق ،كاۋاك ،چاك
8. 特洛伊木马（名）tè luò yī mù mǎ　　　تىرويان ئېتى

练习与作业

数据安全　　　　　安全运行　　　　电磁辐射　　　使用合法
保障　　　　　　　运行正常　　　　保密测试　　　出入控制

二、用汉语解释下列词语

确保　追踪　泄露　开发　计算机犯罪　热点

三、名词解释

实体安全　软件安全　运行安全　计算机安全　网络安全　安全威胁

四、完成下列句子

1. 实体安全是指_____的设施运行正常。

2. 安全威胁是指_____或合法性所造成的危害。

3. 安全威胁可分为_____。

4. 计算机安全已经成为_____的热点。

5. 数据安全是指_____或_____、_____、使用合法。

6. 计算机信息安全包括五个基本要素：_____、_____、_____、_____与可审查性。

7. 软件安全是指_____，_____、_____、_____、_____及相关资料的完整。

8. 运行安全是指_____，包括电源、_____、_____、_____、_____、数据及介质管理，运行管理等。

9. 计算机网络是计算机系统的一个特例。一方面，_____；另一方面，_____。

10. 计算机安全的范围应包括_____、_____、_____及运行安全等几个方面。

五、回答下列问题

1. 常见的计算机安全的定义有哪两种？

2. 计算机安全的范围包括哪几个方面？

3. 计算机信息安全的要素分别有哪些？

4. 常见的典型安全威胁有哪几项？

六、课外阅读

网 络 安 全

网络安全是计算机信息系统安全的一个重要方面。如同打开了的潘多拉魔盒，计算机系统的互联，在大大扩展信息资源的共享空间的同时，也将其本身暴露在更多恶意攻击之下。如何保证网络信息存储、处理的安全和信息传输的安全的问题，就是所谓的计算机网络安全。信息安全是指防止信息财产被故意的或偶然的非法授权泄露、更改、破坏或使信息被非法系统辨识、控制；确保信息的保密性、完整性、可用性、可控性。信息安全包括操作系统安全、数据库安全、网络安全、病毒防护、访问控制、加密和鉴别七个方面。设计一个安全的网络系统，必须做到既能有效地防止对网络系统的各种各样的攻击，保证系统的安全，同时，又要有较高的成本效益、操作的简易性，以及对用户的透明性和界面的友好性。

1. 黑客

黑客是英文"Hacker"的音译，原意为热衷于计算机程序的设计者。今天已演变为挑战权威，喜欢标新立异，利用某种技术手段非法进入其权限以外的计算机和网络空间的人们。黑客入侵目的很复杂，有的为显示技术实力，有的为报复他人，有的出于政治目的，有的为了技术情报和经济目的，其目标是各式各样的，包括国家安全、军事技术、政治机密、知识产权、商业机密和个人隐私等。

2. 访问控制

访问控制是指拒绝非法用户使用系统资源和防止非法用户窃取，破坏系统资源。它是网络安全的一项实用技术，主要通过如下方式。

（1）身份验证：身份验证是指对用户身份的识别和验证。例如，利用口令或密码进行验证，利用信物进行验证（如 IC 卡），利用人类生物特征进行验证（如指纹识别、声音识别）等。

（2）报文验证：

报文验证是指在两个通信实体之间建立了通信联系后，对每个通信实体接收到的信息进行验证以保证所收到的信息是真实的。

3. 防 火 墙 技 术

伴随着的因特网的迅速普及和发展，诞生了一个崭新的名词——防火墙技术。所谓防火墙技术，就是象征性地比喻将危害信息系统安全的"火"阻挡在网络之外，为网络建立一道安全的屏障。它可能由一个硬件和软件组成，也可以是一组硬件和软件构成的保护屏障。它是阻止国际因特网络"黑客"攻击的一种有效手段。简单地讲，它的作用就是在可信网络（用户的内部网络）和非可信网络（国际因特网、外部网）之间建立和实施特定的访问控制策略。所有进出的信息包都必须通过这层屏障，而只有授权的信息包（由网络的访问控制策略决定）才能通过。

4. 其他防范技术

防火墙技术是国际互联网安全技术的一个重要手段，但也不是万能的。针对一些重要的网络，应根据需要采用其他加密技术、网络安全检测技术和防病毒技术等。

计算机部分

第十三课　浏览器

1. 启动 Internet Explorer 6.0

首先建立与 Internet 的连接，可根据自己不同的上网方式与 Internet 建立连接。当连接成功后，在"任务栏"的右侧将显示已连入 Internet 网的图标。将鼠标指向该图标，可查看当前的数据传输速率。

Windows 2000 为快速启动 Internet Explorer 6.0，在其"桌面"和"任务栏"的"快速启动"工具中都为 IE 创建了快捷图标"　"，双击该图标即可启动 Internet Explorer。此外，还可通过"开始"菜单中的"程序"子菜单启动 Internet Explorer 6.0。Internet Explorer 6.0 启动后将进入预先设定的主页（可能为空，也可以重新设置）。

2. Internet Explorer 6.0 窗口及其组成

Internet Explorer 6.0 浏览器和其他 Windows 的窗口组成大致相同，主要包括标题栏、菜单栏、工具栏、地址栏、链接栏、浏览区和状态栏。下表列出了 Internet Explorer 6.0 的工具栏按钮及其功能。

表　　　　　　　　Internet Explorer 6.0 的工具栏按钮其功能说明

按　　钮	说　　明
后　　退	移到上次查看到的 web 页
前　　进	移到下一个 web 页
停　　止	停止 web 页下载
刷　　新	更新当前显示的 web 页（重新下载当前显示的页面）
主　　页	跳转到主页
搜　　索	搜索 web 页
收　　藏	收藏 web 页
历　　史	显示最近访问过的 web 站点的列表
全　　屏	使用较小的标准工具栏隐藏地址栏，使更多的屏幕部分可见
邮　　件	打开 Outlook Express 或 Internet News
打　　印	打印 web 页
编　　辑	打开 FrontPage Express，编辑 web 页
字　　体	设置浏览窗内的字体大小、语言类别等

3. 浏览 Internet

启动 Internet Explorer 6.0 后，若要浏览 Internet 上的网页，则先要在地址栏中输入 web

站点的 URL 地址（或 IP 地址），然后按 Enter 键；也可单击地址栏右侧向下的小黑三角箭头，从弹出的地址列表中选择曾经访问过的 web 地址。

在地址栏中输入地址时，Internet Explorer 6.0 具有自动完成地址输入的功能。Internet Explorer 6.0 可以根据以前访问过的站点提供启发式输入内容来完成 URL 地址，可以对 URL 地址加入前缀和后缀并进行语法检查。Internet Explorer 6.0 的"自动完成"功能是指使用历史记录来预测将要在地址栏中输入的内容，预测的文本将被高亮显示，可以通过输入来覆盖这些文本。

地址栏中输入的 URL 地址准确地描述了信息所在的位置，其格式为：

（数据传输协议名）：//（Internet 服务器域名地址>/<路径及文件名>

例如，http：//www.phoenixtv.com/index.html 这个 URL 地址表明当前正在使用超文本传输协议来读取凤凰卫视台服务器 www.phoenixtv.com 的主页文件，即该站点的首页，其中包含本站点各类资源的分类名称，通过单击相应的超链接即可访问感兴趣的内容。

当使用浏览器访问 web 页时，Internet Explorer 6.0 窗口右上角的"旋转地球与飞行 Windows"图标不断变化，这说明 Internet Explorer 6.0 程序正在传递信息。同时，Internet Explorer 6.0 窗口正下方的状态栏随时报告浏览器工作的进展情况，最左端显示当前的 URL，其右侧给出动态进程，如果发现进程提示很长时间没有变化，则可使用停止按钮" "来终止浏览器对某一站点的访问，也可使用刷新按钮" "来重新传递 web 页。完成了网页传送后，状态栏会显示"完成"，同时右上角的"旋转地球与飞行 Windows"图标变成静止画面。

4．脱机浏览

当需要仔细浏览 web 内容时，可以先将要查看的内容下载到自己的计算机上，然后以脱机方式慢慢浏览。这样不但可以节省上网费用，而且如果是拨号上网也不占用电话线。

若以脱机方式浏览 wb 页，则选择"文件"菜单的"脱机工作"选项，使选项的前面带有复选标记（√）。脱机浏览可以查看下载的最新内容及存储在"History"历史文件夹和"Internet 临时文件夹"中的任何 web 页。

词语

1．复选（名）fù xuǎn	كۆپ تاللاش
2．网页（名）wǎng yè	تور بەت
3．前缀（名）qián zhuì	سۆز ياسغۇچى ئالدى قوشۇمچە
4．后缀（名）hòu zhuì	سۆز ئارقا قوسۇمچىلىرى، ئارقا قوشۇمچە
5．超链接（名）chāo liàn jiē	زىياده ئۇلىنىش
6．覆盖（动）fù gài	ياپماق، قاپلىماق، پۆركىمەك
7．启发（动）qǐ fā	ئويغاتماق، زېھننى ئاچماق، رەغبەتلەندۇرمەك
8．弹出（动）tán chū	چالماق
9．脱机（动）tuō jī	ئۇزۇش

练习与作业

一、读译词组

浏览器　　　　　　快速启动　　　　子菜单　　　　预先设定

工具栏按钮 　　　　 web 地址 　　　　 历史记录 　　　 高亮显示

二、用汉语解释下列词语

浏览区 　　 链接栏 　　 地址栏 　　 工具栏 　　 菜单栏

三、名词解释

脱机浏览 　　 Internet 临时文件夹 　　　 拨号上网 　　 主页 　　 语法检查

四、完成下列句子

1. Internet Explorer 6.0 浏览器和其他 Windows 的窗口组成大致相同，主要包括_____、_____、_____、_____、_____和状态栏。

2. 要浏览 Internet 上的网页，首先要_____，然后按 Enter 键。

3. 在地址栏中输入地址时，Internet Explorer 6.0 具有_____的功能。

4. 当需要仔细浏览 web 内容时，可以先将_____，然后以脱机方式慢慢浏览。

5. 若以脱机方式浏览 web 页，则选择_____选项，使选项的前面带有复选标记（√）。

6. 通用化即_____、_____等多方面的应用，机器指令丰富。

7. 脱机浏览可以查看_____的任何 web 页。

8. Explorer 6.0 的"自动完成"功能是指_____，预测的文本将被高亮显示，可以通过输入来覆盖这些文本。

9. Internet Explorer 6.0 可以根据_____来完成 URL 地址。

10. 脱机浏览不但_____，而且如果是拨号上网也不占用电话线。

五、回答下列问题

1. Internet Explorer 6.0 窗口由哪几部分组成？

2. 要浏览 Internet 应该如何操作？

3. 脱机浏览应该如何操作？

六、课外阅读

网页浏览器

浏览器是指可以显示网页服务器或者文件系统的 HTML 文件内容，并让用户与这些文件交互的一种软件。网页浏览器主要通过 HTTP 协议与网页服务器交互并获取网页，这些网页由 URL 指定，文件格式通常为 HTML，并由 MIME 在 HTTP 协议中指明。一个网页中可以包括多个文档，每个文档都是分别从服务器获取的。大部分的浏览器本身支持除了 HTML 之外的广泛的格式，例如，JPEG、PNG、GIF 等图像格式，并且能够扩展支持众多的插件（plug-ins）。另外，许多浏览器还支持其他的 URL 类型及其相应的协议，如 FTP、Gopher、HTTPS（HTTP 协议的加密版本）。HTTP 内容类型和 URL 协议规范允许网页设计者在网页中嵌入图像、动画、视频、声音、流媒体等。个人计算机上常见的网页浏览器包括微软的 Internet Explorer、

Mozilla 的 Firefox、Apple 的 Safari，Opera、Google Chrome、GreenBrowser 浏览器、360 安全浏览器、搜狗高速浏览器、腾讯 TT、傲游浏览器、百度浏览器、腾讯 QQ 浏览器等，浏览器是最经常使用到的客户端程序。

蒂姆·伯纳斯·李（Tim Berners Lee）是第一个使用超文本来分享资讯的人。他于 1990 年发明了首个网页浏览器 World Wide Web。在 1991 年 3 月，他把这发明介绍给了给他在 CERN 工作的朋友，从那时起，浏览器的发展就和网络的发展联系了一起。

第一个 web 浏览器出自 Berners Lee 之手，这是他为 Next 计算机创建的（这个 web 浏览器原来取名叫 World Wide Web，后来改名为 Nexus），并在 1990 年发布给 CERN 的人员使用。Berners Lee 和 Jean Francois Groff 将 World Wide Web 移植到 C，并把这个浏览器改名为 libwww。20 世纪 90 年代初出现了许多浏览器，包括 Nicola Pellow 编写的行模式浏览器（这个浏览器允许任何系统的用户都能访问 Internet，从 Unix 到 Microsoft DOS 都涵盖在内），还有 Samba，这是第一个面向 Macintosh 的浏览器。

当时，网页浏览器被视为能够处理 CERN 庞大电话簿的实用工具。在与用户互动的前提下，网页浏览器根据 gopher 和 telnet 协议，允许所有用户能轻易地浏览别人所编写的网站。可是，其后在浏览器中加插图像的举动，使之成为了因特网的"杀手级应用"。

NCSA Mosaic 使因特网得以迅速发展。它最初是一个只在 Unix 运行的图像浏览器，很快便发展到在 Apple Macintosh 和 Microsoft Windows 亦能运行。1993 年 9 月发表了 1.0 版本。NCSA 中 Mosaic 项目的负责人 Marc Andreesen 辞职并建立了网景通讯公司。

网景公司在 1994 年 10 月发布了他们的旗舰产品网景导航者。但在第二年，Netscape 的优势就被削弱了。错失了因特网浪潮的微软在这个时候匆促的购入了 Spyglass 公司的技术，改成 Internet Explorer，掀起了软件巨头微软和网景之间的浏览器大战。这同时加快了万维网发展。

这场战争把网络带到了千百万普通计算机用户面前，但同时显露了因特网商业化如何妨碍统一标准的制定。微软和网景都在他们的产品中加入了许多互不相容的 HTML 扩展代码，试图以这些特点来取胜。1998 年，网景公司承认其市场占有率已无法挽回，这场战争便随之而结束。微软能取胜的其中一个因素是它把浏览器与其操作系统一并出售（OEM，原始设备制造）；同时，这亦使它面对反垄断诉讼。

网景公司以开放源代码迎战，创造了 Mozilla，但此举未能挽回 Netscape 的市场占有率。在 1998 年底，美国线上收购了网景公司。在发展初期，Mozilla 计划为了吸引开发者而挣扎，但至 2002 年，它已发展成一个稳定而强大的因特网套件。Mozilla 1.0 的出现被视为其里程碑，同年衍生出 Phoenix（后改名 Firebird，最后又改为 Firefox）。Firefox 1.0 于 2004 年发表，至 2008 年，Mozilla 及其衍生产品约占 20%网络交通量。

Opera 是一个灵巧的浏览器。它发布于 1996 年。目前它在手持计算机上十分流行。它在个人计算机网络浏览器市场上的占有率则稍微较小。

Lynx 浏览器仍然是 Linux 市场上十分流行的浏览器。它是全文字模式的浏览器，视觉上并不讨好。还有一些有着进阶功能的同类型浏览器，例如，Links 和它的分支 ELinks。

Konqueror 是一个由 KDE 开发的浏览器，KDE 开发人员在开发 KDE2 时意识到一个良好的桌面环境必须搭配一个良好的网络浏览器及档案管理员，便投入不少力量开发了 Konqueror。这个浏览器使用了自家开发的排版引擎 KHTML，由于 Konqueror 是属于 KDE 的一员，并只常见于 Unix-like 下的 KDE 桌面环境，所以 Konqueror 并未普及。纵然 Macintosh 的浏览器市场现在亦同样被 Internet Explorer 和 Firefox 占据，但未来有可能会是苹果计算机自行推出的 Safari 的世界。Safari 是基于 Konqueror 这个开放源代码浏览器的 KHTML 排版引擎而制成的。Safari 是 Mac OS X 的默认浏览器。

2003 年，微软宣布不会再推出的独立的 Internet Explorer，但会变成视窗平台的一部分；同时也不会再推出任何 Macintosh 版本的 Internet Explorer。不过，2005 年初，微软却改变了计划，并宣布将会为 Windows XP、Windows Server 2003 和 Windows Vista 操作系统推出 Internet Explorer 7。

2011 年 3 月 15 日，微软推出了 Internet Explorer 9 的正式版。值得一提的是，Internet Explorer 9 不再支持 Windows XP。微软官方表示，IE9 不支持 WindowsXP 是因为其硬件加速功能在 Windows XP 系统上无法正常运行。而 Windows 7 要求计算机内存至少在 1G 以上。对此，微软大中华区开发工具及平台事业部总经理谢恩伟表示，"建议这部分用户使用 IE8。"

2011 年 4 月 11 日，Internet Explorer 9 才推出 1 个月，微软又推出了 Internet Explorer 10 的首个预览版本。Internet Explorer 9 不支持 XP 让不少用户感到愤怒，而如今细心的用户在 Internet Explorer 10 平台开发版的最终用户许可协议中看到，Internet Explorer 10 连 Windows Vista 系统也不打算支持了。据协议描述，Internet Explorer 10 将只支持 Windows 7、Windows 8 两个版本，不过好在 Windows Vista 从开始到结束都是一个悲情故事，Internet Explorer 10 不支持 Windows Vista 对于这么点用户数量而言实在是很难引起反弹的。

第十四课　网络影音

一、网络影音概述

网络影音是指通过网络完成实时浏览和播放图像、动画、视频和音频等多媒体信息的技术。为了能在网络中播放较高质量的音频和视频，必须对多媒体数据进行高效压缩。目前，大部分音频和视频的编、解码算法都是基于 MPEG 标准的。

1. 常用的影音文件格式

压缩视频文件格式：.RM、.RA、.ASF；

媒体格式：.RM、.RA、.ASF、.ASX、.WM、.WMP；

压缩音频文件格式：.MP3。

2. MPEG-4

MPEG-4 的标准在不断扩展，它不但能支持传输速率低于 64 Kb/s 的多媒体通信，也支持广播级的视频应用。MPEG-4 标准将广泛运用于数字电视、动态图像、万维网 WWW、实时多媒体监控、基于内容存储和检索的多媒体系统、因特网上的视频流与可视游戏、基于面部表情模拟的虚拟会议、DVD 上的交互多媒体应用、基于计算机网络的可视化合作实验室场景应用、演播电视等，它将推动电信、计算机、广播电视三大网络的最终融合。

二、流媒体技术

1. 什么是流媒体技术

流媒体就是应用流技术在网络上传输的多媒体文件，将连续的影像和声音信息经过压缩处理后放上网站服务器，让用户一边下载一边观看、收听，而不必将整个媒体文件下载到自己机器中然后再去观看。该技术在使用者的计算机上创造了一个缓冲区，播放前预先下载一段资料作为缓冲，维持播放的连续性，也使得播放品质得以保持。

目前，流媒体的主要文件格式有：RM、.WMV、.ASF、.AVI、.MOV、.MP3 和.RMVB 等。宽带网络的竞争最终是宽带应用的竞争。流媒体作为宽带因特网底层架构的标志，彻底改变了传统因特网只能表现文字和图片的缺陷，具有强视觉冲击力的视频节目成了人们进入宽带网的最重要的应用之一，也是宽带网应用的主流。自 1995 年第一个 Internet 流媒体播放器问世以来，流媒体技术在世界范围内增长很快。目前已有超过 17 000 家广播电台和电视台实现了网上流媒体点播。

2. 流媒体硬件配置

流媒体技术主要涉及的硬件如下。

（1）视频源。常用的视频源有摄像机、摄像头、电视机、录像机和其他专用设备。

（2）数字化编码设备。数字化编码设备主要有视频采集卡，如 osprey 和 "视频精灵"，它们都是采集、编码一体化设备。

（3）编码工作站。如果对制作的流媒体的清晰度要求不高且不必多路同时压缩的话，普通的微型计算机就可以充当编码工作站了；若要求制作广播级的流媒体，那就要求用 CPU、内存、主板、显卡的档次较高的计算机作为编码工作站。

三、常用网络影音播放软件

常用的网络影音播放软件大多为免费软件，许多网站上都提供下载。常用网络影音播放软件有：RealPlayer、Windows Media Player、Winamp 和 QuickTime 等。

1．RealPlayer

RealPlayer 视频播放软件能够播放 .RM、.RA、.MPG 等格式的媒体文件。如今，它的制作商 Real Networks Inc 又推出了新一代支持媒体格式更多、网络功能更强的播放器——RealOne Player。它不再是纯粹的播放器，全新的 web 浏览、曲库管理和大量内置的线上广播电视频道把一个生动、丰富而精彩的因特网世界展现在用户面前，实现网友和因特网络的最亲密接触。信息中心还实现了与因特网的互动，丰富的媒体格式支持使用户不必再安装其他任何媒体播放软件。Real Player 的下载网址为 http：//WWW.skycn.net/soft/6734.html。

2．Windows Media Player

Windows Media Player 流媒体播放软件能够播放.ASF、.ASX、.WM、.WMP、.MPG、.MID 等格式的媒体文件。

Windows Media Player 能播放从低带宽的声音文件到全屏的图像文件，还可重设图像窗口，甚至设成全屏。当选定了声像地址后，Windows Media Player 会查看是否安装了所需的解码器文件。如果没安装，它会自动下载解码器，然后播放文件。网上的内容（可来自不同的服务器或为不同的媒体类型文件）在播放时中间不需要停顿，传输到 Windows Media Player 的内容会自动调整至最佳播放状态。

3．QuickTime

QuickTime 是 Apple 公司出品的视频播放工具，该程序提供了全新设计的界面，支持 Apple 专用的 .MOV 和 Windows 的 .AVI 等格式的视频文件，支持.MP3、.WAV、.MIDI 等格式的音频文件、30 种常用的图形格式（其中包括 QuickTime 专用的 .TIF 格式）等，并且可以收听和收看网络播放；支持 HTTP、RTP 和 RTSP 标准，还支持主要的图像格式，如.JPEG、.BMP、.PICT、.PNG 和 .GIF。该软件的其他特性还有支持数字视频文件，包括 MiniDV、DVCPro、DVCam、AVI、AVR、OpenDML 及 Macromedia Flash 等。

目前网上基于 .MOV 格式的视频文件非常丰富，它被众多的网站所支持，下载的次数非常多。QuickTime 的另一个突出特点是提供了强大的 Internet 支持和网络浏览器的无缝链接，甚至这个工具软件的安装都是通过 Internet 完成的。

4．Winamp

Winamp 音频播放软件能够播放 .MP3 等格式的文件。它的音响播放界面好，可以调换外壳，支持多种音频格式，包括 MP3 系列、WMA、MIDI、WAVE、CD 音轨等。

词语

1．压缩（动）yā suō　　　　　　　　　سقماق ، پرېسلىماق
2．视频（名）shì pín　　　　　　　　كۆرۈنمە چاستوتا
3．音频（动）yīn pín　　　　　　　　ئاۋاز چاستوتىسى

4. 监控（动）jiān kòng　　　　　　　　　　　　　نازارەت قىلىش

5. 检索（动）jiǎn suǒ　　　　　ئىزدىمەك، ئىزدەپ تاپماق، ئىندېكس

6. 演播（动）yǎn bō　　　　　　　　　　　　　　　ئاگېلىتىش

7. 融合（动）róng hé　　　　　　　قوشۇلماق، قوشۇلۇپ كەتمەك

8. 选定（动）xuǎn dìng　　　　　　　　تاللىماق، تاللىۋالماق

9. 互动（动）hù dòng　　　　　　　　　　　　　　ئۆز ئارا

10. 全屏（名）quán píng　　　　　　　　　　　ئېكران پۈتۈن

11. 纯粹（形）chún cuì　　　　　　　　　　　　　　　　ساپ

12. 曲库（名）qǔ kù　　　　　　　　　　　　مۇزىكا ئامبىرى

13. 解码器（名）jiě mǎ qì　　سېفېر يەشكۈچ، كود يېشىش ئاپاراتى

14. 缺陷（名）quē xiàn　　　　　　　　نۇقسان،، كەمتۈكلۈك

15. 最佳（形）zuì jiā　　　　　　　　　ئەڭ ياخشى، ئۇپتىمۇم

16. 音轨（名）yīn guǐ　　　　　　　　　　　　　　ئاۋاز يولى

练习与作业

一、读译词组

无缝链接　　　　　视频流　　　　　媒体格式　　　　流媒体

缓冲区　　　　　　视频源　　　　　场景应用　　　　播放器

二、用汉语解释下列词语

不必　　　内置　　　重设　　　基于　　　调换　　　浏览

三、名词解释

网络影音　　数字化编码设备　　可视游戏　　视频采集卡　　编码工作站

四、完成下列句子

1. 网络影音是指_____等多媒体信息的技术。

2. 流媒体就是应用_____，将连续的影像和声音信息经过压缩处理后放上网站服务器。

3. 目前，流媒体的主要文件格式有_____等。

4. 常用的视频源有_____、_____、_____、_____和其他专用设备。

5. 常用网络影音播放软件有：_____，_____，_____和_____等。

6. Windows Media Player 能播放_____的图像文件，还可重设图像窗口，甚至设成全屏。

7. QuickTime 是_____工具，该程序提供了全新设计的界面。

8. QuickTime 的另一个突出特点是_____的无缝链接。

五、回答下列问题

1. 网络影音是指什么样的技术？

2. 常用的影音文件格式有哪几种？试列举一下。

3. 什么是流媒体技术？

4. 流媒体技术主要涉及的硬件有哪些？请举例说明。

六、课外阅读

网络多媒体

网络多媒体技术是一门综合的、跨学科的技术，它综合了计算机技术、网络技术、通信技术及多种信息科学领域的技术成果，目前已经成为世界上发展最快和最富有活力的高新技术之一。

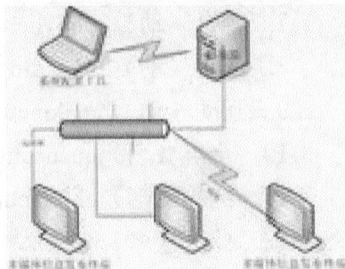

网络多媒体技术包括以下几种。

（1）多媒体数据压缩编码技术。

介绍并定义了一些压缩编码技术的标准。主要包括音频压缩编码、图像压缩编码、视频压缩编码。

（2）基本的网络连接与通信情况。

包括：数据通信基础，网络的基本概念，OSI 分层网络模型，网络通信协议，网络设备多媒体通信对传输网络的要求，电路交换和分组交换网络，现有网络对多媒体通信的支持情况 NGN 与多媒体通信，接入网技术。

（3）流媒体技术和网络多媒体应用系统。

网络多媒体应用包括以下几种。

1. 在生活上的应用

网络多媒体技术在生活中大致分为四个方向：商业，生活，学习，科研。

2. 商业上的应用

（1）商业广告（特技合成、大型演示）：影视商业广告、公共招贴广告、大型显示屏广告、平面印刷广告等。

（2）影视娱乐业（电影特技、变形效果）：电视、电影、卡通混编特技，演艺界 MTV 特技制作，三维成像模拟特技，仿真游戏等。

（3）医疗（远程诊断、远程手术）：网络多媒体技术、网络远程诊断、网络远程操作（手术）。

（4）旅游（景点介绍）：风光重现、风土人情介绍、服务项目。

生活方面的应用：

（1）家用生活、影音娱乐等。

（2）网络报刊、杂志等。

3. 学习方面的应用：

（1）教育（形象教学、模拟展示）：电子教案、形象教学、模拟交互过程、网络多媒体教学、仿真工艺过程。

（2）在线语言学习。

科研方面的应用

人工智能模拟（生物、人类智能模拟）：生物形态模拟、生物智能模拟、人类行为智能模拟。

科普知识部分

第一课　送你一束转基因花

　　百合花代表纯洁，康乃馨代表温情，非洲菊代表支持，红玫瑰代表浓浓的爱意……我们常年相互赠送着这些花卉，以表达自己的一份心意和美好的祝愿。但是，我们似乎曾经还想过送点什么更特别的花，比如蓝色的月季，有香味的菊花，娇小的迷你向日葵，甚至有红色心形图案的白玫瑰……如果在过去，这些也许都是不可能实现的梦想，但现如今蓬勃发展的新型生物技术却有可能让我们美梦成真！

　　新型的生物技术具有很多传统花卉育种所不具备的独特优势，例如，可以通过转入基因而扩大整个花卉的基因库，从而人工创造出一个更大更新的花卉宝库；还可以只定向修饰改变一些你不喜欢的花卉性状，而保留那些你喜欢的花卉的优良品质。而且，只要技术成熟后，就可以大批量地工厂化生产。因此，完全有可能在不远的将来创造出一个人们梦寐以求的"花花世界"。

　　为了改良花卉的颜色、香味、形状和保鲜期等多方面的性状，科学家们的思路是首先要了解这些花卉性状的生理机制，进而找到并克隆出与之直接或间接相关的各种基因，深入研究这些基因后，再修饰并转入到需要改良品质的花卉中，从而定向创造出花卉新品种。

特别色彩

　　在花卉的颜色改良方面，科学家们已经克隆到了多个与颜色相关的基因。特别是在矮牵牛花中已经克隆到了两个能使花趋向于显蓝色的基因，可以使人们培育出珍稀的蓝色月季和康乃馨。另外，科学家们利用转基因技术，已经在矮牵牛花、菊花等观赏花卉中成功地进行了花色修饰。例如，法国分子生物学家将几个花色基因分别导入开红花的矮牵牛花中，从而得到了开粉红色和白色花的矮牵牛花，甚至还得到了白色花中有一小抹红色或红色花中有一小抹白色的奇特矮牵牛花。

特别新奇

　　在花卉的香味、形状、大小、质地等品质性状研究方面，由于涉及的物质极其多样，代谢途径也非常复杂，所以研究起来很困难。但是，最近也取得了一些令人振奋的突破性进展。例如，生物学家皮斯用发根农杆菌转化柠檬天竺葵，发现转化植株中芳香族物质有显著提高，不但花朵散发出迷人的甜香味，而且植株矮化，枝叶更繁茂。1996年底，华裔科学家罗达与其合作者克隆到了一种控制花朵形状的基因，并发现这种基因和另一种基因对花朵形状的形成起关键作用：此类基因发挥作用时，金鱼草的花就发育成不规则形；发生变异时，金鱼草的花就发育成规则形。这一研究对揭示基因如何控制花的形状提供了可参考的信息，同时还有可能被参照用来培育形状独特的珍奇花卉。

特别长寿

人们一直梦想着得到开不败的鲜花，因而如何延长花卉的保鲜期一直是科学家们研究的热门课题。现在，花卉保鲜主要是加入保鲜剂，或者用低温冷藏、气调贮运等方法，但是这些方法不仅效果不好，而且保鲜剂基本上都有毒性，温控、气调的设备等成本又太高。所以，有关花卉衰亡基因及基因工程的研究就十分活跃，其中，研究得比较成功的例子是围绕乙烯与花卉衰老的关系而进行的研究。乙烯是内源衰老激素，各种花卉对乙烯都有一定程度的敏感性，有一大批商品价值较高的观赏花卉对乙烯非常敏感，如康乃馨、满天星、百合花、卡特兰等，甚至极少量的乙烯也会使这些敏感花卉枯萎凋零。现在，已经先后克隆到了一些与乙烯合成相关的基因，并且已经有多个实验室报道获得了转基因的抗衰老花卉。特别令人振奋的是，1995 年，澳大利亚花卉基因公司生产的可长久保存的转基因花卉康乃馨在澳大利亚获准上市，成为世界上第一个获准上市的转基因花卉。

由于花卉的价值主要在于它的观赏价值，因此转基因花卉的商业化应用和推广不会像转基因的粮食作物、果实植物等那么困难。估计近年内，在一些发达国家转基因花卉可实现商业化。

完全可以设想，在未来的某一天，我们只需打一个电话给花卉公司，描绘一下心中想要的花卉图像，工作人员就可以从转基因花卉库里找到你要的那种特别的花卉。

词语

1. 天竺（名）tiān zhú		هىندىستان
2. 花卉（名）huā huì		گۈل-گىياھ
3. 凋零（形）diāo líng		تۆكۈلمەك، توزىماق
4. 畸形（形）jī xíng		غەيرى، تەبىئى، غەيرى نورمال
5. 蓬勃发展（组）péng bó fā zhǎn		جۇشقۇن
6. 转基因（组）zhuǎn jī yīn		گېن ئالماشتۇرۇۋش
7. 康乃馨（名）kāng nǎi xīn		
8. 乙烯（名）yǐ xī		ئېتىلېن
9. 激素（名）jī sù		ھورمۇن
10. 荷尔蒙（组）hé ěr méng		ھورمۇن
11. 保鲜（组）bǎo xiān		يېڭى پېتى ساقلىماق

练习与作业

一、请将下列陈述句修改成反问句

1. 少数同学不守纪律的现象，我们不能不闻不问。
2. 如果我们也能像水滴那样，没有什么事情做不成。
3. 这些树叶就是从这棵树上飘落下来的。
4. 这幅画是我们班蔡颖画的。

二、选词填空

1. 为了_____花卉的颜色、香味、形状和保鲜期多方面的性状。（改造、改良）

2. 这一研究对____基因如何控制花的形状提供了可参考的信息。（揭示、揭露）

3. 花卉的价值主要在于它的____价值。（欣赏、观赏）

4. 小老师_____大家都不怕他，于是他清了清嗓门，装成大人，喊道："上课……"（发现、发明）

5. 爱迪生_____了电灯，让许多人在夜间可以享受光明。（发现、发明）

三、引导学生自由阅读课文，并思考下列问题，从课文中找寻答案

1. 转基因花是利用新型生物技术来培育的，这种技术有何优势？其发展的方向是怎样的？

2. 如何创造出转基因花？它有哪些优良特性？

3. 目前，在培育转基因花卉新品种方面已取得的成就有哪些？

4. 转基因花卉的市场前景怎样？

第二课　太空中的绿色动力——太阳帆

太阳光传送光和热，照到人身上，人会感到暖洋洋的，但从来也没有人感觉到太阳光有压力。实际上，太阳光是有压力的。因为光具有两重性，既是电磁波，又是粒子——光子。光线实际上是光子流，当光子流受到物体阻挡时，光子就会撞到该物体上，就像空气分子撞到物体上一样，它的动能就转化成对物体的压力。

不过，太阳光产生的压力——光压是非常非常小的。不仅人感受不到，就连普通的仪器也测不出来。在地球附近，太阳光照射到一个平整、光亮、能完全反射光的表面时，产生的压力最大，大约是 9×10 牛/平方米，也就是说，100 万平方米平整光亮的面积上才受到 9 牛的压力，只相当于一个 2 分硬币的重量。在地面上，由于重力、大气压力、空气阻力、摩擦力等力的存在，微乎其微的太阳光压力便被淹没在这些宏观力的汪洋大海之中。

"山中无老虎，猴子称大王。"到了太空中，重力、大气压力、空气阻力、摩擦力等几乎完全消失，太阳光压才有了出头之日。一些具有创新思维的人开始想到利用太阳光压来推动航天器在太空飞行。早在 20 世纪初期，俄罗斯宇航理论先驱齐奥尔科夫斯基就提出过这一大胆的设想。以后，又有不少科学家进行过研究。然而，只有当科学技术发展到今天的水平，在有强大的火箭把航天器送入太空的条件下，利用太阳光作为航天推进力才有了实现的可能。

太阳光压的大小是与接受太阳照射的面积成正比的。受照面积越大，产生的压力越大。为了获得一定的压力，必须有足够大的受照面积，从而引出了太阳帆的概念。

太阳帆是一种面积很大，表面平整、光滑、无斑点和皱纹的薄膜，一般由聚酯或聚酰亚胺等高分子材料制成，表面镀铝或银，使其具有全反射的特性。

一块面积为 105×105 平方米的太阳帆，在太阳光正射下可获得大约 100 毫牛的力，用它推动 100 千克的物体，可产生 1 毫米/平方秒的加速度。这个加速度极其微小，只有地面重力加速度的万分之一。

俗话说："涓涓细流汇成大海，块块碎土堆成高山。"速度等于加速度与时间的乘积，尽管加速度非常小，只要时间足够长，还是能达到一定的速度。即使航天器的加速度只有 1 毫米/平方秒，那么，一天以后，速度达到 86.4 米/秒；一个月后，达到 2592 米/秒；130 天后，就可超过第二宇宙速度，达到 11.23 千米/秒；一年后，可达到 31.54 千米/秒，足以飞出太阳系。由此可见，加速度不在大，时间长则灵。

词语

1. 宏观（形）hóng guān　　　　　ماكروسكوپىيه
2. 摩擦（动）mó cā　　　　　سۈركىلىش ،سۈركەش
3. 先驱（动、名）xiān qū　　　باشلامچى بولماق ،باشلامچى

4. 薄膜（名）bó mó نېپىز پەردە،

5. 聚酯（名）jù zhǐ پولىئېستېر

6. 聚酰亚胺（组）jù xiān yà àn پولى ئىمىد

7. 涓涓细流（组）juān juān xì liú شىلدىرلاپ ئاقماق

8. 光子流（名）guāng zǐ liú فوتون ئېقىمى

9. 粒子（名）lì zǐ زەررە

10. 动能（名）dòng néng ھەرىكەت ئېنېرگىيىسى

11. 重力（名）zhòng lì ئېغىرلىق كۈچى

12. 大气压力（组）dà qì yā lì ئاتموسفېرا بېسىمى

13. 空气阻力(组)kōng qì zǔ lì ھاۋانىڭ قارشىلىق كۈچى

14. 航天器（名）háng tiān qì ئالەم ئۇسكۈنىسى

作业与练习

一、解释以下词语并造句

摩擦　　　先驱　　　涓涓细流　　　宏观　　　大气压力　　　空气阻力

二、填写恰当的形容词

（　　　）的风景　　　（　　　）的速度　　　（　　　）的宇宙

（　　　）的动力

三、用关联词填空

如果……就……　　　因为……所以……　　　既然……就……

虽然……但是……　　　只要……就……　　　不但……而且……

1. 教师（　　）要教学生学习科学文化知识，（　　）要教学生怎样做人。

2. （　　）多读、多写、多观察，作文（　　）写得好。

3. 天气（　　）十分炎热，（　　）小红仍然在屋里琢磨难题。

4. （　　）他对周围事物观察很细致，（　　）写起文章来内容很具体。

5. 小明（　　）能虚心听取意见，工作（　　）会取得更好。

四、问答题

太阳帆有哪些特征？请用简要的语言概括。

第三课　3D 打印机

3D 打印，即快速成型技术的一种，它是一种以数字模型文件为基础，运用粉末状金属或塑料等可粘合材料，通过逐层打印的方式来构造物体的技术。

3D 打印通常是采用数字技术材料打印机来实现的。常在模具制造、工业设计等领域被用于制造模型，后逐渐用于一些产品的直接制造，已经有使用这种技术打印而成的零部件。该技术在珠宝、鞋类、工业设计、建筑、工程和施工（AEC）、汽车，航空航天、牙科和医疗产业、教育、地理信息系统、土木工程、枪支以及其他领域都有所应用。

日常生活中使用的普通打印机可以打印电脑设计的平面物品，而所谓的 3D 打印机与普通打印机工作原理基本相同，只是打印材料有些不同，普通打印机的打印材料是墨水和纸张，而 3D 打印机内装有金属、陶瓷、塑料、砂等不同的"打印材料"，是实实在在的原材料，打印机与电脑连接后，通过电脑控制可以把"打印材料"一层层叠加起来，最终把计算机上的蓝图变成实物。通俗地说，3D 打印机是可以"打印"出真实的 3D 物体的一种设备，比如打印一个机器人、打印玩具车，打印各种模型，甚至是食物等等。之所以通俗地称其为"打印机"是参照了普通打印机的技术原理，因为分层加工的过程与喷墨打印十分相似。这项打印技术称为 3D 立体打印技术。

3D 打印存在着许多不同的技术。它们的不同之处在于以可用的材料的方式，并以不同层构建创建部件。3D 打印常用材料有尼龙玻纤、耐用性尼龙材料、石膏材料、铝材料、钛合金、不锈钢、镀银、镀金、橡胶类材料。

三维打印的设计过程是：先通过计算机建模软件建模，再将建成的三维模型"分区"成逐层的截面，即切片，从而指导打印机逐层打印。

设计软件和打印机之间协作的标准文件格式是 STL 文件格式。一个 STL 文件使用三角面来近似模拟物体的表面。三角面越小其生成的表面分辨率越高。PLY 是一种通过扫描产生的三维文件的扫描器，其生成的 VRML 或者 WRL 文件经常被用作全彩打印的输入文件。

打印机通过读取文件中的横截面信息，用液体状、粉状或片状的材料将这些截面逐层地打印出来，再将各层截面以各种方式粘合起来从而制造出一个实体。这种技术的特点在于其几乎可以造出任何形状的物品。

打印机打出的截面的厚度（即 Z 方向）以及平面方向即 X-Y 方向的分辨率是以 dpi（像素每英寸）或者微米来计算的。 一般的厚度为 100 微米，即 0.1 毫米，也有部分打印机如 ObjetConnex 系列还有三维 Systems' ProJet 系列可以打印出 16 微米薄的一层。而平面方向则可以打印出跟激光打印机相近的分辨率。打印出来的"墨水滴"的直径通常为 50 到 100

个微米。 用传统方法制造出一个模型通常需要数小时到数天，根据模型的尺寸以及复杂程度而定。而用三维打印的技术则可以将时间缩短为数个小时，当然其是由打印机的性能以及模型的尺寸和复杂程度而定的。

传统的制造技术如注塑法可以以较低的成本大量制造聚合物产品，而三维打印技术则可以以更快，更有弹性以及更低成本的办法生产数量相对较少的产品。一个桌面尺寸的三维打印机就可以满足设计者或概念开发小组制造模型的需要。

三维打印机的分辨率对大多数应用来说已经足够（在弯曲的表面可能会比较粗糙，像图像上的锯齿一样），要获得更高分辨率的物品可以通过如下方法：先用当前的三维打印机打出稍大一点的物体，再稍微经过表面打磨即可得到表面光滑的"高分辨率"物品。

有些技术可以同时使用多种材料进行打印。有些技术在打印的过程中还会用到支撑物，比如在打印出一些有倒挂状的物体时就需要用到一些易于除去的东西（如可溶的东西）作为支撑物。

词语

1. 粉末状（名）fěn mò zhuàng		كۆكۈن ھالەتتە
2. 领域（名）lǐng yù		زېمىن ، ساھە
3. 陶瓷（名）táo cí		ساپال ۋە فار-فور
4. 塑料（名）sù liào		سۆلياۋ ، پلاستىك
5. 蓝图（名、动）lán tú		سىنكا
6. 喷墨（动）pēn mò		پۆركۈمە پرىنتېر
7. 尼龙玻纤（名）ní long bō xiān		نىلون
8. 石膏（名）shí gāo		گەج ، سېگىر تاش
9. 铝（名）lǚ		ئالىيۇمىن
10. 钛合金（名）tài hé jīn		قېتىشما
11. 不锈钢（名）bù xiù gāng		داتلاشماس پولات
12. 镀银（名、动）dù yín		كۈمۈش يالتىش
13. 橡胶（名）xiàng jiāo		كاۋچۇك
14. 三维模型（名）sān wéi mó xíng		ئۈچ ئۆلچەملىك مودېلى
15. 分辨率（组）fēn biàn lǜ		پەرق ئېتىشچانلىق
16. 微米（名）wēi mǐ		مكرون
17. 像素（名）xiàng sù		پىكسېل
18. 注塑法（名）zhù sù fǎ		پلاستماساسا ئۇسۇلى
19. 聚合物（名）jù hé wù		پولىمېر
20. 锯齿（名）jù chǐ		ھەرە چىشى

作业与练习

一、读课文回答问题

1. 什么是 3D 打印？

2．3D 打印技术与普通打印技术有什么不同？

3．3D 打印技术在哪些领域应用？

4．三维打印的设计过程是什么？

5．3D 打印要获得高分辨率的方法是什么？

二、填空

1．3D 打印常在（　　　　　）、（　　　　　　）等领域被用于（　　　　　），后逐渐用于一些产品的（　　　　），已经有使用这种技术打印而成的零部件。

2．该技术在（　　　　　）、（　　　　　　）、（　　　　　）、（　　　　　）、（　　　　）和（　　　　）、（　　　　）（　　　　　）、（　　　　　）和（　　　　）、（　　　　），（　　　　　）、（　　　　　）、（　　　　　）以及其他领域都有所应用。

3．打印机通过读取文件中的（　　　　　），用（　　　　　）、（　　　　）或（　　　　）的材料将这些截面逐层地打印出来，再将（　　　　）以各种方式粘合起来从而制造出一个　　实体。

4．普通打印机的打印材料是（　　　　　）和（　　　　　），而 3D 打印机内装有（　　　　）、（　　　　）、（　　　　）、（　　　　）等不同的"打印材料"，是实实在在的（　　　　）。

第四课　银河系的由来

　　银河系是地球和太阳所属的星系。因其主体部分投影在天上的亮带被我国称为银河而得名。

　　银河系呈旋涡状，有四条螺旋状的旋臂从银河系中心均匀对称地延伸出来。银河系中心和四条旋臂都是恒星密集的地方。从远处看，银河系像一个体育锻炼用的大铁饼，大铁饼的直径有 10 万光年，相当于 9460800000 万万千米。中间最厚的部分约 3000～6500 光年。太阳位于一条叫做猎户臂的旋臂上，距离银河系中心约 3.3 万光年。

　　银河系的发现经历了漫长的过程。望远镜发明后，伽利略首先用望远镜观测银河，发现银河由恒星组成。而后，赖特、康德、朗伯等人认为，银河和全部恒星可能集合成一个巨大的恒星系统。18 世纪后期，F.W.赫歇尔用自制的反射望远镜开始恒星计数的观测，以确定恒星系统的结构和大小。他断言，恒星系统呈扁盘状，太阳离盘中心不远。他去世后，其子 J.F.赫歇尔继承父业，继续进行深入研究，把恒星计数的工作扩展到南天。20 世纪初期，天文学家把以银河为表观现象的恒星系统称为银河系。卡普坦应用统计视差的方法测定恒星的平均距离，结合恒星计数，得出了一个银河系模型。在这个模型里，太阳居中，银河系呈圆盘状，直径 8 千秒差距，厚 2 千秒差距。沙普利应用造父变星的周光关系，测定球状星团的距离，从球状星团的分布来研究银河系的结构和大小。他提出的模型是：银河系是一个透镜状的恒星系统，太阳不在中心。沙普利得出，银河系直径 80 千秒差距，太阳离银心 20 千秒差距。这些数值太大，因为沙普利在计算距离时未计入星际消光。20 世纪 20 年代，银河系自转被发现以后，沙普利的银河系模型得到公认。

　　银河系是一个巨型旋涡星系，共有四条旋臂。包含 1～2 千亿颗恒星。银河系整体作较差自转，太阳处自转速度约 220 千米／秒，太阳绕银心运转一周约 2.5 亿年。银河系的目视绝对星等为-20.5 等，银河系的总质量大约是太阳质量的 1 万亿倍，大致是银河系全部恒星质量总和的十倍。这是银河系中存在范围远远超出明亮恒星盘的暗物质的强有力证据。关于银河系的年龄，目前主流的观点认为，银河系在宇宙诞生的大爆炸之后不久就诞生了，用这种方法计算出，银河系的年龄大概 在 145 亿岁左右，上下误差各有 20 多亿年。

　　银河系是太阳系所在的恒星系统，包括 1～2 千亿颗恒星和大量的星团、星云，还有各种类型的星际气体和星际尘埃。它的总质量是太阳质量的 1400 亿倍。在银河系里大多数的恒星集中在一个扁球状的空间范围内。扁球体的形状好像铁饼，其中间突出的部分叫"核球"，半径约为 7 千光年。核球的中部叫"银核"，四周叫"银盘"。在银盘外面有一个更大的球形，那里星少，密度小，称为"银晕"，直径为 7 万光年。银河系是一个旋涡星系，具有旋涡结构，即有一个银心和两个旋臂，旋臂相距 4500 光年。其各部分的旋转速度和周期，因距银心的远近而不同。太阳距银心约 2.3 万光年，以 250 千米/秒的速度绕银心运转，运转的周期约为 2.5 亿年。

银河系物质约 90％集中在恒星内。按照恒星的物理性质、化学组成、空间分布和运动特征，恒星可以分为五个星族。最年轻的极端星族Ⅰ恒星主要分布在银盘里的旋臂上；最年老的极端星族Ⅱ恒星则主要分布在银晕里。恒星常聚集成团。除了大量的双星外，银河系里已发现了 1000 多个星团。银河系里还有气体和尘埃，其含量约占银河系总质量的 10％，气体和尘埃的分布不均匀，有的聚集为星云，有的则散布在星际空间。20 世纪 60 年代以来，人们发现了大量的星际分子，如 CO、H_2O 等 。分子云是恒星形成的主要场所。银河系核心部分，即银心或银核，是一个很特别的地方。它发出很强的射电、红外，X 射线和 γ 射线辐射。其性质尚不清楚，那里可能有一个巨型黑洞，据估计其质量可能达到太阳质量的几千万倍。对于银河系的起源和演化，人类还知之尚少。

1971 年英国天文学家林登•贝尔和马丁•内斯分析了银河系中心区的红外观测和其他性质，指出银河系中心的能源应是一个黑洞，并预言如果他们的假说正确，在银河系中心应可观测到一个尺度很小的发出射电辐射的源，并且这种辐射的性质应与人们在地面同步加速器中观测到的辐射性质一样。三年以后，这样的一个源果然被发现了，这就是人马 A。

人马 A 有极小的尺度，只相当于普通恒星的大小，发出的射电辐射强度为 2*10（34 次方）尔格/秒，它位于银河系动力学中心的 0.2 光年之内。它的周围有速度高达 300 千米/秒的运动电离气体，也有很强的红外辐射源。已知所有的恒星级天体的活动都无法解释人马 A 的奇异特性。因此，人马 A 似乎是大质量黑洞的最佳候选者。但是，由于目前对大质量的黑洞还没有结论性的证据，因此天文学家们谨慎地避免用结论性的语言提到大质量的黑洞。我们的银河系大约包含两千亿颗星体，其中恒星大约为一千多亿颗，太阳就是其中典型的一颗。银河系是一个相当大的螺旋状星系，它有三个主要组成部分：包含旋臂的银盘、中央突起的银心和晕轮部分。

词语

1. 螺旋状（名）luó xuán zhuàng　　　　　　بۇرمىسىمان
2. 旋臂（名）xuán bì　　　　　　سپىرال بىلەكى
3. 密集（形）mì jí　　　　　　قويۇق
4. 辐射（动）fú shè　　　　　　رادىياتسىيە
5. 诞生（动）dàn shēng　　　　ۋۇجۇدقا كەلىش، دۇنياغا كەلىش
6. 尘埃（名）chén āi　　　　　　چاڭ -توزان
7. 黑洞（名）hēi dòng　　　　　　قارا تۆڭكۈر
8. 尔格（名）ěr gé　　　　　　ئېرگ
9. 谨慎（形）jǐn shèn　　　　ئېھتىيات بىلەن
10. 银河系（名）yín hé xì　　　سامانيولى سىستېمىسى
11. 旋涡状（组）xuán wō zhuàng　قاينامسىمان تۈزۈلمە
12. 光年（名）guāng nián　　　يورۇقلۇق يىلى
13. 扁盘状（名）biǎn pán zhuàng　تەخسەسىمان جىسىم

14. 透镜（名）tòu jìng لنزا

15. 尘埃（名）chén āi توزان - چاڭ

16. 射电（名）shè diàn رادىئو

17. 红外（名）hóng wài ئىنفرا قىزىل

18. 电辐射源（名）diàn fú shèyuán ئېلېكتىرلىق مەنبەسى

作业与练习

一、解释下列词语

密集　　　诞生　　　谨慎　　　辐射　　　尔格　　　旋涡　　　尘埃　　　电辐射源

二、熟读课文，完成以下问题

1. 什么是银河系，银河系包含哪些？

2. 什么是恒星系统，有哪些天文学家确定恒星系统？

3. 银河系的核心部分是什么？

三、将语段补充完整

1. 银河系是（　　　　　　　　　　　　　　　　）的星系，呈（　　　　）状，有（　　　　　　　　　　）都是（　　　　　　　）的地方。

2. 银河系的发现经历了（　　　　　　　）的过程，银河系是（　　　　　　　　）星系，共有（　　　　）旋臂，包含（　　　　　　　）恒星，总质量大约是（　　）亿倍。

3. 在银河系里大多数的（　　　　　　　）在一个（　　　　　　）的空间范围内。

4. 按照恒星的（　　　　）、（　　　　　　）、（　　　　）和（　　　　）可分为（　　　　　）。

四、选出正确的读音

暖和（huo hé hè）的春日里，我和（huo hé hè）爸爸在小溪旁散步。和（huo hé hè）风拂过，燕子的呢喃与小溪的流水声应和（huo hé hè）着，感觉多么美妙啊！

五、小组训练

你做过哪些科学实验？

要求：以小组为单位，每人讲一个实验过程，并按照步骤写出实验过程。

第五课　宇宙里有些什么

现在让我们把目光投向无穷无尽的宇宙。

无数颗星星在茫无涯际的宇宙中运动着。我们看得见的星星，绝大多数是恒星。它们看上去好像是冷的，但实际上每颗恒星都是一个火热的太阳。汹涌的热浪不断地从这些大火球中吐出来，射向广漠的宇宙空间。它们热度非常高，表面温度至少有三千摄氏度。即使是最坚硬的金属，一接触它们的表面就会熔解，甚至化为气体。可是，当你看到静静的夜空中闪烁着寒光的小星星的时候，说不定还会把它们当做萤火虫呢！

许多红色的星星很大很大，有的可以装得下八十亿个太阳。这些星星是由非常稀薄的气体状态的物质组成的。最稀薄的密度只有地球上空气的几万分之一，比我们用抽气机造成的"真空"还要稀薄得多。

也有一些恒星非常小，甚至比地球还小。可是构成这种星星的物质密度特别大，火柴头那么大的一点点就抵得上十多个成年人的重量。用白金造成同样大的一个球，重量才抵得上它的二百万分之一。人到了这种星星上面休想站得起来，因为它的引力非常大，人的骨骼早就被自己的体重压碎了。这样的小星星发出强烈的炫目的光，它的表面温度通常高达 3～5 五万摄氏度。

还有数量众多的中等恒星。这些恒星像太阳一样，体积不太大，密度不太小（太阳的密度是水的 1.4 倍），表面温度也不十分高，只有几千摄氏度。

恒星有各种各样的，但全都是灼热的庞大的气体球，全都是发光发热的。

这些星星里，想来也会有不少不发光的行星绕着它们转吧。今天，凭借地球上最大的望远镜还不能直接看见别的恒星世界中的行星，但是有什么理由能说太阳系的构成是宇宙中独一无二的呢？太阳可以有行星，为什么别的恒星就不能有呢？

从这颗星星到那颗星星的距离，每秒能飞 16.7 千米的宇宙飞船得走几万年，宇宙空间是多么辽阔啊！尽管恒星都很大，差不多每一颗都能装下几百万个地球（只有极少数恒星比地球小），可是在辽阔的宇宙空间里，这些恒星不过像大海里的水滴，也许更小。 还有难于计算的由尘埃和气体组成的星云，浮游在星星和星星之间，浮游在宇宙空间里，阻碍星光的通过。这些星云有的厚到几亿千米，本身并不发光，如果在附近有恒星，它就反射出光亮，叫作亮星云；否则它就是暗黑的，叫作暗星云等。

大约一千亿颗以上的恒星组成一个铁饼形状的东西，我们把它叫作银河系，太阳也在其中。从地球上望出去，银河就像一个环，套在地球周围。这是一个美丽的环，当它一半没在地平线下，另一半横过天空的时候，人们就说，这是一条天河，它把多情的织女和牛郎隔开了。

哪里知道，这条天河可是淹没了一千亿颗以上的星星啊！一千亿，一口气数下去，得数一千多年！

这就是整个宇宙吗？不，这还只是构成宇宙的一个微不足道的一小点。

词语

1. 熔解（动）róng jiě	ئېرىمەك، ئېرىتمەك، ئېرىتىش	
2. 稀薄（形）xī bó	شالاك	
3. 灼热（形）zhuó rè	ئوتتەك قىزىپ كۆيمەك	
4. 炫目（形）xuàn mù	چاقناتماق، قاماشتۇرۇۋماق	
5. 闪烁（动）shǎn shuò	چاقنىماق، پىلىلدىماق، جىمىرلاپ كۆرۈنمەك	
6. 萤火虫（名）yíng huǒ chóng	پارقىراق قوڭغۇز	
7. 广漠（形）guǎng mò	كەڭ، بىپايان، چەكسىز	
8. 茫无涯际（组）máng wú yá jì	چېكى يوق، چەكسىز	
9. 无穷无尽（组）wú qióng wú jìn	پۈتمەس تۈگمەس	
10. 真空（名）zhēn kōng	ۋاكوئوم، ھاۋاسىز بوشلۇق	
11. 密度（名）mì dù	زىچلىق، قويۇقلۇق	
12. 休想（动）xiū xiǎng	خام خىيال	
13. 摄氏度（名）shè shì dù	سېلسى گرادۇسى	

186

作业与练习

一、初读课文，整体感知

1. 这是一篇科学小品，属于说明文，请用列举法说说宇宙中有些什么？

2. 恒星是否有温度，为什么？

3. 分析说明顺序。说说这样的说明顺序有什么好处？

二、小组合作探究，学习课文

熟读课文，找出文中体现宇宙特征的句子。

三、给句子排序

（   ）恒星有各种各样的，但全都是灼热的庞大的气体球。

（   ）太阳可以有行星，为什么别的恒星就不能有呢？

（   ）这些星星里，想来也会有不少不发光的行星绕着他们转吧。

（   ）但是有什么理由能说太阳系的构成是宇宙中独一无二的呢？

（   ）今天，凭借地球上最大的望远镜还不能直接看见别的恒星世界中的行星。

四、选词填空

心爱　　喜爱　　可爱

1. 玲玲是一个（   ）的小姑娘。

2. 这个洋娃娃是小红最（   ）的玩具。

3. 小熊猫的样子十分惹人（   ）。

放心　　用心　　当心　　细心

妈妈对我说："你每天上学、放学过马路要（   ），上课时要（   ）听老师讲课，做作业要（   ），这样我就（   ）了。"

爱护　　保护

1. 我们要（　　　）课桌椅，不在上面乱涂乱画。

2. 青蛙是（　　　）庄稼的卫士。我们要（　　　）它。

正在　　　　　正要

1. 我（　　　）出门，电话铃响了。

2. 我们（　　　）上课，一只小鸟飞进了教室。

3. 这只青蛙好像（　　　）跳起来吃虫子。

科普知识部分

第六课　纳米

　　纳米(符号为 nm)是长度单位,原称毫微米,就是 10^-9 米(10 亿分之一米),即 10^-6 毫米(100 万分之一毫米)。如同厘米、分米和米一样,是长度的度量单位。相当于 4 倍原子大小,比单个细菌的长度还要小。举个例子来说,假设一根头发的直径是 0.05 毫米,把它径向平均剖成 5 万根,每根的厚度大约就是 1 纳米。2012 年 5 月,最新的中央处理器制纳米科学与技术,有时简称为纳米技术,是研究结构尺寸在 1 至 100 纳米范围内材料的性质和应用。

　　生活中,纳米效应就是指纳米材料具有传统材料所不具备的奇异或反常的物理、化学特性,如原本导电的铜到某一纳米级界限就不导电,原来绝缘的二氧化硅、晶体等,在某一纳米级界限时开始导电。这是由于纳米材料具有颗粒尺寸小、表面积大、表面原子所占比例大等特点,以及其特有的三大效应:表面效应、小尺寸效应和宏观量子隧道效应。

　　纳米是一个长度单位,一纳米是一米的十亿分之一,相当于人类头发直径的万分之一。若是做成一个纳米的小球,将其放在一个乒乓球表面的话,从比例上看,就像是把一个乒乓球放在地球表面。因此,纳米科技是在和微观世界"打交道"。

　　纳米科技与生活的关联性或许比我们想象的大得多。丹麦纳米科学家弗莱明·贝森巴赫获得"中国国际科技合作奖"时就表示,纳米科技已迅速融入生活,未来会发挥更重要的作用。

　　在他看来,就像搭积木一样,科研人员利用原子和分子作为基本单位进行组合,构建大的结构,而这些结构也具有了新特性。比如手机和电脑等电子产品上的芯片就是纳米成功应用的一个例子。

　　电脑中的芯片,早期的微处理器都是使用 0.5 微米的工艺制造的,随着芯片频率的增加,原有的工艺已无法满足产品的需求,便出现了数量级越来越小的制造工艺。手机的芯片也大体如此。

　　基于纳米技术的纳米复合塑料多功能添加剂,在塑料制品中添加进这种材料,可以让制品具有广谱抗菌的性能。对于大肠杆菌、金黄色葡萄球菌的抗菌率可以达到 99% 以上。而且,制品的耐磨性、抗冲击强度、硬度都能得到大幅提高。这些制品可以用来制作电冰箱、空调外壳里的抗菌塑料。

　　现代社会,服装不再局限于保暖、时尚这样的功能,具有保健功能的衣物更能获得青睐。纳米二氧化硅发挥了巨大的作用,目前,厂家正将其应用到防紫外线、抗菌消臭、抗老化等功能材料方面。

　　例如,以纳米二氧化硅和纳米二氧化钛的适当配比而成的复合粉体是抗紫外辐射纤维的重要添加剂。日本帝人公司将纳米二氧化硅和另一种纳米材料混入化学纤维中,得到的化学纤维具有除臭及净化气的功能,这种纤维可被用于制造长期卧床病人和医院的消臭敷料、绷带等。

词语

1. 纳米　（名）nà mǐ　　　　　　　　　　　　　　　ناנومتر

2. 细菌（名）xì jūn   باكتېرىيە

3. 绝缘（名）jué yuán   ئالاقنى ئۈزمەك

4. 二氧化硅（名）èr yǎng huà guī   سلتسىي 4 ئوكسىد

5. 晶体（名）jīng tǐ   كرىستال

6. 芯片（名）xīn piàn   ئۈزەك ، پلاستىنكا

7. 微处理器（名）wēi chǔ lǐ qì   مىكرو بىرتەرەپ قىلغۇچ

8. 微米（名）wēi mǐ   مىكرون

9. 复合塑料（名）fù hé sù liào   بىرىكمە سۇلياۋ

10. 添加剂（名）tiān jiā jì   خۇرۇچ

11. 抗菌（名）kàng jūn   ئانتىبىئوتىك

12. 大肠杆菌（名）dà cháng gǎn jūn   چوڭ ئۈچەي ئىشبىرخىيە باكتېرىيسى

13. 葡萄球菌（名）pú tao qiú jūn   ئۈزۈمسىمان شارچە باكتېرىيە

14. 紫外线（名）zǐ wài xiàn   ئۇلترا بەنەپشە نۇر

15. 抗老化（组）kàng lǎo huà   كونىراشقا قارشى خۇسۇسىيىتى

16. 二氧化钛（名）èr yǎng huà tài   تىتان 4 ئوكسىد

18. 化学纤维（名）huà xué xiān wéi   خىمىيلىك تالا

19. 消臭敷料（组）xiāo chòu fū liào   دېزنفكسىيەلەنگەن تىپگىق ماتېرىيالى

20. 绷带（名）bēng dài   داكا ، بىنت

作业与练习

一、读课文回答问题

1. 什么是纳米？什么是纳米技术？

2. 什么是纳米效应？

3. 纳米技术在日常生活中有哪些应用？

二、修改病句

1. 在威尼斯，驾驶技术特别好。

2. 河面水平如镜，平得像一面镜子。

3. "六一"儿童节，我们举行了严格的升旗仪式。

4. 同学之间即使是好朋友，也要互相关心。

5. 经过大家的努力，我们的学习成绩大大增加了。

6. 我们要端正学习目的，明确学习态度。

三、将陈述句改为反问句

1. 纳米效应就是指纳米材料具有传统材料所不具备的奇异或反常的物理、化学特性。

2. 纳米科技是在和微观世界"打交道"。

3. 纳米科技与生活的关联性或许比我们想象的大得多。

4. 现代社会，服装具有保健功能更受青睐。

第七课　地球起源探索

　　自古以来，地球的起源一直是人们关心的问题。在古代，人们就曾探讨过包括地球在内的天体万物的形成问题，关于创世的各种神话也广为流传。自 1543 年，波兰天文学家哥白尼提出了日心说之后，天体演化的讨论才开始步入科学范畴，逐渐形成了诸如星云说、遭遇说等学说。但事实上，任何关于地球起源的假说都有待证明。

　　地球物理学的基本课题之一，它探讨地球的形成，即在什么时候，由什么物质，以什么方式，经历什么过程才形成的。地球是太阳系的一员，它的起源和太阳系的起源基本是一个问题。不过，由于人类定居在地球上，对地球的了解比对其他星体的了解要详细得多，因此，研究地球起源问题的资料也最丰富。研究地球的起源不仅由于它的哲学意义，也由于地学中许多重要现象的根本原因都要到地球的形成过程中去寻求答案。例如，地球内部的构造和能源分布，地震的成因，等等。

　　地球形成于几十亿年以前，初期的痕迹在地面上已很难找到了，以后的历史面貌也极为残缺不全。若想从现在的地球面貌往前一步一步地推出它的原始情况，困难极大。任何地球起源的假说都包含有待证明的假设，而不同的假说常常分歧很大。二百多年来，地球起源的假说曾提出过几十种。到了人造卫星时代，可直接探测的领域已扩展到行星际空间，这个问题的探索也进入到一个新的活跃阶段。

　　地球形成时基本上是各种石质物的混合物，如果积聚过程持续 107～108 年，则短寿命放射性元素的衰变和固体颗粒动能的影响都不大。初始地球的平均温度估计不超过 1000℃，所以全部处于固态。地球形成后，由于长寿命放射性物质的衰变和引力位能的释放，内部慢慢增温，以致原始地球所含的铁元素转化成液态，某些铁的氧化物也将还原。液态铁由于密度大而流向地心，形成地核（这个过程何时开始，现在是否已结束，意见颇有分歧）。由于重的物质向地心集中，释放的位能可使地球的温度升高约 2000℃。这就促进了化学分异过程，由地幔中分出地壳。地壳岩石受到大气和水的风化和侵蚀，产生了沉积和沉积岩，后者受到地下排出的气体和溶液，以及温、压的作用发生变质而形成了变质岩。这些岩石继续受到以上各种作用，可能经受过多次轮回的熔化和固结，先形成一个大陆的核心，以后增长成为大陆。原始地球不可能保持大气和海洋，它们都是次生的。海洋是地球内部增温和分异的结果，但大气形成的过程要更复杂。原生的大气可能是还原性的。当绿色植物出现后，它们利用太阳辐射使水气（H_2O）和 CO_2 发生光合作用，产生了有机物和自由氧。当氧的产生多于消耗时，自由氧才慢慢积累起来，在漫长的地质年代中，便形成了现在主要由氮和氧所组成的大气。

词语

1. 广为流传（组）guǎng wéi liú chuán　　كەڭ تارقالماق

2. 范畴（名）fàn chóu　　　　　　　　　　دائىرە ، تىپ

3. 诸如（动）zhū rú　　　　　　　　　　مەسىلەن، ئالايلۇق

4. 痕迹（名）hén jì　　　　　　　　　　ئىزنا

5. 残缺不全（组）cán quē bù quán　　　كەمتۈك، چالا ، تولۇقسىز

6. 分歧（动）fēn qí　　　　　　　　　　ئىختىلاپ

7. 积聚（动）jī jù　　　　　　　　　　يىغماق، توپلاش

8. 地幔（名）dì màn　　　　مانتىل ، مانتىسسا،ئوتتۇرا قاتلام

9. 侵蚀（动）qīn shí　　　　　　　　چىرىتىش،خورىتىش

10. 石质物（名）shí huī zhì　　　　گۆرۈ تاش بويۇم

11. 放射性（形）fàng shè xìng　　　　رادىئوئاكتىۋلىق

12. 衰变（动）shuāi biàn　　　يەمىرىلىش ، بۆلۈنۈش

13. 氮（名）dàn　　　　　　　　　　ئازوت

14. 固态（形）gù tài　　　　　　　　قاتتىق ھالەت

15. 引力位能（组）yǐn lì wèi néng　تارتىش پوتىنسىئال ئېنىرگىيىسى

16. 液态（形）yè tài　　　　سۈيۈق ھالەت ، سۇيۇق

17. 地核（名）dì hé　　　　　يەرشارىنىڭ يادروسى

18. 地壳（名）dì qiào　　　　　　　يەر پوستى

19. 沉积岩（名）chén jī yán　　　　چۆكمە جىنس

20. 变质岩（名）biàn zhì yán　　　مېتافورفىك تاش

21. 固结（动）gù jié　　قېتىشىپ بىر بولۇپ كەتمەك

22. 次生（动）cì shēng　　ئىككىنجى قىتىم ھاسىل بولماق

23. 原生（动）yuán shēng　　ئىپتىدائىي ، بىرلەمچى

24. 还原性（组）huán yuán xìng　　ئوكسىدسىزلىنىشچان

25. 光合作用（组）guāng hé zuò yòng　فوتوسىنتىز

26. 有机物（名）yǒu jī wù　　ئورگانىك ماددا

作业与练习

一、解释下列词语并用词语造句

广为流传　　范畴　　残缺不全　　分歧　　侵蚀　　诸如　　衰变
液态　　固结　　次生　　原生

二、选词填空

固态　　液态　　地壳　　地核　　次生　　原生

1. 地球形成后，由于长寿命放射性物质的衰变和引力位能的释放，内部慢慢增温，以致原始地球所含的铁元素转化成（　　　）。

2. 初始地球的平均温度估计不超过 1000℃ 所以全部处于（　　　　）。

3. 液态铁由于密度大而流向地心，形成（　　　　）。

4. 释放的位能可使地球的温度升高约 2000℃，促使化学分异过程，有地幔中分出地壳。

5. （   ）的大区可能是还原性的。

6. 原始地球不可能保持大气和海洋，他们都是（   ）的。

三、反问句改陈述句

1. 自由氧慢慢积累，难道不能形成氮和氧吗？

2. 地球形成时怎么不是各种石质物的混合物？

3. 液态铁不是密度大而流向地心？

4. 自古以来，地球的起源不是人们关心的问题？

5. 难道任何地球起源的假说不包含有待证明的假设？

6. 原始地球难道会保持大气和海洋？

第八课　飞向太空的航程

　　上午 9 时整，随着一声惊天动地的巨响，巨型运载火箭喷射出一团桔红色的烈焰，托举着载人飞船拔地而起，直刺九霄……这是人类航天史上一次不同凡响的发射，它标志着中国从此成为世界上第三个有能力依靠自己的力量将航天员送入太空的国家。

　　为了这个飞天梦想，一个古老的民族已经等待了几百年，一代又一代航天人已经努力了近半个世纪。

　　1957 年 10 月 4 日，哈萨克大荒原一个小小的角落里，发出了一声沉闷的巨响。一枚顶端载着一个直径 58 厘米铝制圆球的火箭，梦幻般地升上了星空。苏联成功发射人造卫星的消息，震动了最早具有飞天梦想的中国人。中国是嫦娥的故乡，火箭的发源地，是诞生了人类"真正的航天始祖"万户的国度。在航天时代到来之际，中国不能再一次落伍。面对天疆的呼唤，翌年 5 月 17 日，毛泽东在中共八届二中全会上，挥动了他那扭转乾坤的大手："我们也要搞人造卫星！"

　　北京、上海、南京、天津等全国各个科研机构和高等院校，纷纷行动起来。由钱学森等专家学者负责制定的人造卫星发展规划草案，提出了分三步走的设想：第一步，发射探空火箭；第二步，发射 100～200 千克重的卫星；第三步，再发射几吨重的卫星。

　　1960 年 2 月 19 日，我国自己设计研制的第一枚液体火箭竖立在了上海南汇海滩 20 米高的发射架上。今天，已经可以透露的一个秘密是，这枚火箭的飞行高度，只有 8 千米！但正是这 8 千米的距离，为中国后来的卫星上天开辟了道路，使中国在走出地球、奔向太空的漫漫远征路上，迈出了关键的一步。历史的脚步终于跨进了一个神圣的日子：1970 年 4 月 24 日。这一天，在西北大漠深处的酒泉卫星发射中心，我国成功地将自己的第一颗人造地球卫星送上了天空。响彻全球的"东方红"乐曲，宣告中国进入了航天时代。

　　在举国欢庆"东方红"的时候，中国科学家们把目光投向了更远的地方，提出一鼓作气，载人飞天。科学家们研究了许多防热材料，做了许多大型试验，甚至连飞船运输车和航天员吃的食品都做了出来。而对航天员的挑选则早在 1969 年就开始酝酿了。1970 年，19 位优秀的飞行员被列入了预备航天员的名单。他们都经过了近乎苛刻的各种身体测试。然而，由于经济实力有限等各种原因，中国的飞天梦想只能尘封在一张张构思草图中。

　　对于中国科技界来说，1986 年的春天，可能来得比哪年都早。这年 3 月，由四位著名科学家联名上报党中央的"国家高新技术发展建议"被邓小平批准。这就是著名的"863 计划"。"863 计划"的出台，对中国开始载人航天探索起到了催化剂的作用。从这一年开始，科学家们经过多次讨论，反复论证，对中国载人航天发展的途径逐渐形成了共识：从载人飞船起步。

　　1992 年 9 月 21 日，中共中央政治局常委召开会议，作出实施中国载人航天工程的战略决策。江泽民明确指出，要下决心搞载人航天，这对我国的政治、经济、科技等都有重要意义。改革开放为中国积累了雄厚的物质基础——中国，终于又开始了向太空进军新征程。然而，要真正依靠自己的力量把航天员送入太空，还有许多困难需要克服。第一是要有可靠性高、大推力的运载火箭；第二是安全返回技术；第三是要研究出具有良好的生命保障系统，为太空中的航天员提供安全舒适的工作环境。第一个和第二个问题我国已经有了解决的基础：1970 年，"长征"一号火箭首发成功至今，"长征"系列火箭已经形成五大型谱，成功发射了 60 多次，其中，"长征"二号丙火箭的发射成功率达百分之百，"长征"三号乙火箭可以把 5 吨以上的卫星送上 36000 千米的地球同步轨道。早在 20 世纪 70 年代，中国就掌握了卫星返回技术，1980 年发射的返回式卫星已经和前苏联的飞船重量相当。最后，也是最为重要的一关横亘在中国科学家面前：载人飞船上所必须具备的良好的生命保障系统和工作环境。尽管有国外可供借鉴的经验，但对于中国航天人来说，这一切，几乎是从零开始。

虽然飞天路上困难重重，但是难不住富于智慧与创造的中国人。从载人航天工程立项开始，中国航天人在短短七年时间里就攻克了载人航天的一道道难题：在北京建立了航天员培训中心；研制出了高安全性、高可靠性的"长征"二号 F 型运载火箭；建立了体现尖端和前沿科技集成的飞船应用系统；新建成了载人飞船发射场、陆海基载人航天测控通信网和飞船着陆场。

1999 年 11 月 20 日 6 时 30 分，"神舟"一号实验飞船从酒泉卫星发射中心新建成的载人航天发射场飞向太空并于第二天准确着陆。它意味着中国人"摘星揽月"已为期不远了。仅仅三个月后，中国第一艘真正意义上的载人飞船"神舟"二号的发射也进入了倒计时阶段。"神舟"二号飞船为全系统配置的正样飞船，可以说是载人飞船的"最完整版本"，各种技术状态与真正载人时基本一样。

2000 年 1 月 9 日，在新的一年刚刚到来的时候，"神舟"二号发射成功，这是"飞天"故乡对人类又一个新纪元的最高致意。美国一家报纸发表评论说，"这一成就，使越来越多的人相信，中国古老的飞天梦想将不仅仅是传说，中国航天员上天的日子又迈进了一大步。"2002 年 3 月 25 日，"神舟"三号飞船发射升空。九个月后的 12 月 30 日，"神舟"四号飞船在低温严寒条件下发射成功。"神舟"飞船四战四捷，创造了我国航天史上的奇迹，实现了中国载人航天的重大突破。特别是"神舟"三号、四号在全载人状态下连续发射成功，标志着中国已具备了把自己的航天员送上太空的能力。进入新的一年，整个中国都在期盼着这一时刻的早日来临。

在这个金色的秋日，这一刻终于到来了。在万户的飞天尝试过了六百多年后，又一个勇敢的中国人——杨利伟，向太空飞去……9 时 10 分许，"神舟"五号载人飞船准确进入预定轨道，飞天勇士杨利伟顺利进入太空。

一个民族迎来了飞天梦圆的辉煌时刻！

词语

1. 运载（动）yùn zài　　　　قاچىلاش　　توشۇش
2. 喷射（动）pēn shè　　پۈركۈش ئېتىلماق چاچىرماق
3. 烈焰（名）liè yàn　　شەددەتلىك يالقۇن، كۆچلۈك ئوت
4. 翌年（名）yì nián　　　　كەلەر يىلى　ئىككىنچى يىلى

5. 扭转乾坤（组）niǔ zhuǎn qián kūn   جاهاننى ئۆزگەرتمەك

6. 一鼓作气（组）yī gǔ zuò qì   بىرلا غەيرەت قىلىپ، شارتتىدە

7. 酝酿（动）yùn niàng   ھاراق ئىچتىماق، تەييارلىماق

8. 苛刻（形）kē kè   ئېغىر، قاتتىق، يۇقۇرى

9. 催化剂（名）cuī huà jì   كاتالىزاتور

10. 横亘（动）héng gèn

تاغ تىزمىسى قاتارلىقلار)كېسىپ ئۆتمەك، سوزۇلۇپ ياتماق(

11. 保障（动、名）bǎo zhàng   قوغدىماق، كاپالەتلىك قىلماق

12. 借鉴（动）jiè jiàn   ئۈلگە ئالماق، ئۈلگە قىلماق، ئىبرەت ئالماق

13. 摘星揽月（组）zhāi xīng lǎn yuè   ھەممىگە ئېرىشمەك، ھەممىگە ئىگە بولماق

14. 辉煌（形）huī huáng   پارلاق، نۇرلۇق، شانلىق، كۆزگە كۆرىنەرلىك

作业与练习

一、解释下列词语并造句

翌年　　一鼓作气　　苛刻

酝酿　　摘星揽月　　横亘　　不同凡响

二、依次填入下列各句横线处的正确实词

托举　带着　震动　震惊　实行　实施　苛求　苛刻

1. 上午 9 时整，随着一声惊天动地的巨响，巨型运载火箭喷射出一团橘红色的烈焰，_____着载人飞船拔地而起，直刺九霄……

2. 前苏联成功发射人造卫星的消息，_____了最早具有飞天梦想的中国人。

3. 1992 年 9 月 21 日，中共中央政治局常委召开会议，作出_____中国载人航天工程的战略决策。

4. 1970 年，19 位优秀的飞行员被列入了预备航天员的名单，他们都经过了近乎_____的各种身体测试。

三、排序

挥动了他那扭转乾坤　　　　　　　　的奇迹

飞行员被列入了航天员　　　　　　　的日子

创造了我国航天史上的　　　　　　　的飞天梦想

历史的脚步终于跨进了一个神圣　　　的大手

这是中国古老　　　　　　　　　　　的名单

第九课　科学人文　和而不同

　　科学所追求的目标或所要解决的问题是研究和认识客观世界及其规律，是求真。科学是一个知识体系、认识体系，是关于客观世界的知识体系、认识体系，是逻辑的、实证的、一元的，是独立于人的精神世界之外的。

　　人文所追求的目标或所要解决的问题是满足个人与社会需要的终极关怀，是求善。我们的活动越符合社会、国家、民族、人民的利益就越人文，就越善。所以，人文不仅是一个知识体系、认识体系，还是一个价值体系、伦理体系；因而，人文不同于科学，人文往往是非逻辑的、非实证的、非一元的，是同人的精神世界密切相关的。

　　科学是求真，但科学不能保证其本身方向正确，这既包括研究方向，又包括研究成果应用的方向。20世纪科技的高度与迅速发展，不仅给人类带来了巨大的福利，同时也产生了许多众所周知的严重的负面影响。例如，采用基因技术，将人与黑猩猩进行某种杂交，肯定会出现一种新的生物。这种新的生物是否比人更聪明、更健康？这绝对是一个科学问题，但绝对不能进行，绝对比克隆人更反"应该"、反伦理、反人类。显然，科学需要人文导向，求真需要求善导向。

　　人文是求善，但人文不能保证其本身基础正确，也可能事与愿违。"应该是什么"的"应该"一定要合乎"真"。据说在过去我国某沙漠地区进行绿化，绿化自然"应该"；然而，当时并没有弄清沙漠下面水的情况，谁知该处水不多，树种下去，开始有水，蓬勃生长，一旦此水吸尽，树全死了，比绿化前还糟，沙漠下面的水都没有了。显然，人文需要科学奠基，求善需要求真奠基。

　　然而，科学与人文是共生的，是互动的，有以人文导向的科学，也有以科学奠基的人文，这就是"是什么"与"应该是什么"的"交集"，即数学上所谓的"交集"。既善又真，是"交集"。不处于"交集"中的"是什么"，有两类：一类反善、反伦理、反"应该"，就绝不能做；一类不反善、不反伦理、不反"应该"，就应该按实际情况去处理，而绝不能采取"急功近利"的实用主义态度来对待，因为其中有不少是十分基础性的研究。历史已再三表明，这些基础性的研究不仅满足了人类精神世界中好奇的需要，而且其中不乏对后来重大的科技创新发挥了巨大作用的研究工作。不处于"交集"中的"应该是什么"，也是一样，也有两类：一类反真，反科学，导致反"应该"，就不能做。一类并不反真，不反科学，也无现实的恶果，就不能形而上学地去禁止，因为其中有不少是美好的大胆的愿望、幻想、希求。历史也已一再表明，人类许多了不起的科技成果正是前人美好的大胆的愿望、幻想、希求所导致的，人类许多坚韧不拔的前赴后继的奋斗是受此激励的。是的，"风物长宜放眼量"。

词语

1. 体系（名）tǐ xì　　　　　　　　　　　　سىستېما، تۈزۈلۈش.

2. 逻辑（名）luó ji　　　　　　　　　　　　　　　　　　لوگىكا

3. 符合（动）fú hé　　　　　　　　　　　　　　　　　　مۇۋاپىق

4. 证实（动）zhèng shí　　　　　　　　تەستىق قىلماق ،ئىسپاتلىماق

5. 克隆人（名）kè lóng rén　　　　　　　　　　　　　كېلون ئادەم

6. 事与愿违（组）shì yǔ yuàn wéi　　　ئىش ئويلىغان يەردىن چىقماسلىق

7. 众所周知（组）zhòng suǒ zhōu zhī　　هەممىگە ئايان　　هەممىگە مەلۇم

8. 蓬勃发展（组）péng bó fā zhǎn　　　جۇش ئۇرۇپ راۋاجلانماق

9. 交集（动）jīao jí　　　　　　　　　　　　　　　　　　كېسىشىش

10. 恶果（名）è guǒ　　　　　　　　　　　　　　　　يامان ئاقىۋەت

11. 幻想（动）huàn xiǎng　　　خام خىيال ،قۇرۇق خىيال ،فانتازىيە

12. 伦理（名）lún lǐ　　　　　　　　　　　　　　ئېتىكا ، ئەخلاق

13. 基因（名）jī yīn　　　　　　　　　　　　　　　　　　　گېن

14. 杂交（动）zá jiāo　　　　　　　　　　　شالغۇتلاشتۇرۇش

15. 奠基（名）diàn jī　　　　　　　ئۇل سالماق ، ئاساس سالماق

16. 急功近利（组）jí gōng jìn lì　　كۆزئالدىدىكى مەنپەئەتكە بېرىلىپ كەتمەك

17. 形而上学（组）xíng ér shàng xué　　　　　　　　مېتافىزىكا

18. 前仆后继（组）qián pū hòu jì　　ئالدىنقىسى يىقىلسا كېيىنكىسى ئورنىنى باسماق

19. 坚韧不拔（组）jiān rèn bù bá　　باش ئەگمەيدىغان ، قەتتىي تەۋرەنمەس

科普知识部分

练习与作业

一、解释下列词语并造句

逻辑　　　　　事与愿违　　　众所周知　　　急功近利　　　形而上学

蓬勃发展　　　交集　　　　　幻想　　　　坚忍不拔　　　前仆后继

二、请解释"风物长宜放眼量"是说明意思

三、熟读课文回答问题

1. 什么是科学？

2. 人文所追求的目标是什么？

3. 为什么说科学与人文"和而不同"？

四、关联词语填空

如果……就……　　　因为 ……所以 ……

不论……都……　　　虽然 ……但是 ……

1. （　　）是自己的书，（　　）可以在书里的空白处记下生字的读音和意思。

2. （　　）字典可以帮助我们解决不少问题，（　　）我们称它为"无声的老师"。

3. （　　）天晴天雨，他（　　）按时上学。

4. （　　）我们看太阳只有盘子那么大，（　　）它的实际体积却大得很。

第十课　奇妙的克隆

克隆是什么

无性繁殖的英文名称为"Clone"，音译为"克隆"。实际上，英文的"Clone"起源于希腊文"Clone"，原意是用"嫩枝"或"插条"繁殖。时至今日，"克隆"的含义已不仅仅是"无性繁殖"，凡来自一个祖先，无性繁殖出的一群个体，也叫"克隆"。这种来自一个祖先的无性繁殖的后代群体也叫"无性繁殖系"，简称无性系。

自然界的许多动物，在正常情况下都是依靠父方产生的雄性细胞（精子）与母方产生的雌性细胞（卵子）融合（受精）成受精卵（合子），再由受精卵经过一系列细胞分裂长成胚胎，最终形成新的个体。这种依靠父母双方提供性细胞、并经两性细胞融合产生后代的繁殖方法就叫有性繁殖。但是，如果我们用外科手术将一个胚胎分割成两块、四块、八块……最后通过特殊的方法使一个胚胎长成两个、四个、八个……生物体，这些生物体就是克隆个体。而这两个、四个、八个……个体就叫作无性繁殖系（也叫克隆）。

克隆绵羊"多利"

1997年，英国《自然》杂志公布了爱丁堡罗斯林研究所威尔莫特等人的研究成果：经过247次失败之后，他们在去年得到了一只名为"多利"的克隆雌性小绵羊。

"多利"绵羊是如何"创造"出来的呢?威尔莫特等学者先给"苏格兰黑面羊"注射促性腺素，促使它排卵。得到卵之后，立即用极细的吸管从卵细胞中取出核。与此同时，从怀孕三个月的"芬多席特"六龄母的乳腺细胞中取出核，立即送入取走核的"苏格兰黑面羊"的卵细胞中。手术完成之后，用相同频率的电脉冲刺激换核卵，让"苏格兰黑面羊"的卵细胞质与"芬多席特"母羊乳腺细胞的核相互协调，使这个"组装"细胞在试管里经历受精卵那样的分裂、发育而形成胚胎的过程。然后，将胚胎巧妙地植入另一只母羊的子宫里。到去年7月，这只"护理"体外形成胚胎的母羊终于产下了小绵羊"多利"。"多利"不是由母羊的卵细胞和公羊的精细胞受精的产物，而是通过"换核" 一步一步发展的结果，因此是"克隆羊"。

"克隆羊"的诞生，在全世界引起了轰动。它的难能可贵之处在于换进去的是体细胞的核，而不是胚胎细胞核。这个结果证明动物体中执行特殊功能、有特定形态的所谓高度分化的细胞与受精卵一样有发育成完整个体的潜在能力。也就是说，动物细胞与植物细胞一样，也具有全能性。

克隆技术造福人类

克隆技术会给人类带来极大的好处。例如，英国PPL公司已培育出羊奶中含有治疗肺气肿的a-1抗胰蛋白酶的母羊。这种羊奶的售价是6000美元一升，一只母羊就好比一座制药厂。用什么办法能最有效、最方便地使这种羊扩大繁殖呢?最好的办法就是"克隆"。同样,荷兰PHP公司培育出能分泌人乳铁蛋白的牛,以色列LAS公司育成了能生产血清白蛋白的羊。这些高附加值的牲畜如何有效地繁殖?答案当然还是"克隆"。

母马配公驴可以得到杂种优势特别强的动物——骡,然而骡不能繁殖后代,那么,优良的骡如何扩大繁殖?最好的办法也是"克隆"。我国的大熊猫是国宝,但自然交配成功率低,因此已濒临绝种。如何才能挽救这类珍稀动物?"克隆"为人类提供了切实可行的途径。

除此之外,克隆动物对于研究癌生物学、研究免疫学、研究人的寿命等都有不可低估的作用。

不可否认,"克隆绵羊"的问世也引起了许多人对"克隆人"的兴趣。例如,有人在考虑,是否可用自己的细胞克隆成一个胚胎,在其成形前就冰冻起来。在将来的某一天,自身的某个器官出了问题时,就可从胚胎中取出这个器官进行培养,然后替换自己病变的器官。这也就是克隆法为人类自身提供"配件"。

有关"克隆人"的讨论提醒人们,科技进步是一首悲喜交集的进行曲。科技越发展,对社会的渗透越泛深入,就越有可能引起许多有关的伦理、道德和法律等问题。这里用诺贝尔奖获得者、著名分子生物学家沃森的话来结束本文:"可以期待,许多生物学家,特别是那些从事无性繁殖研究的科学家,将会严肃地考虑它的含意,并展开科学讨论,用以教育世界人民。"

词语

1. 克隆（动）kè lóng   كلون
2. 胚胎（名）pēi tāi   تۆرەلمە
3. 器官（名）qì guān   ئەزا   ئورگان
4. 促性激素（名）cù xìng jī sù   ئىلگىرى سۇرگۈچى ھورمون
5. 电脉冲（名）diàn màichōng   توك ئىمپۇلسى
6. 核卵（名）héluǎn   تۇخۇمدان
7. 繁殖（动）fán zhí   كۆپەيمەك ، ئاۋۇماق
8. 造福（动）zào fú   بەخت ياراتماق
9. 悲喜交集（组）bēi xǐ jiāo jí   قايغۇ بىلەن خۇشاللىق بىر كەلمەك
10. 肺气肿（名）fèi qì zhǒng   ئۆپكە گازلىق ئىششقى
11. 抗胰蛋白酶（名）kàng yí dàn bái méi   ئانتىترىپسىن
12. 骡（名）luó   قېچىر

练习与作业

一、解释下列词语并用词造句

繁衍   难能可贵   渗透   不可否认   轰动

二、问答题

1. 克隆是什么？请用自己的话概括。
2. 克隆羊的诞生为什么在全世界引起"轰动"？
3. 课文为什么写了克隆技术造福于人类？

第十一课 事物的正确答案不止一个

时代呼唤创新。我们能够创新吗？笔者坚信，"任何人都拥有创造力，你一定会成为一个富有创造性的人。"那么，成为一个富有创造力的人的关键又是什么？请细读课文。

问题：从下列四种图形中，找出一个性质与其他三个不同的来。

(A)　　　(B)　　　(C)　　　(C)

对于上面这个问题，你是怎么回答的呢？如果你选择的是B，那就恭喜你，答对了。因为图形B是唯一一个仅由直线构成的图形。

不过，也许有人会选择图形C。因为非对称性图形只有C一个，所以会被认为与其他图形不同。确实如此，这也是正确答案。答A也是可以的。因为A是唯一没有角的图形，所以A也是正确答案。那么，D又怎样呢？这是唯一一个由直线与曲线构成的图形，因此，D也是正确答案。换句话说，由于看图形的角度不同，因此四种答案全都正确。

"正确答案只有一个"这种思维模式，在我们头脑中已不知不觉地根深蒂固。事实上，若是某种数学问题的话，说正确答案只有一个是对的。麻烦的是，生活中大部分事物并不像某些数学问题那样。生活中解决问题的方法并非只有一个，而是有多种多样。由于情况的变化，原来行之有效的方法，到了现在往往不灵了。正因为如此，如果你认为正确答案只有一个的话，当你找到某个答案以后，就会止步不前。因此，不满足于一个答案，不放弃探求，这一点非常重要。

然而，寻求第二种答案，或是找到解决问题的其他路径和新的方法，都有赖于创造性的思维。那么，创造性的思维又有哪些必需的要素呢？

有人是这样回答的："富有创造性的人总是孜孜不倦地汲取知识，使自己学识渊博。从古代史到现代技术，从数学到插花，不精通各种知识就一事无成。因为这些知识随时都可能进行组合，形成新的创意。这种情况可能出现在六分钟之后，也可能在六个月之后，六年之后。但是，当事人坚信它一定会出现。"

对此，笔者完全赞同。知识是形成新创意的素材。但这并不是说，光凭知识就能拥有创造力。发挥创造力的真正关键在于如何运用知识。创造性的思维，必须有探求新事物，并为此而活用知识的态度和意识，在此基础上，还要持之以恒地进行各种尝试。

这方面的典型代表，首推约翰·古登贝尔克。他将原来毫不相关的两种机械——葡萄压榨机和硬币打制器组合起来，开发出了一种新产品。因为葡萄压榨机用来从葡萄中榨出汁，所以它在大面积上均等加力。而硬币打制器的功能则是在金币之类的小平面上打出印花来。有一天，古登贝尔克半开玩笑地自言自语道："是不是可以在几个硬币打制器上加上葡萄压榨机的压力，使之在纸上打印出印花来呢？"由此，他发明了印刷机和排版术。

另一个例子是罗兰·布歇内尔。1971年的一天，布歇内尔边看电视边想："光看太没意思了。把电视接收器作为试验对象，看它能产生什么反应。"此后不久，他就发明了交互式的乒乓球电子游戏，从此开始了游戏机的革命。

不过，这种创造性的思维是否任何人都具备呢？是否存在富有创造力和缺乏创造力的区别呢？

某心理学专家小组以实际从事创造性工作的人与不从事此类工作的人为对象进行了调查研究，并得出如下结论："富于创造力的人，认为自己具有创造力；缺乏创造力的人，不认为自己具有创造力。"认为"我不具备创造力"的人当中，有的觉得创造力仅仅是贝多芬、爱因斯坦以及莎士比亚他们的，从而进行自我压制。不言而喻，在创造的宇宙里，贝多芬、爱因斯坦、莎士比亚是光辉灿烂的明星，然而在大多数情况下，即便是他们，也并非轻而易举就能获得如此非凡的灵感。相反，这种非凡的灵感，往往产生于这样的过程：关注极其普通、甚至一闪念的想法，并对它反复推敲，逐渐充实。

由此看来，区分一个人是否拥有创造力，主要根据之一是拥有创造力的人留意自己细小的想法。即使他们不知道将来会产生怎样的结果，但他们很清楚，小的创意会打开大的突破口，并坚信自己一定能使之变为现实。

任何人都拥有创造力，首先就要坚信这一点。关键是要经常保持好奇心，不断积累知识；不满足于一个答案，而去探求新思路，去运用所得的知识；一旦产生小的灵感，相信它的价值，并锲而不舍地把它发展下去。如果能做到这些，你一定会成为一个富有创造力的人。

词语

1. 模式（名）mó shì　　　　　　　　شەكىل ،نۇسخا ،ئۈلگە
2. 根深蒂固（组）gēn shēn dì gù　　چوڭقۇر يىلتىز تارتماق
3. 孜孜不倦（组）zī zī bú juàn　　هارماي-تالماي ،قىزغىنلىق بىلەن
4. 汲取（动）jí qǔ　　　　قوبۇل قىلماق ،سۈمۈرمەك
5. 创意（名、动）chuàng yì　　ئىجادىي پىكىر
6. 素材（名）sù caí　　　　خام ماتېرىيال
7. 渊博（形）yuān bó　　　　كەڭ چوڭقۇر
8. 一事无成（组）yī shì wú chéng　　هېچ ئىشنى ۋۇجۇدقا چىقىرالماسلىق
9. 压榨（动）yā zhà
　　　　باسماق، سىقماق، پەرسىسلىماق، ئەزمەك، شىلىۋالماق، بىسىم
10. 不言而喻（组）bù yán ér yù　　ئىش-ئىزىدىن مەلۇم ، مانا مەن دەپ تۇرماق
11. 思维（名）sī wéi　　　خىيال - تەپەككۈر ، ئوي
12. 持之以恒（组）chí zhī yǐ héng　　ئۈزچىل داۋاملاشتۇرماق
13. 轻而易举（组）qīng ér yì jǔ　　ئاسان ، ئاسانلا ، ئوڭايىلا
14. 如此非凡（组）rú cǐ fēi fán　　ئادەتتىن سىرت

作业与练习

一、解释词语并用下列词语造句

根深蒂固　　　孜孜不倦　　　　一事无成　　　　不言而喻　　　　汲取

二、选词填空

根深蒂固　　　持之以恒　　　如此非凡　　　孜孜不倦　　　轻而易举　　　不言而喻

1. 创造性的思维，必须有探求新事物，并为此而活用知识的态度和意识，在此基础上，还要（　　　　　　）地进行各种尝试。

2. "正确答案只有一个"这种思维模式，在我们头脑中已不知不觉地（　　　　　）。

3. 有人是这样回答的："富有创造性的人总是（　　　　　）地汲取知识，使自己学识渊博。"

4. （　　　　　），在创造的宇宙里，贝多芬、爱因斯坦、莎士比亚是光辉灿烂的明星，然而在大多数情况下，即便是他们，也并非（　　　　）就能获得（　　　　）的灵感。

第十二课 人造地球卫星

1957年10月4日，世界第一颗人造地球卫星高速穿过大气层进入了太空，绕地球旋转了1400周。它的发射成功，是人类迈向太空的第一步，这就是前苏联发射的"人造地球卫星"1号。该卫星呈球形，外直径为58厘米，重量83公斤，发射于苏联的拜科努尔发射场。

很早以前，当人们认识到月球是围绕地球旋转的唯一天然卫星时，就开始向往着制造人造地球卫星（简称人造卫星）。1882年～1883年及1932年～1933年曾两度举行了国际合作科学研究活动，参加的各国学者集中研究了地球的各种性质和与太空飞行有关的各种因素。特别是在第二次世界大战后，火箭技术发展迅速，人们已经看到：在积累了研制现代火箭系统经验的基础上，研制人造卫星已经成为可能。1954年7月在维也纳召开的为1957年7月至1958年12月"国际地球物理年"进行准备的国际会议上，国际地球物理年的计划委员会通过一项正式决议，要求与会国对于在地球物理年计划利用人造卫星的问题给予关注。对此，美国和苏联积极响应，并开始着手人造卫星及运载火箭的探索与准备工作。

1957年召开了第三次国际地球物理会议，美国和前苏联发表了使用人造卫星调查电离层和比电离层更高空间性质的计划，为人造卫星的发射谱写了前奏曲。1956年末期，前苏联获悉美国的运载火箭已经进行了飞行实验，而前苏联正在研制的人造卫星较为复杂，短期内难以完成。为了提前发射，苏联将原计划推迟，改为先发射两颗简易卫星。1957年8月对日，前苏联将P-7洲际导弹改装成的"卫星"号运载火箭首次全程试射成功。同年10月4日，前苏联用"卫星"号运载火箭将世界第一颗人造卫星送入太空。该卫星带有两台无线电发射机、测量内部温压的感应元件、磁强计和辐射计数器，其姿态控制采用最简单的自旋稳定方式。这颗卫星虽然简陋，但它却在国际上产生了巨大的影响，为人类的航天史开创了新纪元。

人造卫星属于无人航天器，大致可分为三类：（1）科学卫星，用于科学探测和研究；（2）技术实验卫星，为新技术进行试验；（3）应用卫星，直接为国民经济和军事服务。

从地球有了第一颗人造卫星至今仅50年，各国的空间技术都有了突飞猛进的发展。20世纪50年代末到20世纪60年代初，人造卫星的发射主要用于探测地球空间环境和进行各种卫星技术试验。20世纪60年代中，人造卫星进入了应用阶段。20世纪70年代起，各种新型专用卫星的性能不断提高，诸多卫星已为人类作出了重要贡献。

词语

1. 发射（动）fā shè
2. 旋转（动）xuán zhuǎn

ئاقماق، قويۇپ بەرمەك

ئايلانماق، ئايلاندۇرۇش

3. 研制（动）yán zhì   تەتقىق قىلىپ ئىشلەپ چىقارماق

4. 响应（动）xiǎng yìng   تەسىرى

5. 性能（名）xìng néng   خۇسۇسىيەت ، ئۇنۇم ، ئىقتىدار

6. 辐射（动）fú shè   رادىئاتسىيە

7. 阶段（名）jiē duàn   ئارلىق، ۋاقىت مەزگىلى

8. 探测（动）tàn cè   تەكشۈرمەك

9. 试验（动）shì yàn   سىناق قىلىش، تەجرىبە قىلىش

10. 因素（名）yīn sù   تەركىب، ئاملللار

练习与作业

一、改错句

1. 当人们认识到月球是围绕地球旋转的唯一天然卫星。

2. 计划委员会通过一项正式决议，要求与会国对于在地球物理年计划利用人造卫星的给予关注。

3. 我航空系统安排的所有一切任务都完成了。

4. 美国和前苏联发表了。

5. 为了提前发射，苏联将两颗简易卫星。

6. 第一颗人造卫星至今仅50多年，各国的空间技术都有了发展的突飞猛进。

二、选字词填空

飘   漂

1. （　　　）扬　　（　　　）流　　（　　　）洒　　（　　　）荡

2. 纸船（　　　）到小熊的家门口。

3. 风筝乘着风，（　　　）到了小松鼠的家门口。

飘浮   漂浮   飘扬

1. 空中（　　　）着一朵朵白云。

2. 水面上（　　　）着一只只小船。

3. 五星红旗在空中（　　　）。

必须   必需

1. 水是我们生活中（　　　）的东西。

2. 为了大家的安全，每个人都（　　　）遵守交通规则。

幸福   祝福

1. 奶奶过生日，我和爸爸妈妈一起（　　　）她健康长寿。

2. 我们在队旗下（　　　）地成长。

亲切   亲爱

1. 老师说话真（　　　）。

2. （　　　）的老师又给我们讲了一个有趣的故事。

三、根据上下文填空

后来　　有一个　　于是　　总是　　有一次　　最终

（　　）名叫杰克的人，他（　　）利用假期去旅游，曾经去过许多名山大川。（　　），他在旅途中被身边的水声所吸引。水流动的声音十分动听，让他流连忘返。（　　）他灵机一动，用录音机录下许多小溪、小河、瀑布、海浪的声音。（　　）他把这些录音复制后高价出售，购买的人很多，他们都愿意在喧闹的都市欣赏到来自大自然的声音，杰克的公司（　　）获得很大的成功。

四、问答题

请用自己的语言概括人造卫星的发展过程。

科普知识部分

第十三课 地球上的水是怎么形成的

地球是太阳系八大行星之中唯一被液态水所覆盖的星球。地球上水的起源在学术上存在很大的分歧，目前已有几十种不同的水的形成学说。有观点认为在地球形成初期，原始大气中的氢、氧化合成水，水蒸气逐步凝结下来并形成海洋；也有观点认为，形成地球的星云物质中原先就存在水的成分。另外的观点认为，原始地壳中硅酸盐等物质受火山影响而发生反应、析出水分。也有观点认为，被地球吸引的彗星和陨石是地球上水的主要来源，甚至是现在，地球上的水还在不停增加。

原来，地球是由太阳星云分化出来的星际物质聚合而成的，它的基本组成有氢气和氮气以及一些尘埃。固体尘埃聚集结合形成地球的内核，外面围绕着大量气体。地球刚形成时，结构松散，质量不大，引力也小，温度很低。后来，由于地球不断收缩，内核放射性物质产生能量，致使地球温度不断升高，有些物质慢慢变暖熔化，较重的物质，如铁、镍等聚集在中心部位形成地核，较轻的物质浮于地表。随着地球表面温度逐渐降低，地表开始形成坚硬的地壳。但因地球内部温度很高，岩浆活动非常激烈，所以火山爆发十分频繁，地壳也不断发生变化。有些地方隆起形成山峰，有的地方下陷形成低地与山谷，同时喷发出大量的气体。由于地球体积不断缩小，引力也随之增加，此时，这些气体已无法摆脱地球的引力，从而围绕着地球，构成了"原始地球大气"。原始大气由多种成分组成，水蒸气便是其中之一。

水蒸气又是从那里来的呢？组成原始地球的固体尘埃，实际上就是衰老了的星球爆炸而成的大量碎片，这些碎片多是无机盐之类的东西，在它们内部蕴藏着许多水分子，即所谓的结晶水合物。结晶水合物里面的结晶水在地球内部高温作用下离析出来就变成了水蒸气。喷到空中的水蒸气达到饱和时便冷却成云，凝结后变成雨，落在地面上，聚集在低洼处，逐渐积累成湖泊和河流，最后汇集到地表最低的区域形成海洋。

地球上的水在开始形成时，不论湖泊或海洋，其水量不是很多，随着地球内部产生的水蒸气不断被送入大气层，地面水量也不断增加，地球经历几十亿年的演变过程，最后终于形成我们现在看到的江河湖海。

词语

1. 覆盖（动）fù gài	ياپماق، قاپلىماق
2. 起源（名、动）qǐ yuán	باشلىنىش نوقتىسى
3. 学说（名）xué shuō	تەلىمات، نەزىريە
4. 凝结（动）níng jié	قاتماق، قېتىپ قالماق
5. 聚拢（动词）jù lǒng	يىغماق، يىغىلماق

6. 内核（名）nèi hé	ئىچكى يادرو
7. 松散（形）sōng sǎn	تارقاق ، بوش
8. 熔化（动）róng huà	ئېرش، ئېرىتش
9. 岩浆（名）yán jiāng	لاۋا، ماگما
10. 频繁（形）pín fán	كەينى-كەينىدىن، كۆپلەپ، ئۇستى-ئۇستىگە ، قايتا
11. 低洼（形）dī wā	پەس، ئويمان
12. 硅酸盐（名）guī suān yán	سلىكات ، سلىكاتلار
13. 彗星（名）huì xīng	كومېتا ، قۇيرۇقلۇق يۇلتۇز
14. 陨石（名）yǔn shí	مېتېئورىت تاش
15. 聚合（动）jù hé	توپلانماق ، جۇغلانماق
16. 镍（名）niè	نىكەل
17. 水蒸气（名）shuǐ zhēng qì	ھور ، پار
18. 爆炸（动）bào zhà	پارتلىماق ، يېرىلماق
19. 无机盐（名）wú jī yán	ئانئورگانىك تۇز ،مىنېرال تۇز
20. 蕴藏（动）yùn cáng	ساقلانماق ، زاپاس
21. 结晶水合物（名）jié jīng shuǐ hé wù	كرىستال گىدراتى

科普知识部分

练习与作业

一、解释以下词语

覆盖　起源　凝结　聚拢　融化　频繁　爆炸　低洼

二、改错句

1. 一到下课，我便倚在栏杆边，那副富有诗意的烟雨蒙蒙的图画。

2. 剪纸是中国最普及的民间传统服饰艺术，有着悠久的历史。

3. 对于我的这几位伙伴，除了那个小勤务兵以外，其余的三个，就一个不是我心烦的。

4. 巧克力的美味不能帮助成年人减轻身体的剧烈疼痛，也可以帮助他们放松紧张情绪。

5. 在品味和档次的同时，怎样体现自己的特殊风采，成为人们关注的重点。

三、小组活动

要求：以一个小组为单位，每人想好一个化学、物理或生物学科中学到物质的转变，将过程写下来，与小组成员分享。